室内生活
スローで過剰な読書論

楠木 建

日経ビジネス人文庫

はじめに——ラーメン屋のスープ

子供のころから本を読むのが大好きで、読書に明け暮れていた。寝転がって本を読む。そのうちに寝てしまう。昼寝から覚めると続きを読む。ずっとベッドの上にいた。

ひとつの理由は、アフリカ（南アフリカ共和国のヨハネスブルグ）で育ったという環境があるように思う。テレビもねえ（当時、かの国にはテレビ放送というものがなかった）、ラジオもねえ（ラジオ放送はあったのだろうが、言葉が日本語でないので家庭では聴く習慣がなかった）、という環境。読書ぐらいしかすることがない。電話とガスはあったと思うが、バスは一日一度も来なかった。学校以外は自分の家が生活のすべて。室内生活者としての基盤が形成された。

近所に友達もいなかった。道を挟んだ斜め向かいにポルトガル系の家族がいて、同い年ぐらいの兄弟が住んでいたが、言葉もうまく通じないし、何より連中はやたらとアグレッシブな性格で気も合わない。一緒に遊ぶことはほとんどなかった。

環境よりも大きな理由は僕の性格にある。とにかく非活動的。スポーツよりも読書。友達と遊ぶよりも一人でいるのが好き。アウトドアよりもインドア。室内生活者としての素質に恵まれていた。

性格は変わらない。というか、そう簡単に変わらないものを性格という。日本に帰国して、ごく普通に高校、大学へと進んだものの、その先の展望が開けなかった。チームワークがさっぱりダメ。頑張りが利かない。とりわけ「全力投球」がイヤ。競争はまっぴらごめん。そもそも闘争心がない。挑戦なんてもってのほか――大学生にもなると自分の性格（というか、ありていに言って欠点）を十分に理解するようになった。ようするに、「根性」が全面的に欠落しているのである。

世が世なら貴族になりたかった。貴族であれば、部屋に閉じこもって好きな本を好きなだけ読んで生きていける。僕にとって、これほどいい仕事（？）はない。貴族に生まれなかったのを恨んでも仕方がない。

大学卒業は「さあ、そろそろバブルですよー、準備はいいですかー？」という昭和晩期。新卒の就職は圧倒的な売り手市場だった。周囲の友達は躊躇なく一流大会社に就職していった。せっかくなので一度は経験しておこうと思い、友達と一緒にとある銀行の就職面接にいった。面接官は「話を聞けば聞くほどキミは銀行員に向いていなそうだけど、とりあえず内定を出す。嫌だったら辞めればいいから……」と、あからさまに員数合わせの対応をしてくださった。

さて、どうしたものか――。現実的な仕事でもっとも貴族に近似したものは何かと考えてみた。たどり着いた結論が、大学で研究したり教えたりという学者の仕事だった。大学に入ったころは、学者になろうなどとは夢にも思わなかった。きっかけは所属していた経営学のゼミの指導教官、榊原清則先生との会話だった。

「あなたねぇー（先生はここぞというときは〝あなたねぇー〟というのであった）、就職なんかしたら不幸で口が曲がっちゃうよ！　就職しないで大学院に行くしかないね、あなたは……」と口を曲げながら断言された。

「口が曲がっちゃうよ」という言葉に妙にリアリティがあった。うかつに会社に就職などしようものなら、不幸が待ち受けているという予感がいよいよリアルに迫ってきた。考えてみれば、学者は基本的に一人でやる仕事。上司も部下もいない。時間も自由で、キツい利害関係もなさそう。自分のペースで仕事ができそう。少なくとも本はたっぷりと読めそうだし、ありがたいことにそれが正々堂々とした仕事になる。貴族の次善の策として、なかなか秀逸なのではないだろうか――。自分の将来に一筋の光明が差してきた。

考えてみれば、僕が何よりも好きなのは「考える」という行為なのだ。何かを知りたくて本を読んでいるわけでは必ずしもない。読書が無類に好きなのも、それが考えるための日常的手段としてもっとも効率的で効果的だからだ。おまけに書くことも大好き。卒論でもない普通の講義の期末レポートでも、ちょっと油断をすると原稿用紙で100枚になんなんとする「大作」を書いてしまう。読んで、考えて、書く――。いかにも素敵な仕事に思えた。

その後、若干の滑った転んだを経て大学に職を得た。仕事でも室内生活が始まった。駆け出しの2年ぐらいは、講義以外ではほとんど人とも会わず、下手をすると1週間ぐらいは誰と会話することもなく、自分の研究室で読んだり考えたり書いたりと、研究の真似事をしていた。

さらに若干の紆余曲折を経て、30代の半ばから競争戦略という分野で仕事をするようになった。本を出すようになると、書評や書籍解説の注文がぼちぼち来るようになった。はじめのうちはごくたまにしかなかった注文が次第に増えてきて、いまではすっかり副業というかサイドメニュー的な出し物として定着した。

どっちにしろのべつ読んでいるのである。読めば考えることがある。それを文章にして人様に読んでもらう。しかも何がしかの対価もいただける。書評書きは僕にとってこれ以上ないほどありがたい仕事だ。

書評家を名乗るほどの覚悟も力量もない。あくまでも本業のサイドメニューに過ぎない。それでも心持ちは貴族。公爵や伯爵とはいえないまでも、男爵ぐらいの気分になれる。この業界は原稿料がヒジョーに安いのも、経済的な損得に恬淡とした貴族らしくてイイ。半世紀近くを経て、子どもの頃の貴族の夢が半ば実現したといっても過言ではない。

ある人に「あなたにとっての書評はラーメン屋がついでにチャーハンを出しているようなものですね」と言われたことがある。サイドメニューといえばその通りなのだが、実感は少し違う。ラーメンとチャーハンは相互に独立した別物である。しかし、書評の仕事はその基底で僕の本業と密接な関係にある。

その本が経営や競争戦略と一見無関係なものであっても、「考える」という行為としては本業と共通している。僕にとっての読書は、アスリートにとっての基礎練習に等しい。室内で寝ながらできる走り込み、汗をかかない筋トレ、体を動かさないストレッチのようなものだ。本さえあれば、1年365日、呼吸をするように考えられる。これが知的体幹を太くし、思考の基盤を厚くする。

つまり、ラーメン屋のスープづくりのようなものである。厨房の真ん中にある大鍋で、年がら年中グツグツと煮込み、ダシを取る。スープが美味しくてこそのラーメン。僕にとっての書評書きはラーメン屋のチャーハンというよりもスープのようなものだ。チャーハンについてくる、ラーメンのそれを流用したネギを浮かしたおまけのスープといってもよい。

本書にはこれまでに書き溜めた書評や書籍解説のほとんどすべてを収録してある。あえてラーメン屋のスープだけをパッケージして世に出すという、わりと無謀な試みである。映画や食べ物など読書以外の室内生活について書いてきた文章もおまけとして入れてある。

こういう本が商品になるとは思ってもいなかった。きっかけは僕の本業以外の文章を好んでお読みくださっていた編集者の安藤聡さんからのお誘いだった。「お前の店のスープが美味しい」と褒められた気がして嬉しかった。もうひとつ嬉しかったのは、安藤さんが所属なさっている晶文社。前々から僕がいちばん好きな人文系出版社である。本書でもたびたび出てくる僕にとって最上最高の名著『古川ロッパ昭和日記』をはじめ、『吉本隆明全集』、赤瀬川原平『全面自供！』、山口昌男『エノケンと菊谷栄』などいくつもの僕の大好物の本をつくってきた、晶文社から本を出せるというのは望外の喜びである。

安藤さんからお誘いをいただいたのは5年以上前のこと。そのときは「これ以上の仕事をお引き受けする根性を持ち合わせていないので、15年ほどのち、御社のような優れた出版社から本を出せるとありがたいと思います」とお断りしたのだが、想定よりも10年も早く形になった。自分のスピード感に惚れ惚れする。

いずれにせよ、安藤さんがいなければ本書は世に出るはずもなかった。安藤聡さんとこの手前勝手な本を手に取ってくださった読者の方々に心よりお礼を申し上げます。

令和元年夏　室内にて

楠木建

文庫化にあたり

今回文庫になった本書を書いたのは2019年。翌年に新型コロナのパンデミックが到来するとは思いもよらなかった。

コロナ騒動下で緊急事態宣言が発動されたとき、多くの人が行動の自由を制限されて苦しい思いをしたという。僕の生活はほとんど変わらなかった。コロナがあろうとなかろうと、やっていることは同じだからだ。家で一人で読書(や音楽や映画の鑑賞)に明け暮れていた。強いて言えば、暇な時間が増えて読む本が増えたことぐらい。室内生活はパンデミックにやたらと強いということに気づいた。ようやくコロナも落ち着いてきたが、僕は相変わらず室内生活を続けている。

「人間が引き起こす問題はすべて、一人で静かに部屋で座っていられないことに起因する」というパスカルの言葉がある。一人で静かに部屋で座っているときのお供として、本書を手元に置いていただけるとありがたい。

令和5年冬　室内にて

楠木建

目次

3号室 さまざまな書籍解説

4号室　さまざまな書評

5号室　もっとさまざまな書評

好き嫌い読書論

6号室　読書以外の「室内生活」

1 号 室

ビ ジ ネ ス 書 解 説

I―I

人間の本性をとらえた骨太の書

アダム・グラント『GIVE & TAKE「与える人」こそ成功する時代』――解説

『GIVE & TAKE』。タイトルを目にして、あなたはどう思うだろうか。僕の第一印象は「ようするに『情けは人のためならず』という話なのかな」――。で、実際に読んでみると、その通りの内容。ありきたりの話に聞こえるかもしれない。しかし、本書は凡百の「自己啓発書」ではない。著者は優れた研究者であり、本書で展開されている議論は、どこをとっても行動科学の理論と実証研究に裏打ちされている。論理が実に頑健だ。その点で本書は軽薄な「自己啓発のビジネス書」とは一線を画している。

著者の議論の基底には、「ギバー（与える人）」「テイカー（もらう人）」「マッチャー（バランスを取る人）」という、行動様式の3類型がある。シンプルな分類だが、これがなかなか奥深い。

字面だけだと誤解の恐れがある。それぞれの意味内容に要注意。「ギバー」といっても「ひたすら他者に与えるだけ」ではない。同様に「テイカー」にしても「人から取ろうとするだけ」ではない。これでは世の中と折り合いがつくわけがない。どのタイプでも最終的にはタイトルにある通り「ギブ&テイク」になることには変わりはない。いずれにしてもギブしたりテイクしながら仕事をしている。ようするに世の中は「ギブ&テイク」で成り立っている。

しかし、である。ギバーとテイカーとマッチャーでは、「ギブ&テイク」に至る筋道に隔たりがある。本書の3分類は、「ギブ&テイク」という仕事の場面でごく日常的にみられる相互作用に対して人間が持つ前提の違いに注目している。どのように「ギブ&テイク」に至るのか、という論理の違いといってもよい。

3つのタイプの本質的な違いは、それぞれのタイプの意図や行動を時間軸においてみるとよく分かる。ポイントは、ギブとテイクのどちらが先に来るかということ。順番の問題である。

テイカーであったとしても、ギブをする。しかし、テイカーが前提とする論理はこうなる。彼らにとっては、目的はあくまでも「テイク」にある。何でも自分中心に考え、自分の利益を得る手段としてのみ、相手に「ギブする」。裏を返せば、テイクという目的を達成する手段として有効だと考えれば、テイカーは実に積極的にギブすることもあるわけだ。

これに対して、ギバーは思考と行動の順番が逆になる。まずギブしようとする。相手のことを考え、まずは相手に与える。その時点では頭の中に、目的としてテイクがあるわけではない。それでも、結果としてギブが自分に返ってくる（テイク）。

つまり、テイカーの頭の中にあるのは、ひたすら「テイク＆テイクン」である。自分から奪いとる。それでも、テイクするためにはその過程で手段としてとられるもの（テイクン）が出てくるのも仕方がない。これがテイカーの思考と行動だ。

一方のギバーは「ギブ＆ギブン」。見返りなど関係なしに、まず先に人に与える。その結果、はからずも「どこからかお返しがやってくる」というわけだ。

「人間関係の損得はお互いに五分五分であるべきだ」と考える人たちもいる。これが著者のいうマッチャーだ。いつも頭のなかにある種の「バランスシート」をもっている。自分と相手の利益・不利益を、その都度公平にバランスし、ギブ＆テイクの帳尻を合わせようとする。「これだけしてもらったから、私も同じくらいお返ししよう」という思考と行動のパターンとなる。だから、このタイプではギブとテイクの間に時間的なズレがあまりない。ギブが先行すればすぐにテイクで補完しようとする。逆に、こういう人々はテイクが先行することも好まないので、そう感じると意識的にギブをする。「ギブ＆テイク」という言葉を聞いて、多くの人がすぐにイメージするのは、マッチャーだろう。ただし、この第3のタイプは本書の分類でいえばギバーでもテイカーでもない人々なのである。

発見事実の面白さ

著者のアダム・グラントは、ペンシルバニア大学のウォートン・スクールで史上最年少の終身教授になったという優秀な組織心理学の研究者だ。膨大な実証研究の蓄積に裏打ちされたソリッドな論理を展開している。

アカデミズムの先端にいる若い学者が書く本というと、簡単な話をわざわざ小難しい概念や言い回しで意味もなく難解にしてしまう「若書き」が少なくない。本書はその逆を行く。

著者の主張は、つまるところ「情けは人のためならず」というシンプルなものだ。しかし、その背後にはさまざまな論理が複雑に絡み合っている。本書は複雑な論理世界にいったん踏み込みながら、それを複雑なままぶちまけるのではなく、再びシンプルな主張へと解きほぐしていくというスタイルをとる。だから、とても読みやすい。読者にとって素直に役に立つ。そういう本を提供できる研究者はそうそういない。

「ゼロサムではなくプラスサムにしなければならない」とか「ウィン―ウィンの関係を構築して……」というような言い回しがビジネスの世界ではよくある。本書の美点は、定量的・定性的データの分析から導出される論理を駆使して、われわれが何気なく口にしている「プラスサム」「ウィン―ウィン」といわれる現象の背後にあるメカニズムについての深い理解を与えてくれるところにある。

本書の読みやすさと説得力は、定量的なデータ分析に基づいた発見事実だけでなく、リアリティあふれる「ビジネスの現場の事例」が豊富に出てくることによるところが大きい。

例えば、シリコンバレーの起業家アダム・リフキン、IT投資家のデビッド・ホーニック、『ザ・シンプソンズ』の脚本家ジョージ・マイヤー。この三人のギバーたちのエピソードはとくに印象深い。こうしたギバーは、「ひかえめに話す」人たちで、「人にアドバイスを求めるのをいとわない」し、さらには「自分から弱みを見せる」。読者のみなさんも、やりとりをしていて気持ちがいい人や、信頼できる人は確かにそうだと感じられるのではないだろうか。

一方のテイカーについても、本書は興味深い事例を紹介している。例えば、僕が建築家として好きなフランク・ロイド・ライト。この人はかなりのテイカーだった。自己中心的な傲慢な振る舞いがもとで、その建築家としての実力にもかかわらず、結局まったく弟子が育たなかった。ポリオワクチンを開発した功労者として知られる医学者のジョナス・ソークもまた筋金入りのテイカーだった。

データ分析からの発見事実もいちいち面白い。とくに、これまでの研究が示唆する「テイカーを見分ける方法」には笑ってしまう。

- テイカーのCEOは話をするとき、やたらと一人称の代名詞（私）を使う。
- テイカーが経営する会社の年次報告書は、CEOの写真が大きい。
- テイカーは「フェイスブック」で使っているプロフィール写真がきわどい。

次から次へと飛び出す発見事実が面白い。とくに興味をそそられるのは、ギバーの仕事のパフォーマンスが二極化するという事実だ。平均的なパフォーマンスが最も高いのはギバーのグループだが、最もパフォーマンスが低いのもまたギバーのグループだった。

この発見事実からさらに著者は議論を展開していく。「ギバーこそが成功する」という著者の主張は、ある条件のもとで成り立つというわけだ。その条件とは何か。この辺が実証研究の成果に立脚して議論をきめ細かく進めていくという著者の本領発揮のところ。じっくり論理をたどりながら読むに限る。

時間的な鷹揚さ

言うまでもないことだが、本書は自然科学でいうような「法則」を提示するものではない。法則とは「いつでもどこでも再現可能な一般性の高い因果関係」を意味している。本書は人間を扱っている。いくら実証研究に立脚しているとはいえ、人間の行動について絶対の法則はあり得ない。

著者の「ギバーこそが成功する」という主張は、法則というよりは「論理」である。「こうすればこうなる」という話ではなく、「こう考えてみてはどうでしょうか」というものの考え方や視点を提供している。だから「よし、自分は今日からギバーになろう」といって努力したからといって、たちまち営業成績がアップし、職場の人間関係が改善され、給料が増えていくかというと、そんなことはない。

むしろ話は逆である。著者の論理を注意深く追えば明らかなことだが、「速効性」や「確実性」を求めている人は、ギバーにはなれない。「与える人が成功する」というロジックは、現象として起きるまでに非常に時間がかかる。人に与えたことは、のちのち返ってくる。しかし、ギブの後のテイク（というかギブン）が起こるのは、ずっと先の話だ。しかも、いつ帰ってくるのか、果たして返ってくるのかこないのか、事前の期待や意図はない。もっといえば、そういう「取引」を持ち込まないのがギバーのギバーたるゆえんなのだ。

ようするに、時間的に鷹揚な人でないと、ギバーにはなれない。「いついつまでに自分にとっての利得が返ってきてほしい」などというのは、テイカーの発想だ。テイカーは、自分が誰かにしてあげたことを損得勘定に置き換えて、子細漏らさず自分の「記録ノート」につけている。これに対して、ギバーは「記憶ノート」にいい思い出を残すことを大事にしている。そして、ギバーに助けてもらった人たちには、その経験がより克明にその人たちの「記憶ノート」に残っている。

ギバーは記録より記憶を重んじる。だから時間を経ても、人間関係のつながりを再構築することができ、そこから恩恵を得ていくのである。ギバーにとって恩恵とは「忘れたころに来るもの」であり、事前に期待したり損得勘定するものではない。

ことほど左様に、時間軸で鷹揚であることは、ギバーとなるために最も大切な条件の一つである。ところが、インターネットに代表されるITの進展にともなって、私たちは「時間的なゆとり」「鷹揚さ」を失いつつある。すぐに答えが出たり、時間をおかず返事が返ってきたりすることが当たりまえになっている。だから待てない。

そういう意味では、ITの発達は両義的だ。著者のいうように、ITは世の中を便利にし、ギバーであることのメリットを加速させる面をもっている。しかし、その一方でゆっくり構える鷹揚さを阻害し、ギバーであることを難しくしている。ギバーでいることの、非常に重要な条件は「心のゆとり」「人間関係において想定する時間軸のゆとり」にある。

「自己犠牲」ではない

ギバーになる、ギバーであるためにはどうすればいいのか。ここが凡百の自己啓発書と大きく違う本書の真骨頂だ。薄っぺらなビジネス書だと、「これからはこういうことをしなければならない」とか、あっさり言えば「頑張れ!」というかけ声に終始することが多い。

これに対して、著者の発想と主張は180度異なる。「頑張るな」というのである。ギバーであることは、考えてみれば人間の本性だ。もともと人間がもっている本性を正面から見据えて理解すれば、人間は自然とあるべきギバーに戻っていく――そういう論理展開になっている。ものごとを見る前提や構えを変えれば、無理やり努力をせずとも、自然と新しい可能性が拓ける。論理が人間的で明るい。

例えば、「自己利益」と「他者利益」についての著者の議論がその典型だ。多くの人は「他者に利益を渡す=自分の利益がなくなる」と考える。だから、「他者のために何かしてあげたい」「ギバーになりたい」と思っても、なかなか行動できない。しかし、「自己利益」と「他者利益」は一つの次元の両極ではない、したがって相反するものではない、と著者は主張する。「他者に利益をもたらすためには、〝自己犠牲〟は必要ない」のである。

成功するギバーは、「自己犠牲」ではなく、「他者志向性」をもっている。他者志向性とは、たとえばチームで仕事をするときに、自分の取り分を心配するのではなく、みんなの幸せのために高い成果を出す、そこに目的を設定するということだ。

前述の『ザ・シンプソンズ』の脚本家ジョージ・マイヤーの話は、その典型的な事例だ。彼は優れた番組をつくることに徹底的にこだわった。それが何のためなのかという「意義」を考え抜いていたからだ。番組を見る人はもちろん、番組の制作に関わる人を幸せにする。

ここにジョージ・マイヤーの強い他者志向性があった。
ようするに、自分がその仕事をせずにはおれないという〝意義〟がポイントだ。「自分にとって意義のあることをする」「自分が楽しめることをする」――この2つの条件が満たされれば、ギバーは他人だけではなく、自分にも「与える」ことができる。自分が認識する「意義」のもとに、他者と自己が一体化するからだ。他者に対する共感と愛着が生まれる。こうなると、ギブはもはや犠牲ではない。何のことはない、真のギバーはギブすることによって他者のみならず、意義に向かって仕事をする自分自身を助けているのである。だから自然とギブするという成り行きだ。

本書が出版されたアメリカと比べて、「情けは人のためならず」という著者の主張は、日本人にとって、より親和性が高いだろう。おそらくビジネスにおいては、日本のほうが「ギバーが多い社会」だと思う。

本書でもいくつかのデータで示されている通り、アメリカでは一人一人の人間は本性においてはギバーであっても、ことビジネスとなると、極端な「テイカー社会」である。「うかうかしているとやられてしまう」という考え方が、歴史的、社会的、文化的に共有されている。

本書に書かれていることは、アメリカ人たちにとっては驚きの発見ばかりかもしれないが、日本の読者にしてみれば「昔からいわれている、当たり前のことじゃないか……」という感想を持つかもしれない。だとすれば、それは日本と日本人にとって大いに意味のあることだ。ビジネスにおいてもギバーが（潜在的に）多いということは、日本の社会と日本人が伝統的にもっている「天然資源」といってよい。本書の議論は、われわれが普段意識していない日本の可能性を暗示している。

〝自分志向〟から抜け出す

本書は単に「人間関係をよくしましょう」という話ではない。ギバーになるということは、「仕事とは、いったい何のためにするのか」ということを、突きつめるということだ。これは僕自身のこれまでを振り返っても実感として納得できる。そもそも仕事というのは、「自分以外の誰かのためにするもの」だ。こんなことをいうと「きれいごと」に聞こえるかもしれないが、そういう話ではない。単純に、「仕事」は「趣味」とは違うというだけの話だ。

たとえば、「釣り」は趣味だ。趣味であれば自分志向でまったく構わない。自分が楽しければいい。ところが「漁師」となると、それは仕事。人のために新鮮で安全な食料を安定的に供給しなければならない。魚を買ってくれる他者のためにならなければ仕事にならない。世のため人のためと大上段に構える必要はない。ささやかであっても必ず自分以外の誰かのためになるから、仕事として成立する。この意味で、趣味は仕事ではない。「この人は頼りになるな」「役に立ってくれたな」——人にそう思われてはじめて「仕事」になる。裏を返せば、テイカーは、そもそも仕事に向いていないといってもよい。テイカーの頭の中は「自分の評価」でいつもいっぱいになっている。自分の評価を（なるべく楽をして）上げることしか考えていないからだ。世間でよくありがちな「人脈術」などというものも同じことだ。たとえば、「誰と知り合えば自分のビジネスが有利になるのか」「どの人間と仲よくすれば、おいしい話があるのか」など、ひたすら自分のことにしか目が行っていない。これでは趣味である。仕事ではない。

そもそも、仕事の評価は自分でするものではない。それが仕事である以上、他者に評価されてこその仕事だ。本書が描くギバーは、この当たり前の原理原則を実践している人々である。

まずは自分の周囲にいる「ギバー」「テイカー」「マッチャー」の顔を、それぞれの類型のモデルとして思い浮かべながら読む。これが本書の正しい読み方だ。著者の筆致はリアリティがある。僕もすぐにそれぞれの類型に対応した知人の顔が頭に浮かんだ。自分の頭の中にある実例にあてはめながら本書の議論をたどっていくことをお勧めする。本書の理解がますます深くなること請け合いだ。

さて、自分自身はどうか。ギバーかテイカーか、はたまたマッチャーなのか。読み進めながら、多くの人は自問自答するだろう。僕もその例外ではない。これまでの自分の思考や行動を改めて振り返ってみると、僕は自信をもって「ギバーです」といえるほどの人間ではない。頭では分かっているのだが体がついていかないことも多い。

そんな僕でも、時や場合によっては、ギバーになることもある。本書を読んで気づかされたのだが、例えば、才能を感じさせる人や自分が面白いと思ったことのために、自分の利益とは関係なしに、ごく自然とギバーとして行動することもある。僕でも多少は経験があるのだから、「ギブすること」は誰のなかにもある本能、本性であることは間違いない。ギバーとして生きることは、仕事の成果を出すためだけではなく、人間としてももっとも幸せな姿勢である――「頭」でそう思うだけではなく、「体」でも「心」でも同意できる。

読み終わったとき「もうちょっと自分もギバーになろうかな……」という意識が生まれる。心と体が突き動かされる。健やかで爽やかな一冊。自信をもってお勧めする。

1─2

Give & Given

アダム・グラント『GIVE & TAKE「与える人」こそ成功する時代』

──監訳者インタビュー

メリットを求める時点でその人はギバーではない

──本の中では「ギバーこそが成功する」という論理が展開されていますが、ギバーであることのメリットはどういったところにあるのでしょうか。

問いに答える前に、まず指摘しておきたいのは、「ギバー（与える人）」「テイカー（受け取る人）」「マッチャー（バランスを取る人）」の正しい理解についてです。この3分類において、ギバーは「与えるだけの人」と誤解されがちですが、世の中と折り合いをつけて生きている以上、詐欺師（≒ピュアなテイカー）や聖職者（≒ピュアなギバー）は別として、世の中は最終的にはどっちにしろギブ&テイクということになります。

この3分類はギブ&テイクに対する「意図」の違いに注目しています。テイカーはテイクするための手段としてギブする。すべては自己利益のため、すなわち「テイク&テイクン」となります。

ギバーはその逆で、ギブするときにテイクを意図しません。「ギブ&ギブン」なのです。マッチャーはその都度バランスを取るべきだと考え、テイクを期待できるところにギブします。普通に「ギブ&テイク」というときに念頭においているのはこのマッチャーです。

その前提で考えると、まず「メリット」という考え方自体がギバーにフィットしませんね。「何かリターンは」などとROI（投資対効果）を求めるのは、テイカーもしくはせいぜいマッチャーの考え方です。仮にメリットがあるとしても、ギブする時点ではギバーは利得を意図していません。「情けは人の為ならず」と言いますが、ギバーにとっては行動とテイクとの因果関係がその時点で明確ではない。非常に長い時間軸においてギブが返ってくるので、ギブ&ギブンとなる。

――「メリットを求めた時点でギバーではない」というのは耳の痛いお話です……。実は今日「ギバーになるための実践的ノウハウ」についてお伺いしようと考えていました。

それがそもそもテイカー的な発想です。ギバーについて理解を深めることは重要ですが、『GIVE & TAKE』は実践的なアクションの指南書ではありません。本の中でもすでに起きたことを統計学的に実証し、ギバーやテイカーについて定義していますが、これはあくまで広い意味での「生き方の基本姿勢」です。

例えば、「テイカーはSNSに出しているプロフィール写真が大きくて派手だが、ギバーは小さくて地味な傾向がある」という興味深いデータが紹介されています。かと言って「写真を小さくすればギバーになれるのか」というと、まったくそんなことはない。

ここで理解しておきたいのは、人間の行動に科学のような法則性はないということ。本に例示されたギバーたちの行動を知ることで、洞察や気づき、教訓が得られます。この際、「ギバーになるための即効的ノウハウはない」ということが分かるだけでも、十分に意味はあるでしょう。

「自己犠牲」ではなく「他者志向性」

――本で紹介されているギバーたちは成功を摑み、確固たる地位を築いている方が多いようです。となるとやはり「ギバーになりたい」と思うのが正直なところ。ギバーがギバーたりうる所以というのは、資質的なものも大きいと感じるのですが、後天的に身につけることは可能なのでしょうか。

それは「成熟」という言葉で表現できるかもしれません。若いときにテイカー的であることは当然のこと。それがだんだん世の中のことが理解できて、ギバーの色彩を強めていくことが、一般的な人間の成熟です。中には若くして成熟し、ギバーになっている人もいますが、それはある種資質的なものかもしれません。いずれにせよ、成熟というものはそう簡単に手に入らないものです。

——とはいえ、読者はちょうどその過渡期でもあり、仕事においてギバー的な役割を求められる局面も多く、「部下や後輩にギブしなければ」と思いながらも、「それは自分のためになるのだろうか……」と葛藤することも多いように感じます。

マッチャー的なスタンスになってしまうということですね。ただ、先ほどもお話しした通り、「会社の中でもっとギブしていかないといけない」と思った時点でもうギバーにはなれないんです。なぜなら、それでは続かないから。

ある友人を例に挙げましょう。アドテクやコンテンツ事業を展開しているユナイテッドの代表取締役会長CEOを務める早川与規さん、この方は僕のイメージするギバーのモデルです。彼は銀座のとある鮨店のオーナーでもあります。本業とはまったく結びつかないお店を始めた理由を聞いたんです。

彼いわく、もともと贔屓にしていたお鮨屋さんがあったのですが、そこに勤めていた職人が突然辞めて、別の店に移ってしまったんだとか。それで職人さんに会いにその店へ行ったところ、「将来的には独立したい」という話を聞いた。それで、「それなら私が助ける」と、早川さん自ら一部を出資し、オーナーとしてその職人さんの独立を後押ししたんです。

これはギブの一種とも言えますが、早川さんにとってはテイクでもあるんです。つまり、その職人さんが握るお鮨が好きで、彼の人柄も信頼していて、彼がお店をやることで、自分好みの寿司をいろいろなひとに食べてもらえる。「自分がそうしたいからそうする」ということです。

このとき、利他と利己がつながる。端から見れば利他的なことであっても、本人としてはあくまで自らのベネフィットを感じている。テイカーやマッチャーの考える「ギブ&テイク」とはそもそも認識が違うのです。自分にとって「おもしろいから」「心地よいから」「自然だから」やっている。だからこそ、長期的にギブができる。

――当プロジェクトでもエンジェル投資家というある種ギバー側の方々を取材してきましたが、話をお伺いしていると、「ギバーがギバーを呼ぶ」と言いますか、ギバーの周辺では経済活動に留まらない、ポジティブなやり取りが起こっている気がします。楠木さんにもそういった面があるのではないでしょうか。

私自身がギバーとは思いませんが、局面によってはこの本に登場するような「ギブ」を行うこともありますね。才能のある人がいたら、その才能が世の中に出て行けるように人を紹介したり、仕事とは関連しないビジネスへのアドバイスを求められたり……。
ただそれはその人に才能や価値があると僕が思うからそうするだけです。逆に言えば、そうでないときは人を紹介しても迷惑がかかるかもしれない。そういうときはギブしないでしょうね。ですから、ある人にとっては「親切で面倒見がいい人」であっても、違う人にとっては「冷たい人」だと思われているでしょう。

――本の中では最も成功する人と最も成功しない人のいずれともギバーであり、「バカなお人好し」にも「最高の成功者」にもなれる、という指摘が印象的だったのですが、その2つを分けるポイントがそこにありそうですね。

そう、つまり成功するギバーは「自己犠牲」ではなく「他者志向性」を持っているということ。ギバーのすべてが単に「親切な人」「お人好し」というわけではないということです。いくらギバーでも、全員にギブしていたら、時間的にも経済的にも破たんします。
その人がどういう局面でギブしているのか、それぞれに明確な条件があるということ。それは短絡的な利益を追求するのではなく、関心があるか、おもしろいかどうか、なんですね。相手に対する共感や、社会的に正しいかどうかなども判断軸になることもあるでしょう。いずれにせよ、ギブというのは動詞です。気持ちではなく行動に起こすということが大切です。

自他を区別しない

――「おもしろいこと」「関心のあること」に触れる手段として、今はSNSもあります。そういった「弱いつながり」があることで、ギバーになれるきっかけも増えている気がするのですが。

SNSだけでなくインターネットやデジタル全般というのは、リアクションの時間幅を短くしていく側面があります。みんながせっかちになって、「そのうちに……」という行動はどんどん取れなくなっていく。つまりは「インスタント・ソサエティ」、これはギバーの概念とは最も隔たりがある。

私自身は、ソーシャルメディアやネットはギバーを阻害するほうに作用しているのではないかと思います。人間にとって「自己愛」は昔から変わらぬ本性です。SNSは自己愛を鷲づかみにするもので、自己承認欲求をうまく満たしてくれるツールといえます。「いいね！」ボタンを押すのは、ギバーというよりは、どちらかといえばマッチャー的、テイカー的なものだと思いますね。

――楠木さんご自身は本の冒頭で「もともと日本はギバーが多い社会」だと指摘されていましたが、それはどういうことでしょうか。

「日本人は人がいい」というよりは、社会的に必然性があったということです。基本的には農村共同体ですから、一つはみんなで力を合わせてやらなきゃいけないということ。もう一つは狩猟にくらべると時間軸が長いということ。「子孫に美田を残す」「備えあれば憂いなし」といったメンタリティが身についている。もともと体に染みついている時間軸が長い。

「情けは人の為ならず」は、欧米の人にとっては新しい価値観であっても、日本人にとっては自然と受け入れられるものなのです。

――そう考えると、意識的に時間軸を長く捉え、短絡的な成果を求めないことが、ギバーのスタンスとしては重要なのですね。

そうです。すぐにはできないかもしれませんが、少なくとも価値観として、「それが人間としてあるべき姿だ」という認識が大切です。

――ギバーは「資産や資本を持ち、それを分け与える人」というイメージがありますが、それらを持たざる人がギバーになれる可能性はあるのでしょうか。

その人にとってギブすることが自然な行動であれば、可能なことだと思います。つまり、重要なのはそれがその人にとっておもしろいかどうか、快適かどうかということです。興味や関心、「この人の役に立ちたい」という思いは、お金の有無にかかわらず人間が感じることです。

ギバーにとって最も強い動機は、「本来なら自分がやりたいけど、能力的、資源的、時間的な制約でできないとき、代わりにこの人にやってもらいたい」ということ。先ほどの早川さんの例にあるように、そこには自他の区別がないのです。「自他の区別をなくす」ということが唯一ノウハウらしいものかもしれませんが、これにしてもギバーはそれを意図してやっているわけではなく、結果として成功しているわけです。

それは経済的な利益というよりは、「リスペクトを得た」というほうが正しい。「ギバーのほうが金銭的に儲かる」という話ではありません。

裏を返せば、テイカータイプの成功者もいるわけです。短絡的な利益をずっと得続けることで、地位を確立することもできる。ただ、それをやればやるほど信頼関係が失われていくのも確か。

世の中にはさまざまな矛盾や理不尽がありますが、その程度にはうまくできている。世の中も捨てたものではないということです。

1—3

「当たり前」にして「オリジナル」

アダム・グラント『ORIGINALS 誰もが「人と違うこと」ができる時代』——解説

前作『GIVE & TAKE』に続いて著者の本の監訳をする機会に恵まれた。本作『ORIGINALS』でも、著者の芸風とその美点はそのまま受け継がれている。

タイトルにある通り、また、まえがきでシェリル・サンドバーグが指摘しているように、アダム・グラントはオリジナルな人である。この本で展開されている思考と議論もオリジナリティに満ちている。彼のどこがオリジナルなのか。それは徹頭徹尾「当たり前のこと」しか言わないということにある。

次から次へと世に送り出されるビジネス書には、手っ取り早く読者の注意を惹こうとするような刺激的で安直な言説に溢れている。しかし、アダム・グラントの議論にはその手の「インスタントな刺激」がまるでない。言われてみれば当たり前のことばかり。ここにこそ著者の美点があり、オリジナリティがある。

一見すると「当たり前」と「オリジナリティ」はつながらない。つながらないどころか、大きな隔たりがある。隔たりがあるどころか、正反対を向いているように聞こえる。しかし、考えてみてほしい。著者が議論の対象にしているのは、人間の営みである。人と人の世の営為に限っていえば、「日の下に新しいものなし」。人間の本性と人間社会の本質は今も昔もこれからも変わらない。変わらない本性や本質と正面から向き合うからこそ、人間についての深い洞察が導かれる。

前作と同様に、本書の議論のスタイルはいたって科学的だ。心理学者である著者は科学的な発見事実に基づいてじっくりと話を進めていく。しかし、科学的ではあるが、自然科学とは異なる。自然科学であれば、相対性理論や量子力学、近いところではｉＰＳ細胞のように、それまでの知識を全面的に塗り替えるような大発見が（ごくまれにだが）生まれる。しかし、人と人の世については「世紀の大発見」はあり得ない。どんなに価値ある知見でも「言われてみれば当たり前」となる。むしろ、大切なことほど「言われてみれば当たり前」という面がある。

ただし、である。この「言われてみれば……」というところに大きな価値がある。「言われてみれば当たり前」ということは「言われるまで分からない」。「当たり前」の向こう側にある真実を頑健で鋭い論理を重ねて突き詰め、無意識のうちに見過ごされている人間と社会の本質を浮き彫りにする。そこに著者の仕事の本領がある。

コンフォーミティを乗り越える

本書のテーマである「オリジナル」とは、物事がこれまでとは違った形で生まれる端緒（およびそれを担う人）を意味している。「オリジナリティ」とは、日本語であっさりといえば独自性である。とりたてて新奇な論点ではない。

しかし、著者はオリジナリティという概念がもつ2つの重要な特徴に光を当てている。ひとつは、オリジナリティを「コンフォーミティ」（同調性）の対概念としてとらえていること。コンフォーミティとは、その時点で多くの人々に共有されている「正しいこと」についての価値観を踏襲し、その延長上に成果を達成しようという思考と行動を意味する。オリジナリティはその逆向きの動きとなる。これまでの価値観に逆らって新しいアイデアを推進し、最終的によりよい状況や進歩を生み出す。ここにオリジナリティの本質がある。

もうひとつはオリジナリティを「クリエイティビティ」（創造性）と区別していること。いうまでもなく、オリジナリティはクリエイティビティに端を発する。これまでとは違った新しいアイデアはオリジナリティの必要条件である。しかし十分条件ではない。「オリジナルな人」とは、単にアイデアを思いつくだけで終わらず、それを自ら率先して実行し、社会や市場や顧客が受け入れる形で実現する人のことを意味している。

この2つの視点が本書のオリジナリティの考察に独特の深みと奥行きを与えている。以下、この2点について順に、僕が著者から得た洞察を話してみたい。

まずは第1の論点から。オリジナリティとは「創造的破壊」である。創造と破壊という2つの逆向きのベクトルを同時に扱わなければならない。ここに独創の難しさがある。ポイントは、本書の議論の軸足が創造よりも破壊にあるということだ。オリジナリティは結果的に革新や進歩や改善を創造する。しかし、オリジナルな人の思考と行動の真価が問われるのは、創造よりもむしろ破壊にある。時間的な順序として、破壊が創造に先行するからだ。破壊がなければ、その後に起きる創造もあり得ない。世の中に受け入れられ定着した、しかも多くの人が正しいと思っていることを否定し、却下するからこそオリジナルになれるのである。

オリジナリティには本来的に「流れに逆らう」という面がある。まっさらな白紙の上に絵を描くように、フラットでニュートラルな状態から新しいアイデアを出すのはそう難しいことではない。ところが、オリジナリティには最初から逆風が吹きつけている。流れに逆らって既存のものを破壊するのは大きなリスクがつきまとう。つまり、オリジナルな人は、定義からして、マイナスからのスタートを強いられる。

オリジナリティの敵はコンフォーミティにある。ここで厄介なのは、コンフォーミティは決して悪いことではないということだ。それどころか、そもそもコンフォーミティには成果を達成する上で有効な論理がたっぷりと組み込まれている。

1章にある「早熟な天才児」のエピソードが面白い。2歳で字が読め、4歳でバッハを弾き、6歳で微積分を解くような神童がいる。しかし、心理学の研究によると、こうした神童が大人になってオリジナリティを発揮することはまれだという。なぜか。神童は既存のゲームで体系化されたルールに従っているからだ。カーネギーホールで演奏したり、サイエンス・オリンピックで優勝したり、チェスのチャンピオンになったりするうちに、訓練を通じて技術は完璧になるが、新しいものを生み出すことができなくなる。つまり、神童は完全にコンフォーミティの世界に浸っている。そこでは両親からの承認や教師の賞賛を得ることがモチベーションになっている。だから、オリジナリティの一丁目一番地である「既存のシステムの否定」ができない。

この例にあるように、優れた成果を達成しようという意欲が強い人ほど、コンフォーミティを優先させる傾向にある。ひたすら成功したいという野心が強いと、かえってオリジナリティの足かせになる。言われてみれば、思い当たる節がいろいろとある。たとえば、頭がよく、野心家で、最上等の教育を受けたのちにウォールストリートの金融機関に入り、バリバリ仕事をして出世する、こうした人には本書が言う意味でのオリジナリティがきれいさっぱり欠落していることが少なくない。

「普通の人々」のオリジナリティ

第2の論点に移ろう。オリジナリティを発想にとどまらず実行と実現の問題として論じる。これが本書を貫くもうひとつの重要な視点である。斬新なアイデアを思いつくだけではオリジナリティは完結しない。それが実行され、実現され、世の中に受け入れられなければ本当のオリジナリティとはいえない。

この点で本書が素晴らしいのは、ごく普通の人々を前提にしているということにある。オリジナリティの実現にはリスクを取らなければならない。しかし、信念とやる気に満ちた、徹底的にリスクを冒す奇才でなければならないというわけではない。むしろそうした人はオリジナリティを実現しにくい面があり、オリジナルな人たちはわれわれが漠然とイメージするよりもずっと普通の人だ、と著者は強調する。

著者の立論は人間の本性にきわめて忠実である。既存のシステムやルールを受け入れることは、普通の人々にとって心地よい。これは変わらない人間の本性である。独創や独自性を論じる本には「あらゆる困難や挑戦をものともせず、信じる道を突き進め！」というような威勢の良いかけ声に終始するものが少なくないが、こうした話はまったく実用的ではない。本性に逆らっても上手くいかない。

日本では人と違った意見や行動が社会的に抑圧されがちなのに対して、アメリカでは個人が独自の意見をためらわずに表明する。日本はアメリカを見習って、変わらなければならない――。こうした「日本＝出る杭は打たれる」式の主張が昔から繰り返されている。しかし、いろいろな国や地域の大学で教えてきた僕の経験からして、この手のステレオタイプは相当に疑わしい。

本書を読んで膝を叩いたのだが、著者が観察の対象としているアメリカでも事情はそれほど変わらない。著者は言う。確かにアメリカは個人主義的でユニークな自己表現が受け入れられる土地柄だ。しかし、蝶ネクタイをつけたり、真っ赤な靴を履くことはオリジナリティとは関係ない。うわべだけオリジナルにみせているだけだ。実際は、うまくやろうとしすぎるあまり、もしくは失敗を恐れるあまりに、まわりに合わせることを選ぶ人が圧倒的に多いという。

ようするに、コンフォーミティの圧力が強く働くのは国や地域を越えて人間社会の常なのだ。本性は時間を超えて変わらないだけでなく、空間的にも実際はそれほど変わらない。つまりは人間という生き物の性（さが）なのである。

本性としてはリスクを回避しようとする普通の人々が、流れに逆らう不安や恐怖を撥ねのけて、オリジナルな何かを実現させるためのさまざまなヒントが議論されている。「ある領域でリスクを取ろうとするときは、別の領域では慎重に行動するというポートフォリオの中でリスクのバランスを取る」「大量生産が良質なアイデアへのもっとも着実な道」「情熱はしばしばオリジナリティを阻害する」「自分の弱みをさらけ出す」「ネガティブな考えが持つポジティブな威力」……、どれも背後にある論理が明快で力強い。

このすべてに共通した基盤となる思考様式が、著者の言う「ブ・ジャ・デ」だ。初めて見たものなのに既視感を覚える「デ・ジャ・ブ」の反対で、既知のものを新たな視点で見つめ、古くからある問題を再発見し、そこから新たな洞察を得る。これが「ブ・ジャ・デ」の思考である。既存のシステムやルールにはそれが存在する理由が必ずある。既存のものを却下するためには、何よりもまずなぜそれが存在するのかをじっくりと考えなくてはならない。これもまた言われてみれば当たり前、ようするに「温故知新」である。しかし、変革というとひたすら前のめりになってしまいがちだ。前しか見ていない「単純進歩主義者」は真にオリジナルな人にはなれない。

先延ばしの効用

僕がとくに共感を覚えたのは、「愚か者は先を急ぐ」と名づけられた4章にある「戦略的先延ばし」というアイデアである。著者は冒頭に「明後日にできることを、明日に回してはいけない」というマーク・トウェインの言葉を引用している。僕も昔からこの言葉が大好きで、それを地で行く生活をしてきた。

僕の基本的な構えは次の二つのフレーズに集約されている。一つが「川の流れのように」（美空ひばり）。もう一つが「時の流れに身をまかせ」（テレサ・テン）。脳内で常にひばりとテレサの豪華デュオがハモっている状態。ひっくるめて言うと「川の流れに身をまかせ」。これが僕の基本姿勢だ。

特にタイミングの問題は大きい。計画をしたところで、本当にその気にならないとなかなか身体は動かない。僕にとって何よりも大切なのは「機が熟した感」だ。なかなか思い通りにならない世の中でたまに何かうまくいくことがあるとすれば、それは機が熟したタイミングで、無理なく自然と行動したからだと思っている。

だから「夢に日付を入れろ」という人はあまり信用しない。無理を通せば道理が引っ込む。自然な川の流れに逆らおうとすると、心身が調子悪くなったり、挙句の果てに周囲の人に迷惑をかけたりすることになりかねない。

ただし、ちょっとした引っかかりを毎日の中で意識することは大切にしている。ちょっと気にかかること、「自分はこういうことがやりたいのかなあ」という気がすること。それを意識しておく。すぐに忘れてもいい。引っかかりをその都度意識していると、いつかそのうち、「そうか、俺はこういうことがやりたかったんだ……！」という時が来る。でも、それがいつになるかは誰にもわからない。それでも、いつかはそれが降ってくる。それが「機が熟した感」なのではないか——。

と、こういう調子でやってきたのだが、嬉しいことに本書は僕が直感的に採用してきた「川の流れに身をまかせ」戦略に明確な根拠を与えてくれた。ジヘ・シンという研究者の発見が面白い。先延ばしにするという行為がオリジナリティを触発するというのだ。先延ばしは生産性の敵ではあるが、独創の友でもある。現代の効率性への崇拝が支配的になる以前は、先延ばしのメリットは広く知られていた。古代エジプトでは、「先延ばし」を意味する2つの動詞があったという。ひとつは「怠惰」、もうひとつは「好機を待つこと」を意味していた。

筆者はレオナルド・ダ・ヴィンチの例を紹介している。ダ・ヴィンチは何年かの間描いては中断して放置するということを繰り返し、15年以上の時間をかけて『モナ・リザ』を完成させた。光に関する実験やその他さまざまな「余計なこと」をしていたので、絵をなかなか完成できなかったというのが従来の理解だった。しかし、ある歴史研究者は、そうした「余計なこと」こそがオリジナリティにとって不可欠だったと結論している。たとえば、球面を照らす光の研究が『モナ・リザ』や『洗礼者ヨハネ』の一連のモデリングを可能にしたのである。

クリエイティブなタスクにはアイデアを熟成させるための時間が必要であり、先延ばしは「さっさと片づけてしまおう」という衝動を抑えるための有効な方法となる。さらに言うと、厳密に計画して実行を急いでしまうと、用意しておいた構成に凝り固まる。視界にふっと現れるかもしれない創造の可能性を排除してしまう。ようするに、「急がば回れ」である。またしても言われてみれば当たり前だが、言われるまでは目が向かない盲点だ。

前作『GIVE & TAKE』でも強く感じたことだが、アダム・グラントの思考様式の最大の美徳は「健康な人間観」にある。グラントは人間のポジティブな面に目を向ける人であり、人間の善性を信じているように思う。彼が人間と社会について考えるとき、その底流には一貫して暖かいまなざしが溢れている。あっさり言えば、「ナイスガイ」。議論の内容もまた健康的。出てくるメッセージが人を動かす力に溢れている。

「オリジナルであることは、幸福を追求する道としてはもっとも簡単なものではない。だが、追求することの幸せは何にも代えがたい」——本書の結びの言葉だ。成果や結果も大切だが、オリジナルな人はプロセスで報われる。だから、定義からして「負け」がない。仕事に対する最上の構えがここにある。

「オリジナル」であることについてのオリジナルな考察を詰め込んだ『ORIGINALS』。本書を書く過程で、著者はさぞかし幸せだったろう。

I─4

カルチャーについてのカウンターカルチャーの書

ダニエル・コイル『The Culture Code 最強チームをつくる方法』──解説

組織とチームは異なる。会社や事業部門は組織である。組織とは資本や会計の論理でひとまとめにされている全体を指す。これに対して、チームとは「お互いの相互依存関係が日々の活動の中で認識し合える範囲にある人びとの集団」のことを意味している。

優れた組織と優れたチーム、成果を出すために両方が必要となるのは言うまでもない。パフォーマンスは組織力とチーム力の掛け算で決まる。ただし、このところの大きなトレンドとして、パフォーマンスを左右する要因が組織力からチーム力へとシフトしつつある。

組織力の優劣は一義的にはトップマネジメントによる構造や制度やシステムの設計にかかっている。かつては分業の体系や権限の配置、報酬システム、レポーティング・ラインの設計といった組織力を構成する要素が重要な意味を持っていた。しかし、情報技術の発達や経営に関する知見の流布が進んだ今日では、「優れた組織」の設計はそれほど特別で困難な仕事ではなくなった。もはや組織力では大きな差がつかない。「優れた組織」はコモディティ化しつつある。

このことは、パフォーマンスの規定因として、チーム力がより重要性を増しているということを意味している。チームは現場である。現場で働く人々の能力には大きな可変性がある。これがモノやカネにはない、ヒトという経営資源に固有の特徴だ。

製造機械の生産性がいきなり倍になる、投入できる資金量が突然5倍になるということはあまり期待できない。しかし、現場で働く人間のモティベーションは、やりようによっては2倍3倍どころか10倍にもなりうる。しかも、それがチームとなれば、ヒトの可変性は掛け算で増幅する。1＋1が3にも5にも10にもなる。チームは「地球最大級の力」を持つ――著者の言葉はあながち大げさとはいえない。逆に、劣悪なチームは個人の力を何分の一にも低下させる。果てしない悪循環を生み出すことにもなる。

組織力が構造やシステムの設計の問題であるとしたら、チーム力はひとえに文化――そこにいる人びとに共有されている価値観――にかかっている。本書の狙いは優れたチームの基盤にある文化を解き明かすことにある。

メッセージは実にシンプル。チーム力を醸成する文化は「安全な環境」「弱さの開示」「共通の目標」の3つに集約される。それぞれの意味するところは何か。なぜこの3つが強いチームの文化として重要なのか。そうした文化をつくり、浸透させるためには具体的にどのような行動を取るべきか。こうした論点が定性的、定量的なエビデンスに基づいて詳細に考察される。事例やエピソードも豊富で、企業はもちろん、スポーツのチーム、軍隊から窃盗団まで、さまざまなチームの観察から導出された知見が詰まっている。

「強いリーダー」は必要ない

本書のトーンは昨今のリーダーシップやマネジメントに関する本とは相当に異なる。むしろ反対のことを主張しているといってもよい。強いチームの文化を醸成するためのカギは、高度なスキルを持つ優秀なメンバーを集めること——ではない。迅速な意思決定と実行でもない。そもそも「強いリーダー」は必要ない。個性的でエキセントリックな天才も必要ない。野心的で挑戦的なビジョンは不要。最先端のテクノロジーも無用。決め手は日常の仕事での、ちょっとしたさりげない行動——それはしばしば当人も意識していない——にある。小さな行動の積み重ねが大きな違いを生み出す。

強いチームのエンジンに火をつけるのはいたって常識的な「普通の人」だ。11章に出てくるベル研究所の事例が面白い。シリコンバレーが生まれる以前、世界のイノベーションの中心はベル研究所だった。ベル研究所の黄金時代、ある職員が自分たちの成功の要因を解き明かそうとした。まず、飛びぬけて優れた成果をあげている10人の研究者を選び出した。その10人を分析し、共通点を探した。専門分野、受けた教育、バックグラウンド……。なかなか共通点は見当たらない。ついに見つかった共通点は、彼らの資質や才能、知識とはまったく関係がない日常の習慣だった。彼ら全員がハリー・ナイキストという物静かなエンジニアとよく一緒に昼食をとっていたのである。

天才科学者の集まりであるベル研究所にあって、ナイキストは「普通の人」だった。スウェーデンの農場で生まれ育ったエンジニアで、物腰は常に柔らか。礼儀正しく、仕事ぶりは勤勉そのもの。いつも穏やかな笑顔を浮かべている。ナイキストには誰もが認める特徴があった。ひとつは人柄の温かさ。彼には周囲の人を安心させる何かがあった。一緒にいると、自分は気にかけてもらっていると感じることができた。もうひとつは質問好き。好奇心が旺盛で、専門分野にかかわらず、相手をやる気にさせ、ひらめきにつながる質問をするのが得意だった。

「安全な環境への帰属」、これが強いチームの文化の起点にして基点となる。リーダーはナイキストでなければならない。まずはメンバーに安全を提供する。安全な環境を構築した上で、他のメンバーに質問し、意見を聞く。聞きすぎるほど聞く。自分の意見を押しつけたり、自分が主役になることはない。

これがメンバーの間にチームへの帰属意識を醸成する。「帰属」という要因がパフォーマンスに与える影響は絶大だ。帰属意識というと古臭く聞こえるが、これは組織全体への帰属ではない。あくまでも自分が所属するチームへの帰属である。帰属のシグナルに注目すれば、他の要素をすべて無視してもパフォーマンスを正確に予想できるほどだという。

強いチームのリーダーは必ずしも強いリーダーではない。むしろ自らの弱さを認め、隠すことなく開示できるリーダーが求められる。人間には自分の弱点を隠したいという本能がある。しかし、早い段階で自分の弱さや欠点をさらけ出したほうがいい。これが安心できる環境へとつながる。

弱さの開示という文化は、「そもそも人はなぜチームをつくるのか」という根源的な問いと深く関わっている。チームの目的は、それぞれが長所を発揮し、お互いに不足する能力を補完するためにある。全員が完璧な人間であれば、そもそもチームは必要ない。弱さを見せると、相手も鎧を脱ぎ捨て、安心して協力できるようになる。だから本来のチームとして動くことができる。

もちろんそこにはチームのメンバーに共有された目的がなくてはならない。しかし、これにしても壮大で斬新で奇抜なビジョンである必要はない。本書に出てくるレストランの事例が良い例だ。共通目標は「顧客にとって居心地のよい空間を提供する」。ごくありきたりのものでかまわない。大切なのは、メンバーの誰もが分かる形で優先順位をはっきりさせることだ。

「大きな私」から「小さな私」へ

「安全な環境」「弱さの開示」「共通の目標」という三つの条件に支えられた文化を持つチームには、以下のような行動様式が共通して見られる。お互いの物理的距離が近く、よく輪になっている。アイコンタクトが多い。握手やグータッチ、ハグなどの肉体的接触が多い。特定少数の人が長々と話すのではなく、短い言葉のやり取りが多い。仲のいいグループで固まらず、誰もがメンバー全員と話をする。人の話を熱心に聞き、さえぎらない。質問をたくさんする。ユーモアと笑いがある。ちょっとした礼儀や親切を忘れない。「ありがとう」と言う――。本書の議論は、いたってシンプルかつポジティブな人間観に基づいている。

いずれも、ちょっとした習慣であり振る舞いである。これらのことを実行するのに特段の「スキル」は必要ない。むしろ、やろうと思えばすぐにできることばかり。しかし、強いチームは現実には希少である。本書が提唱する文化の実現は容易ではない。

なぜか。その理由のひとつは、この数十年の「小さな私」の文化から「大きな私」の人間観への変容にあるだろう。デイヴィッド・ブルックスが名著『あなたの人生の意味』で指摘している論点だ。かつての謙虚と協調を良しとする文化は、現代においては自己顕示を良しとする文化へと移行した。そこで人びとは、自分をできるだけ大きく見せることに終始し、自分を世界の中心において物事を考えるようになった。

自尊心が強い「大きな私」は、常に飢えに苦しむ。他人と競争し、他人との違いを際立たせなければならないので、生き方がやたらと窮屈になる。一方の「小さな私」は謙虚であり、自分が他者よりもいかに優れているかを証明しなくてはいけないという強迫観念から解放されている。自然と他人を称賛するし、他人とも協調できる。

「大きな私」は目に見える能力や成果を追いかける。忙しいことが美徳となり、「自分はこれだけすごいことをしている」という主張に余念がない。チームの中でのごく日常のさりげない振る舞いや他者への気づかいに意識が向くことはない。

「大きな私」が支配的になる理由のひとつは、テクノロジーの進歩にある。コミュニケーションはますます速く、断片的で、せわしなくなる。自分の内なる声に耳を傾けるゆとりがなくなる。ソーシャルメディアは「自分の個性」を多くの人へ知らしめ、人から注目を集めたいという人間の本能に火をつけた。しかも、ソーシャルメディアからは自分にとって都合がよい情報ばかりが入ってくる。ますます「大きな私」になる。人間関係についての判断基準は「自分にとって有用か否か」に収斂する。

「大きな私」の文化が全面的に間違っているわけではない。因習からの個人の解放や個人の自律と自立、個性の重視はいずれも重要な社会の進歩である。しかし、あまりにもバランスを欠いている。現代の「大きな私」の文化は行き過ぎている。チームを脆弱にしている。

本書が明らかにする優れたチームのために必要な文化と行動様式は、はっきりと「小さな私」のそれである。「小さな私」の文化を取り戻し、バランスを回復する。ここに今日のチームマネジメントの焦点がある。強いチームの文化（カルチャー）を論じる本書は、現代の支配的文化に抵抗する「カウンターカルチャー」の書でもある。

1―5

「現場たたき上げ」の方法論

カーティス・R・カールソン、ウィリアム・W・ウィルモット『イノベーション5つの原則』
――監訳者まえがき

芸事の世界で生きている人、たとえば歌手や俳優や落語家をみていると、テレビで突然人気者になった人よりも、じっくりと下積みの経験を積んだ人のほうが、結果的に大成したり、長期にわたって活躍することがよくある。「たたき上げ」の強みだ。

思うに、「たたき上げ」の論理は二つの要素から成り立っている。「繰り返し」と「顧客からの直接フィードバック」である。地道なライブ活動からたたき上げた歌手は、ぽっと出のテレビタレントと比べて、なんといっても踏んでいる場数が多い。しかも毎回オーディエンスの前に立って歌っているので、ひとつひとつのライブでの顧客の反応から、自分のパフォーマンスの出来不出来や人々のニーズを直接肌身で思い知ることができる。テレビで歌っているだけでは、視聴率やテレビ局の人々といった周囲からのフィードバックが届かない。

効くけれども、これはあくまでも間接的なものである。テレビの向こうにいる顧客の声は届かない。

ステージで場数を踏み、オーディエンスからの直接フィードバックを繰り返し受けるなかで、自分の強み弱み、芸の持ち味をより深く理解できる。反省と改良を重ね、次のステージで試してみる。またそこで直接フィードバックを受け、さらに芸を練り上げていく。その結果、自分の芸風が確立され、オーディエンスを満足させ続けられるような地力がつく。これが「たたき上げ」である。

ところが、イノベーションという仕事については「たたき上げ」の知見は生まれにくい。イノベーションは定義からして非連続なものであり、例外的にしか起こりえないからだ。「たたき上げ」の重要な条件である「繰り返し」が期待できないのがイノベーションなのである。

イノベーションの当事者でない、たとえば学者や評論家のような立場にある人々であれば、さまざまなイノベーションの事例なり現象を観察することができる。外部者として観察頻度を稼ぐことができる。そこからイノベーションやそのマネジメントについての知見を導出しようというわけで、現にそうした研究は数多くある。しかし、学者や評論家はイノベーションの当事者ではない。そこでは「たたき上げ」の論理を構成するもうひとつの重要な条件、直接フィードバックが欠けている。

本書が特異なのは、イノベーションを対象としているにもかかわらず、「たたき上げ」の方法論を提示していることにある。著者のカーティス・R・カールソンは米国SRIのCEO。研究開発に特化した、この分野で世界を代表する組織である。設立以来65年にわたり、SRIはさまざまなイノベーションの実現に携わってきた。その成果は、コンピュータのマウスやインターネットのURL、銀行小切手ナンバーの磁気インク文字認識、郵便物トラッキングシステムといった日常生活に深く関わるものから、HIV治療薬、ロボット手術システム「ダ・ヴィンチ」といった局所的な問題解決に貢献するものまで、広範に及ぶ。顧客も民間企業から政府機関までさまざま。1990年代には、不振に陥った自社の経営立て直しですら研究開発の俎上にのせて、ブレークスルーを実現してきたのが面白い。

イノベーション実現の五つの原則

アメリカの人気刑事ドラマの古典、『刑事コロンボ』の中で、主人公のコロンボが犯人と対決するときに、こういう趣旨のことを言ってプレッシャーをかける場面がある。「あなたは確かに冷静で計画的で頭脳明晰だ。それに対して私はごく凡人で、頭脳もあなたとは雲泥の差だ。しかし、いくら切れ者のあなたでも殺人となるとこれが初めてだろう。私はね、殺人課の刑事として毎日毎日何年も殺人事件と向き合ってきた。それが私の仕事なんですよ。コロシがね……」。そう言われて犯人は大いに動揺する。『刑事コロンボ』のシビれるところだ。コロンボの迫力もまた「たたき上げ」にある。

そのイノベーション実現の頻度はもちろん、顧客から受けてきた直接的なフィードバックによる試行錯誤によってSRIは鍛えられてきた。そのトップにあるカールソンはイノベーションの世界の刑事コロンボのような人といってもよいだろう。

その方法論というか「手口」に対する絶対の自信、ここに「たたき上げ」の本領がある。生み出した成果がこれだけ多岐にわたると、一口にイノベーションといっても、それぞれで相当に性質が異なってくる。イノベーションの傍観者はまずいくつかの類型に分類して論じたくなるものだ（学者がその典型）。しかし、カールソンはそうしたことにはほとんど興味がないようで、「ま、いろいろあるけど、ようするにイノベーションを生み出すプロセスというのはこういうものだよ」という直球で勝負してくる。

本書では、SRIが長年かけてイノベーションの実現に取り組み、プロセスから練り上げられた「五つの原則」が多くの事例とともにまとめられている。

① 顧客と市場にとって重要なニーズに取り組む
② 有用なツールを活用し、顧客価値を迅速に生み出す

③イノベーションを率いるチャンピオンとなって、価値創出プロセスを推進する
④多様な分野の専門家を集めた混成チームによって、天才に負けない集合知を実現する
⑤チームの方向性を定め、価値の高いイノベーションを体系的に生み出す

目新しさはない。この手の本によくあるような「すぐに使える」テンプレートや分析フレームワークが出てくるわけでもない。しかし、じっくり読んでいくと実に説得力がある。「たたき上げ」を感じさせるのは、テンプレートの代わりに、やたらと具体的なエピソードや固有名詞が出てくるというところである。本書の主張の骨格は、第1章で出てくるフランク・グァルニエリという人物のエピソードで生き生きと説明されている。単なる事例の記述やその一般化ではなく、イノベーションのプロセスを実際に駆動していく人間の気持ちが描かれている。概念の奇抜さでなく、実践に向けて読者を突き動かす力が本書の持ち味だ。

「統合」にこそ本質がある

イノベーションを生み出すためには多様性がカギになると言われて久しい。日本でも「ダイバーシティ」という言葉がよく使われるようになった。確かに、アイデアを生むため

に多様性は大切である。さまざまな異文化を許容するカルチャーや組織のカベを取り払った議論も必要だ。本書でも、多彩な人材のリアクションを活用して顧客価値を生み出すための「ウォータリング・ホール」という場づくりが提案されている。

ところが、最近では「ダイバーシティ」のかけ声のもとに、多様性を大きくすることそれ自体が自己目的化してしまうことが少なくない。多様性を確保すればイノベーションが出てくるという安直な誤解があるように思う。

注意すべきは「多様性のワナ」に陥らないことだ。イノベーションのカギを握るのは多様性ではない。そのあとにくる「統合」にこのイノベーション・マネジメントの本質がある。「創造性には2種類ある。ゼロから一を創り出すものと、一から千を創り出すものだ」という西和彦の言葉を引用して、イノベーションは後者の創造性であると著者はいう。

世界を変える可能性を持つアイデアを見つけるのはそれほど難しいことではない。イノベーションが困難な真の理由は「一から千を創り出す」プロセスを動かすのが難しいからである。多くの有能な人材が、アイデアの創出を受けて市場化し、市場で成果を出すまで何年もの時間をかけて助け合いながら働かなければならない。著者は「イノベーションは共同作業以外の何ものでもない」と断言する。ランダムに生まれるアイデアを市場での具体的な成果に向けて「統合」する。これこそがイノベーションに突きつけられた課題なのである。

著者が繰り返し触れている事例にテレビのイノベーションがある。1927年にテレビを発明したのはフィロ・ファーンズワースだったが、1939年にテレビ放送の仕組みを作り、消費者に向けた放送を始めたのはデビッド・サーノフだ。サーノフはテレビやカメラといった機械だけでなく、放送局、番組コンテンツ、広告を束ねたひとつの産業を構築した。ファーンズワースが「発明者」だったのに対して、サーノフは「イノベーター」だった。

「発明王」と言われたトーマス・エジソンが真の意味で巨大な存在だったのは、彼の仕事の目的が発明にとどまらずイノベーションを最初から射程に入れていたことにある。エジソンの代表的な発明である電球にしても、実用的な送電システムによる電力の供給がなければイノベーションとはなり得なかった。エジソンが設立したゼネラル・エレクトリック（GE）は発明なりアイデアをイノベーションまで昇華させる統合装置であった。ここまで踏み込んだところにエジソンのイノベーターとしての凄味がある。

イノベーションに向けてアイデアやさまざまな活動を統合していくリーダーを本書では「チャンピオン」と呼んでいる。本書で多くの個人名が出てくるのは、「チャンピオン」がイノベーションでもっとも重要な役割を果たすという証左である。

イノベーションへの投資はストーリーへの投資

イノベーションは定義からして不確実で未知のものを扱うだけに、客観的データに基づく意思決定や指示だけでは統合プロセスが機能しない。ここがオペレーションとは決定的に異なるところだ。既存の製品をいかに効率的に作るかという製造技術の選択問題であれば、歩留まり95%と80%を比較して、コストを勘案しても前者を選ぶ、という明確な基準に依拠できる。しかし、イノベーションのチャンピオンにはそうした客観的な物差しのない世界で、自分なりの基準で物事を判断するセンスが求められる。そうしたセンスは究極的には直感や好みとしか言いようのないものに根ざしているにしても、それだけでは主観にとどまってしまい、人々は動かないし、プロセスを駆動できない。「自分が面白いと思っていても、世の中の消費者がついてこなければイノベーションとならない」というのが著者の主張の根幹にある。

そこで不可欠になるのが、未来の顧客価値を想定した「ストーリー」だ。イノベーションのチャンピオンの一義的な仕事は、アイデアがさまざまな活動と組み合わさり、それがどのように消費者に受け入れられ、世の中を変えるに至るのかというストーリーを構想することにある。

このストーリーがイノベーションにかかわるすべての人々に共有されることによって統

合のプロセスが動き出す。イノベーションは未来の不確実な成果を狙っているのだから、数字を並べたてるだけでは投資も呼び込めない。イノベーションに投資する人々は、チャンピオンの構想するストーリーに投資をするわけである。組織の内外の人々をワクワクさせる力を持つストーリーを示さなければならない。

著者が批判しているインターネット・バブルは、ストーリー不在の「ビジネス・プラン」が暴走した結果である。本書の4章にあるように、雨後のタケノコのように出てきた新興企業に「顧客に提供している価値は何ですか？　それがどのような形で利益につながっていますか？」と聞いたところで、「それは後で考えます。いまのところはうちのサイトへのアクセスを増やすことしか考えていません」という答えが返ってくる。ストーリーがエンディングまでつながらず、とぎれてしまう。

ストーリーの起点となるのが著者のいう「価値提案」である。それはイノベーションが創造しようとする顧客価値の本質を凝縮した表現であり、イノベーションの「コンセプト」といってもよい。上で触れた五つの原則のうち、はじめの三つがこのコンセプト創造に振り向けられていることからもわかるように、コンセプトの重要性はいくら強調してもしすぎることはない。

しかも、そこには「たたき上げ」ならではの知見が具体的な方法論の形でたっぷり詰め込まれている。価値提案の必須要素NABC（ニーズ・アプローチ・費用対効果・費用対効果の競合との比較）や、提案法である「エレベーター・ピッチ」（1〜2分で伝えられる価値提案の核心部分）。とりわけ「エレベーター・ピッチ」をめぐるさまざまなエピソードは、コンセプトがイノベーションの起爆剤であることを如実に物語っていて興味深い。

限られた分野で事業を行っている企業は、もちろんSRIとは成り立ちも目的も違う組織である。本書が提示する方法論は理解しやすいものではあるが、長い時間をかけた試行錯誤の経験を凝縮した「たたき上げ」のそれであるだけに、すぐに応用して成果を出すのは簡単ではない。

それでも、コンセプトから始まるストーリーの構想がイノベーション・マネジメントの本質であるという本書のメッセージは、日本企業に対してポジティブなメッセージを投げかけている。他の国々にない独自の強みが日本の企業にあるとすれば、「一意専心」の姿勢だ。GEが得意とするような「ポートフォリオ」の最適化でパフォーマンスを出していくようなやり方は日本企業が苦手としてきたところだ。しかし、この裏返しで、特定の事業領域に長期的に専念し、そこを深掘りすることによって事業を開花させることを良しとする美意識を日本社会は共有している。この傾向は、深い洞察を込めたコンセプトを起点にストーリーを構想し、イノベーションを実現するという本書の方法論と親和性が高い。

一意専心の成果

「井の中の蛙、大海を知らず」。ポピュラーなことわざである。この言葉は中国の荘子が伝えた言葉で、原典は秋水篇にある寓話が元になっているという。井戸のふちに足をかけていた蛙が、海に住む亀にこう言った。「僕はこの古井戸に住みながら青空を眺めている。君も入ってみなよ」。しかし亀は「井戸の外には君の知らない大きな大きな海があるんだ。私は狭い井戸になんか入りたくないよ」と返した。蛙は自分の知らない世界があることに驚き、亀は蛙の知る世界の狭さにあきれた、という話である。狭い世界に閉じこもって、広い世界のあることを知らない。狭い知識にとらわれて大局的な判断のできない状態のたとえとして、このところ日本企業の内向きの姿勢を批判する決まり文句になっている。

ところで、このことわざには続きがある。「井の中の蛙大海を知らず、されど空の深さを知る」。ここには、一つの世界にとどまるところで、その世界をより深掘りし、独自の洞察を得ることができるという意味が込められている。面白いのは、これが日本バージョンであるということだ。中国発のオリジナル版が日本に来て、「されど空の深さを知る」というオチが新たに付加されたという。ここにも「一意専心」「たたき上げ」の思想がある。

実際、これまでに日本企業から生まれたイノベーションの成功例には、一意専心の成果という色彩が強い。たとえば、任天堂の「Ｗｉｉ」。絵の迫力ではソニーのプレイステーション3に負けるが、新しいゲームの楽しみ方を創造し、世の中を変えたイノベーションであった。技術的に優れたハードウェアを開発しようとしても、ソニーの強力な演算チップには勝てるわけがない。そこで任天堂は昔から手がけてきた花札の世界を目指した。花札というゲームの価値は、ハードウェア（たとえば花札に描かれた「猪鹿蝶」の綺麗さ）ではなく、「ちくしょう！」「よしきた！」とゲームに興じる人間のインタラクションにある。Ｗｉｉは、そうした花札の世界に原点回帰し、「人間のインタラクションが生み出す面白さ」の本質を見据えたコンセプトをつくることによって新しいストーリーをゲームの世界に持ち込んだ。これがイノベーションとして結実したという事例である。

地味な産業材の分野でも、マブチモーターの標準化された小型モーターや東レの炭素繊維などのイノベーションの成功は、その背後に一意専心の論理がある。ユニクロの「ヒートテック」もまた、東レとがっちり組んで、長い時間をかけて素材開発からコミットした結果として生まれたイノベーションだった。ヒートテックはアパレルの世界に新しいカテゴリーをつくり、人々の生活スタイルを変えるに至った。それはフワフワした流行を追いがちなアパレル業界にあって、「ライフウェア」というコンセプトを深掘りしていくというファーストリテイリングの基本姿勢がなければ決して成し得なかったイノベーションだった。

本書はイノベーション・マネジメントに一意専心してきた著者の知見が詰まった「たた

き上げ」の方法論である。日本の読者が、今度は自らのイノベーションに向き合うきっかけを提供できれば、監訳者としてそれに優る喜びはない。

1_6

普遍にして不変の問いに正面から答える

モートン・ハンセン『GREAT @ WORK 効率を超える力』──解説

自ら問いを立て、それに対する答えを提示する。小説などのノンフィクションを別にすれば、本を書くというのはそういうことだ。だとすれば、その本がどんな問いを立てているのか、これが読む本を選ぶときの第一の基準となる。解くべき問いが自分にとって重要で興味あるものでなければ、その問いに対する答えがどんなに秀逸であったとしても、意味がない。

その点、本書で著者のモートン・ハンセンが立てた問い──優れた業績をあげる人はどのように仕事をしているのか──は、間違いなく多くの人々の注意を惹きつける。仕事をしている人であれば、誰もが多少なりとも考えたことがあるはずだ。そっけないほど素直、あっけないほどストレートな問題設定である。普通はもう少し状況や業種や職種を特定して、「デジタル時代のデータを活用したワークシフト」というふうになるのだが、本書の問いはあくまでもストレート。仕事で優れた業績をあげる人もいればそうでない人もいるのはなぜか――本書はこの普遍にして不変の問いに正面から構える。

しかも、問題設定が著者の腹から出ている。この切実さがいい。若かりし頃のハンセンは優秀な若者によくあるパターンをたどる。ビジネススクールでファイナンスを専攻して修士号を取得し、一流のコンサルティング・ファームに職を得た。野心と向上心満々の著者はハードワークこそ（とくに経験に不足するキャリアの初期段階では）業績をあげるカギだと考えた。以来3年間、週に90時間も働くという仕事漬けの生活に突入する。

ところが、である。ある企業買収のプロジェクトで悪戦苦闘しているとき、ハンセンはその後長く引きずることになる「ナタリー問題」に直面する。ナタリーというのは同じプロジェクトで仕事をしていたチームメートの名前。彼女の分析をまとめたスライドは、簡潔明瞭にしてアイデアに溢れ、首尾一貫した説得力があり、美しかった。著者は彼女の仕事が自分よりも優れているという事実を認めざるを得なかった。

しかも、ナタリーは決して残業をしないことで知られていた。仕事は午前8時から午後6時まで。休日出勤もゼロ。

このことを知った著者は大いに動揺する。2人とも優秀であり、コンサルタントに求められる分析能力を持っている。実務経験が浅いことも共通している。しかし、ナタリーは明らかに少ない時間でよりよい仕事をしていた。つまり、一生懸命働いているのではなく、賢く働いていたのである。

「ナタリー問題」

「賢く働く」とはどういうことか。著者は「ナタリー問題」に答えを出す調査プロジェクトを立ち上げる。その成果が本書である。

立てた問いが包括的であるため、調査プロジェクトのスケールも膨大なものとなっている。数百の学術論文を精査することによって既存の知見を検討し、多数のプロフェッショナルとのインタビューを経て仮説を精緻化し、予備調査を経て、「賢く働く」ための七つのファクターを抽出した。最終的にはアメリカのさまざまな業界業種のマネジャーと従業員から5000人を抽出してサーベイを実施した。サーベイの対象となった職種は、コンサルタントや弁護士、医師といった高度専門職だけでなく、トレーナー、プログラマー、商店店長、工場長、看護師からカジノ・ディーラーまで多岐に渡る。

5000人分のデータセットを回帰分析にかけたところ、仮説として設定された七つのファクターが業績の分散（違い）の66％を説明することが判明した。この分析結果で興味深いのは、何が業績に大きな影響を与えるかと同時に、たいした影響を与えない要因は何かを明らかにしているところだ。例えば、学歴や在職期間、年齢、性別といった（しばしば取りざたされる）人口統計学的要因は業績の差の5％以下しか説明しなかった。

「賢く働く」ための七つのファクターは本書の第1章から第7章でひとつずつ詳細に解説されている。データからの定量的な発見事実だけでなく、著者が直接、間接に収集したさまざまな事例の定性的な記述が豊富なため、読みやすく分かりやすい。

七つのファクターのうちもっともインパクトがあるのは、何といっても第1章の「することを減らして、こだわれ」だ。賢く働く人々は、優先すべきことを厳選し、選んだ分野に強いこだわりを持ち、努力を注ぎ続けている。事実、データの分析結果でもこのファクターがもっとも業績を左右している。

このところ日本では、生産性向上のための「働き方改革」が叫ばれている。労働時間の削減は「働き方改革」の文脈で頻出するテーマだ。長時間労働というと日本に特徴的な問題であるかのような先入観がある。しかし、著者が調査したアメリカでも事情はそれほど変わらない。とくに高額所得のプロフェッショナルやマネジャーに限定してみれば、日本と同等かそれ以上のハードワークが常態となっている。

第2章で分析結果が紹介されているように、プロフェッショナル1000人を対象とした調査では、94％が週に50時間以上働いている。週に65時間以上（ということは、週5日仕事をするとして、毎日13時間以上）働いていると回答した人々が50％もいた。高所得者についての調査では、35％の人が週60時間以上働き、10％は実に80時間を超えていた。

著者の調査は労働時間と業績との関係を明らかにしている。たしかに労働時間が長くなるほど業績は向上する。しかし、一定の限界がある。正の相関がみられるのは週当たり労働時間が30時間から50時間までの間で、それ以上になると業績は横ばいになる。65時間以上になると逆に労働時間が長くなるほど業績は低下する。

本丸は分子にあり

労働時間の短縮は日米ともに「働き方改革」の主要テーマだ。一見すると「することを減らせ」という本書のメッセージはこれと軌を一にするものであるように聞こえる。しかし、著者が展開する「賢く働く」という主張はこれとは似て非なるものだ。

生産性とはバランス指標、つまりインプット(例えば労働時間)を分母、アウトプット(業績や成果)を分子とする分数である。確かに「時短」は分母を小さくすることによって生産性を改善しうる。しかし、それによって分子が小さくなってしまっては元も子もない。

生産性向上の本丸はあくまでも分子にある。アウトプットの最大化が本筋であって、インプットはそもそもアウトプットのための手段に過ぎない。「とにかく早く帰れ」「残業はするな」「職場をホワイト化しろ」という昨今の「働き方改革」の掛け声は、手段の目的化を引き起こしかねない。著者が強調する「することを減らす」は、単に労働時間を短くしましょうという話ではない。分母（インプット）と分子（アウトプット）の相互作用にまで踏み込んでいる。ここに本書のメッセージの強靭さがある。

「することを減らす」という原則は、ようするに「優先順位づけ」であり、「選択と集中」であり、「重点化」である。それ自体はとくに目新しい論点ではない。しかし、優先事項の選択は成功のファクターの半分でしかない。することを減らしただけで満足しているだけでは、業績向上は期待できない。残りの半分は、選択した重点分野に「とことんこだわる」。

生産性という指標に置き換えれば、「することを減らす」は分母の縮小、「とことんこだわる」は分子の増大に主として関わっている。本書の議論が秀逸なのは、なぜ分母の縮小が分子の増大につながるのかという論理展開にある。凡百の「働き方改革」の議論は、この生産性の中核にある分母と分子の相互作用を無視するか軽視している。

生産性向上の「ストーリー」

本書の議論でとくに優れていると思うのは、物事の起きる順序、すなわち「ストーリー」に目配せが利いていることだ。「とことんこだわる↓（そのために）することを減らす」ではなく、「することを減らす↓（だから）とことんこだわる（ことが可能になる）」のである。裏を返せば、まずすることを減らし仕事を重点化しなければ、なかなかこだわりを持てないのが人間の本性だということだ。

活動の範囲を広げてしまうと、著者が「複雑さの罠」と呼ぶ事態に陥る。希少資源である注意が分散してしまうのに加えて、複数の活動間の調整が必要になる。これに余計な優位を注がなければならなくなる。しかも、このコストは直接成果に結びつかない「脳内間接費」だ。分母が大きくなるだけでなく、分子にも悪影響を与えるため、生産性が低下する。

スコットとアムンセンのエピソードが面白い。1911年、当時は人類にとって未踏の地だった南極点を目指して、イギリスのスコット隊とノルウェーのアムンセン隊が熾烈な先陣争いを繰り広げた。勝者はアムンセンだった。疲労と栄養不足に苦しみながらなんとか南極点にたどり着いたスコット隊がそこに見たものは、風にたなびくノルウェー国旗だった。失意の一行はベースキャンプに戻ろうとしたが、食料は底をつき、吹雪に見舞われ、テントに釘付けになる。スコット隊はそこで全滅してしまう。

なぜ成功したのがアムンセンだったのか。これまでも多くの理由が論じられてきた。ペース配分と自己管理が優れていた。事前の計画がしっかりしていた。単に運が良かった――。こうした説明には重要な見落としがあると著者は指摘する。それは動員できた資源の規模だ。スコット隊の隊員数が65人であるのに対してアムンセン隊は19人、遠征の予算も4万ポンド対2万ポンドと倍の開きがあった。2倍の予算を使うことができたスコットは、犬、雪上車、シベリア産のポニー、スキー、人力そりという5種類の輸送手段を駆使した。どれかが失敗してもバックアップがあった。

これに対して、アムンセンは犬に集中した。アムンセンには犬しかなかった。だからこそ徹底的に犬ぞりの使い方に磨きをかけることができた。他の選択肢を捨てたからこそ、優秀な犬を集めることにこだわりを持てた。極地の移動にはシベリアン・ハスキーよりもグリーンランド・ドッグの方が向いていることを突き止めた。犬ぞりの優秀なドライバーを集めることにもこだわった。超一流のドライバーに断られても、アムンセンは他の候補に流れず、しつこく口説く。アムンセンのあまりのしつこさに、彼は根負けし、最後には隊に参加することに同意した。「することを減らした」からこそ「とことんこだわる」ことができたのである。

これに対してスコットは、五つの輸送手段の準備に追われ、それぞれについての詰めが甘くなった。しかも、五つの手段はそれぞれにスピードが異なる。移動するたびにスケジュールの調整に四苦八苦する破目になった。ようするに、することが多すぎたのである。

「組織」よりも「個人」

著者のハンセンは、ジム・コリンズの名著『ビジョナリー・カンパニー』の続編の共著者として知られている。『ビジョナリー・カンパニー』シリーズが優れた業績をあげる組織の特徴を解き明かそうとしたのに対し、本書は個人レベルの「賢く働く」にフォーカスしている。業績を向上させるのは、あくまでも個人の行動であり、その背後にある意志と思考がものを言うというトーンで一貫している。

おそらく著者は意図的に「することを減らす」を実践したのだろう。組織レベルのマネジメントやリーダーシップの話はほとんど出てこない。どのような業界のどのような組織で仕事をしているかにかかわらず、「賢く働く」ための処方箋は活きるという主張である。「個人」に徹底的にこだわる本書のスタンスは重要な意味を含んでいる。もちろん、本書が提唱する「賢く働く」を実践しようとすると、さまざまな局面で個人を超えた組織レベルでの取り組みや改革が必要になる。例えば、「することを減らす」という原則を実行しようとしても、「することを増やす」型の上司の下で仕事をしていれば、コンフリクトが発生する。それを乗り越えて上司に「ノー」と言わなければならない。

仕事を重点化しようとすれば、すぐに何に重点化するかという基準が問題になる。この基準の持ち方が分母の削減を同時に分子の増大に結びつけるうえでのカギとなる。第2章で詳述されているように、効果的な「することを減らす」のためには自分の仕事を再設計する必要がある。すなわち、内側からの視点のタスクや目標の達成ではなく、外側からの視点――その仕事が組織内外の「顧客」に与えるメリット――で仕事の価値を認識しなければならない。

医師は診察した患者数で業績を示し、弁護士は働いた時間を基にクライアントに報酬を請求する。しかし、「活動の量＝業績」ではない。外部に対するメリットという意味での価値ある仕事に重点化して、はじめて分母の削減と分子の増大の好循環が生まれ、生産性が向上するのである。

必然的に、仕事の評価基準の設計という組織レベルのマネジメントの問題に突き当たる。もっといえば、「賢く働く」が可能かどうかは、評価基準のみならず、その組織のさまざまな構造上の問題や制約と無縁ではあり得ない。そうすると、すぐにこういうあきらめの声が出てくる。自分でルールや制度や基準を設計できる上位の管理職しか仕事の再設計はできないではないか。この本の言うことは分かるけれど、うちの会社の構造からして実行できるわけがないよ――。

「そんなことはない」というのが本書のメッセージの核心だ。確かに組織の構造的な問題は厳然として存在する。しかし、組織の上位者でなくても、在職期間が短くても、仕事の再設計を実践している人びとは多い。本書の分析によれば、職位や企業規模、在職期間にかかわらず、仕事の再設計に秀でた人の割合はほぼ同じだった。

「賢く働く」人々は、自分の日常の仕事で、自分ができることから——それがたとえ小さなことであったとしても——することを減らし、仕事を再設計し、学習をループさせ、情熱と目的を一致させることによって高い成果をあげているのである。

「制度先行」の愚

いつでもどこでも誰もが構造改革を必要としている。これには強力な理由がいくつもある。その最大の理由は、「構造」の特徴として、やたらと多くのものごとが絡んでいるということがある。隅から隅までずずいーと、何から何までが絡みまくり、しがらみまくり、ありとあらゆるステイクホルダーを巻き込みまくっている。したがって、誰にとってもハッピーな「構造」というのは、定義からしてあり得ない。多くの人が喜べば、それと同じぐらい多くの人が嘆き、悲しみ、怒りを表明する。

昭和日本の大企業に根を下ろしていたさまざまな「構造」の代表格は、なんといっても「終身雇用と年功序列」である。これをもって「日本的経営」という人もいる。それが安定的な構造でありえたのにはもちろん強力な理由がある。高度成長期の日本の置かれていた状況を考えれば、終身雇用や年功序列は「ベリーベストの選択」だった。

終身雇用と年功序列は、戦後日本の成長を支えた組織イノベーションといってもよい。とくに年功（入社年次）という基準を、ほとんど論理を飛び越えてもってくるところなど、天才的としかいいようがない。だれにとっても明確な基準であり、評価と運用のコストが極小化できる。ある条件の下では、というか、ある特殊な条件の下でのみ、経営合理的な仕組みだったのである。

あらゆる「構造」の宿命として、「終身雇用と年功序列」は徐々に時代と世の中の要請からズレてきた。1990年代になると、終身雇用と年功序列には負の側面が強くなり、構造改革の対象として認識されるにいたった。

ごく論理的にいえば、終身雇用と年功序列は同時併用に無理がある。食い合わせとしてよろしくない。終身雇用が保証されているもとで（建前としては）全員が年功で昇進していけば、人件費の拡大や管理職ポストの増殖、固定的間接費の増大に際限がなくなる。経営は破たんする。これが道理だ。

終身雇用を原則とするのであれば、それだけ一人一人を細かく評価し、成果や能力や役割に見合った報酬の設計が必要になる。雇用は保証するけれども、報酬はあなたの貢献次第ですよ、という話で、この方がずっと食い合わせが良い。

いずれにせよ、「終身雇用と年功序列」がうまく回るとしたら、企業がどんどん成長し、しかもその成長が一定期間持続するという条件が前提として必要になる。昭和の高度成長期は、まさにそういう時代だった。経済は右肩上がりで成長し、会社の売り上げは鰻登り。社員はどんどん必要だし、事業の幅も広がるから、ポストもバンバン増えていく。こういう当時の状況が、「終身雇用と年功序列」の無理を引っ込めていただけ。状況が変われば剝き出しの無理が露呈する。

環境が変化し、無理が顕在化した今、雇用や人事のみならず、高度成長期を引きずった企業の構造に改革が迫られているのは言うまでもない。しかし、前述したように、それは「構造」であるがゆえに容易ではない。

構造的な問題がある。解決しなければならない。だから新しい制度やシステムを導入しよう――。こういう成り行きで「構造改革」に取り組む会社は枚挙にいとまがない。

この10年を振り返ってみても、人的資源管理（「能力主義」や「成果主義」の人事評価や「即戦略重視」で「通年」の採用システム）やコーポレート・ガバナンス（経営と執行の分離、外部取締役の導入、カンパニー制の導入、ＥＶＡによる事業評価、報酬委員会や人事委員会の設置などなど）といった領域で、「先進的な制度」や「ベストプラクティス」を導入する必要性が強調されてきた。

もっと日常的なものとしては、どうも「部門間のコミュニケーションが悪く」て、本来あるべき「全体最適が損なわれ」て、「部分最適に陥っている」、だから「ここはひとつ組織に横串を指してプロジェクトを立ち上げよう」……。どこの会社でもよくある話だ。

いきなり構造を変えようとする人に共通の性癖は、一撃で構造を変えることができるような（正確にいうと「変えた気分になれるような」）「飛び道具」や「必殺技」を探して回る、ということだ。いつの時代も構造改革の決め手と目される「旬の飛び道具」が現れては消えていく。

「賢く働く」が会社を変える

ようするに、制度やシステムから入ると、すぐに手段の目的化が起きるのである。「ある望ましい動きや状態を実現したくて、そのための手段として制度やシステムを導入する」というそもそもの因果論理がくずれ、制度を導入しさえすれば望ましい動きや状態を実現できるはずだという甘い考えにすり替わってしまう。注意や努力の焦点が、結果として起こるべき動きや成果から逸れてしまう。制度やシステムをどのように設計するかといった手段そのものについての詳細や、さまざまあるなかでどの制度がベストなのかという手段の比較検討に多大なエネルギーが投入される。

さまざまな問題を突き詰めれば「構造」に行き当たる。最終的には「構造」を変えなければならない。しかし、だからといって丸ごとすぐに構造全体を変えようとすると、話が一向に進まない。飛び道具の一つや二つですぐに解決できるような問題であれば、そもそも構造問題などにはならないのである。このところの取締役会改革、能力主義の人事評価システム、女性の登用を促進するための「ダイバーシティ・プログラム」、こうした制度改革にかけ声倒れの失敗例が続出する背後には「制度が先、運用は後」という勘違いがある。

正しい順番は「運用が先、制度は後」。制度を設計してから運用に移すのではなくて、すでに実行され、成果が出ている動きを事後的に制度化するという発想に立てば、「運用上の問題」は存在しなくなる。制度は実行なり運用に「遅れて」いるぐらいでちょうどいい。

まずは一人ひとりが自ら「賢く働く」を実践することだ。日常の仕事で生まれる小さなアクションが周囲に影響を与え、あるひとつの現場が変わる。その現場が成果をあげれば、その事実がさらに周囲に波及する。結局のところ、このダイナミズムの繰り返しの結果として、「構造」に揺さぶりがかかり、組織全体の改革につながる。

構造は改革の直接的な対象とはなり得ない。構造改革はあくまでも結果である。現状に問題を感じ、変革を志す人は、「構造改革」の名のもとに制度設計に逃げてはいけない。本当の改革者は「構造改革」を待たないのである。

仕事の生産性を向上させ、成果を出したいと志すビジネスパーソンはもちろん、「働き方改革」を現場でリードする人々に向けて、本書は明確な指針を提示している。

I―7

シリコンバレー版『ゴッドファーザー』、愛憎と相克の物語

マイケル・S・マローン『インテル 世界で最も重要な会社の産業史』――書評

創業と世界初のDRAM（ダイナミック・ランダム・アクセス・メモリー）の市場化。メモリー会社としての初期の急成長。台頭する日本企業との競争。停滞と苦境を経たのちのマイクロプロセッサー事業の爆発的成功――。その経済的な成功のみならず、世界中の人々の生活に与えたインパクトの大きさ、企業としての成長と進化のダイナミックさにおいて、インテルは現存する中で最も華々しい歴史に彩られた会社である。

ただし、インテルという「世界で最も重要な会社」の軌跡や半導体産業の発展史を知りたくてこの本を手に取った人は、読み始めてすぐに肩透かしに遭うだろう。その手の俯瞰的・客観的な歴史の記述はそもそも著者の意図するところではない。しかし、インテルの経営史や半導体の産業史についての記述は必要十分に盛り込まれてはいる。それは本書の主題を効果的に浮き立たせるための背景に過ぎない。

主役を務めるのは、この偉大な会社を創り上げた3人の人物である。共同創業者のロバート・ノイスとゴードン・ムーア、さらにはインテルの「採用者第一号」であり、後継のCEOとして君臨することになるアンディ・グローブ。この3人の特異な人物と、三者の間に期せずして生まれたそれ以上に特異な人間関係と相互作用。長大な本書を通じて、著者の関心は一貫してインテルの輝かしい歴史を創造した「トリニティ（三位一体）」に向けられている。この本は企業の歴史ドキュメントというよりは、人間ドラマの書である。

ノイスとムーアとグローブ。3人とも優秀な科学者としてのバックグラウンドを持ち、創業時から経営の中枢にあった。しかし、気質と持ち味はまるで異なる。このキャスティングが猛烈に面白い。

ムーアは「科学者」だった。半導体の理論と技術のパイオニアであった彼は、徹頭徹尾誠実で地味な学究肌だった。何よりも「正しいこと」を重視した。大富豪になっても、休暇の楽しみといえば妻と山に出かけて小石を探すこと。ムーアの精神は常に自己充足感に満たされていた。後年、自伝や評伝の執筆を依頼されても、決して受けなかった。彼は他者が入り込む隙間がない自己完結的な精神世界を生きた。

2人目のグローブは「経営者」だった。妥協なく勝利を目指す姿勢を片時も崩さないファイター。特筆すべきこととして、ハンガリー生まれでホロコーストの生き残りのグローブは腰の据わった現実主義者だった。現実が自分の思い描いたようにならなくても、冷静に現実を見据えて柔軟に対応した。CEOとしての信条は「パラノイア（極度の心配性）だけが生き残る」。困難を正面から受け止め、果断な決断を次から次に下す能力に満ちていた。「グローブなら母親でも解雇する」と言われるほど怜悧な経営スタイルを貫いた。

3人目のノイス。他の2人と同様に、彼もまた科学者であり、経営者であった。しかし、それ以上に「リーダー」だった。

20世紀の産業史で最も興味深い人物

ムーアの名は「コンピュータ・チップの性能は2年ごとに2倍になる」という「ムーアの法則」に刻まれている。世界一のハイテク企業のCEOとして栄耀栄華を極めたグローブは、自伝『僕の起業は亡命から始まった！』や独自の経営論『インテル戦略転換』を連発した饒舌な経営者だった。

これに対して、ロバート・ノイスは後継世代からほぼ忘れ去られた存在である。若い世代にとって、ノイスはせいぜい「スティーブ・ジョブズの師」としてしか記憶されていない。2000年にジャック・キルビーが集積回路の発明に対してノーベル賞を受賞し、「ボブ・ノイスが一緒にいないことが残念だ」と嘆いたときのことだ。ノイスの死後まだ10年しか経っていないのに、メディアはそもそもノイスとは誰で、何をした人物なのか説明しなければならなかった。この一文を書いている僕にしても、ロバート・ノイスについてはあまりよく知らなかった。

しかし、本書を読んだいま、僕にとってのロバート・ノイスという人物の面白さはムーアやグローブをはるかに凌駕する。ムーアもグローブも特異で稀有な人物だが、いずれも人物に内的な一貫性がある。だから、理解しやすい。一方のノイスはきわめて複雑で、分かりにくい人物である。そこがたまらなく面白い。今日のシリコンバレーのアイコンであるジョブズ以上に興味深い。いや、経営者に限らず、ノイスは20世紀の産業史で最も興味深い人物といってよい。

ノイスは超人的な多芸多才を誇った。誰よりも頭が切れる科学者であるだけでなく、スポーツマンとしても天賦の才に恵まれ、中年になっても身体能力は傑出していた。ボディビルダーのような体型で水泳が得意だった。アメリカを代表する合唱団のオーディションに合格し、歌を歌った。自ら飛行機を操縦した。天文学に入れ込み反射望遠鏡を自作した。絵画も描いた。演劇にまで手を広げ、複数のミュージカルに出演した。当然のように主役だった。

同時に、ノイスは極度の矛盾に満ちていた。品格があり、感じがよく、人間的魅力があった。それでいて周囲と交わろうとせず、つかみどころがなかった。近づいてくる美女と片端からデートをしたが、誰とも長続きしなかった。有名人になることは好まなかったが、注目を浴びる機会は消して逃さなかった。社内の序列や政治的な権力闘争にはまったく無関心で、東海岸的な階層組織を嫌い、フラットで質実剛健なシリコンバレーの労働文化の基盤をつくった。しかし、自分が組織の頂点にいることを常に意識していた。小さな会社に戻って研究に没頭したいと言いながら、世界最大規模の企業をひたすら成長させることに邁進した。自分は何事においても勝者になるはずだと考え、勝利のために全知全霊を振り向けるが、できる限り何の努力もしていないようにみせようとした。

ノイスには圧倒的な存在感があった。生まれながらのリーダーだった。誰もが会った瞬間から好きになってしまう特別な何かを備えていた。これほど「オーラ」の何たるかを身をもって示してくれる人物はそうそういない。本書が描くノイスという人を知れば知るほど、そう思う。

スティーブ・ジョブズと違って、ノイスのオーラには暖かい人間味があった。誰もがノイスといると自分には価値があるのだと思えた。困難な目標に向かって全員が勇気を振り絞り、リスクをいとわず、ともに前進すれば素晴らしいことを成し遂げられる。リーダーはノイスだが、それは単に彼のほうがその役割に向いているからであって、他の人にもそれぞれにしかできない仕事がある。周囲の人にそう感じさせる力、それがノイスのカリスマ性だった。

80年代に入るとノイスはインテルの経営を離れ、「シリコンバレーの主」として、半導体製造技術の研究開発を行う非営利組織「セマテック」の運営や、通商政策のスポークスマン的な役割に活動の場を移していった。1990年のある日曜日の朝、いつものように水泳をした後、ソファに横になり、そのまま息を引き取った。享年62。早すぎたが、ノイスらしいスマートな死だった。

相互依存の関係

インテルの主要出資者で会長も務めたアーサー・ロックは、「インテルの成功にはノイスとムーアとグローブの3人がこの順番で必須だった」と述懐している。本書を読んで僕も同じ印象を持つ。しかし、それ以上に重要な意味を持っていたのは、この3人の相互作用と相互依存の関係である。

技術的には絶対の指導者だったが、ムーアは経営という仕事には向いていなかった。経営者としてのグローブをムーアは心から尊敬し、依存していた。立場上ムーアが主催する会議でも、実際に仕切るのはグローブだった。グローブもムーアのためならどんな仕事でもした。

フェアチャイルド時代から同僚で、成功も試練も共有してきたムーアとノイスは、お互いへの尊敬と信頼で結ばれていた。ムーアは卓越した科学者だったが、ノイスには研究が将来世の中にどのようなインパクトをもたらすかについての大胆な洞察があった。ノイスのビジョンなしには2人の研究成果の事業化はありえなかった。

ムーアとグローブとノイスのトリニティを描く本書の白眉は、ムーアを挟んだグローブとノイスの複雑な人間関係の記述である。グローブとノイスの関係はインテル創業の当初から緊張をはらんでいた。あっさりいえば、グローブはノイスを嫌悪していた。それは憎悪といってもいいほどだった。

前職のフェアチャイルド時代から（グローブもまたインテルの創業以前はフェアチャイルドにいた）、グローブはムーアの片腕であると同時に誰よりも熱心な信奉者だった。ムーアの率直さ、科学的な厳格さ、知的誠実さにグローブは心酔していた。ムーアがフェアチャイルドを去るときに「私も一緒に行きます」とグローブが即答したのはいうまでもない。しかし、新会社インテルの設立にノイスも関わっているとムーアから聞いたときのグローブの反応は「嫌だったね。聞いた瞬間『ちくしょう、最悪だ』と思ったよ」。

グローブが出会ったころ、ノイスはすでに生きる伝説となっていた。ノイスは「選ばれし者」だった。ノイスにかかればすべてがたやすいことに思われた。ハンサムなスポーツマンで、女性なら誰もが恋に落ち、何事においても成功するカリスマだった。そのすべてが、ホロコーストの地獄から裸一貫で這い上がってきたグローブには癪に障った。何より腹立たしかったのは、それでも部下としてノイスに従わなければならないことだった。

グローブは後年、ノイスに対する否定的な感情をこう語っている。「彼のカリスマ性も経営スタイルも鼻についた。優柔不断なところ、経営を理解しようとしない姿勢も頭にきた。世間が彼の魅力だと思っていることが、ことごとく嫌いだった」。

自分のカリスマ性に自覚的だったノイスは、周囲から敬愛されたいという欲求が強く、「ノー」と言えない性格だった。それが仇となり、彼は非情な決断が苦手だった。自分の手は汚さず、グローブに汚れ仕事を押し付ける面があった。

しかし、対立を嫌い、誰からも好かれようとするという性質は、多かれ少なかれムーアにも共通している。ノイスの死後20年がたっても、グローブがノイスを憎み続けた真の理由は、彼が人間の根底の部分でノイスとそっくりだったことにあった。

どちらも極端に大きな自我を持ち、自己顕示欲が強く、スポットライトを浴びるのが好きで、パフォーマンスに長け、主役でなければ気が済まなかった。典型的な近親憎悪である。その証拠に、晴れてインテルのCEOとなり、ハイテク業界を象徴する存在としてかつての敵に匹敵する名声を手に入れたグローブは、あれほど嫌っていたノイスそのものになっていた。

ノイスに対する憎悪と敵対心がグローブを偉大な経営者へと押し上げる原動力になったのは間違いない。自分ならノイスがとうていできないような果断な意思決定ができるという強烈な役割意識。風格や存在感においてもいつかはノイスを超えてみせるというモチベーション。それがグローブをカリスマ性に満ちたリーダーへと成長させた。グローブはノイスの鏡だった。だからこそ、これ以上ないほど円滑に経営のバトンが引き継がれたのである。

敵を一切つくらなかったムーアにしても、ノイスやグローブとは仕事以外ではほとんどつき合いをもたなかった。驚くべきことに、インテルの長い歴史の中でも3人を同時に写した写真は1枚しかないという。共通の理念の下に結束したトロイカ体制が会社を率いたという一般的なイメージは、インテルの実像とはまるで異なる。

不協和のトリニティ

不協和なトリニティが、不協和だったからこそ生み出せた最高の作品がインテルだった。この意味でインテルは、「多様性がイノベーションを生む」という命題を最も深いレベルで実現した事例といってよい。著者は言う。「インテルは不仲で始まった創業者たちが時間とともに互いへの敬意を深めていった稀有な、そしておそらく二度と再現しないケースだ」。

3人は仕事上のパートナーというより家族のようだった。ぶつかりあい、過去のつまらない言い争いを根に持ち、ときに嫉妬して相手を責めた。しかし、仕事を超えたはるかに深い絆で結ばれており、互いの勝利を誇りに思い、互いの弱みを埋め、共通の敵の前には反感を捨て去り、それぞれの縄張りを尊重し、個人では絶対に成し遂げられなかったような成果を生み出した。インテルの成功の真の要因は、卓越した技術でも時機をとらえた経営判断でもなく、トリニティが生み出し、愛憎半ばするなかで増幅されたパッションにこそあったのである。

著者が描き出すトリニティの人間ドラマにおいては、ノイスがカリスマ的な父、グローブが反抗的な息子、ムーアが技術の聖霊として位置づけられる。それは映画『ゴッドファーザー』を髣髴とさせる。重いパーキンソン病に冒され、身体の自由を失ったグローブがノイスに対する真意を吐露するエピローグ。まさに『ゴッドファーザー』を地で行く名場面である。凡百のビジネス・ドキュメントでは絶対に味わえないような感動が胸を打つ。

シリコンバレーで長きに渡って活動してきた著者は、過去30年にインテルについて数百本の記事を書き、ムーアやグローブのみならず、ノイスとも直接やりとりを重ねた最後のジャーナリストという立場にある。著者でなければ本書のような深いコクのあるドラマは描けなかった。労作にして力作、そして掛け値なしの大傑作である。

好き嫌い読書論

読書という奇跡

人・本・旅

出口治明さん（ライフネット生命創業者、立命館アジア太平洋大学学長）を尊敬している。これ以上ないほどの極上の知識人・教養人。出口さんは言う。「見聞を広げ思考を深める方法は人・本・旅、この3つに尽きる」。まったくその通りだと思う。

出口さんはすこぶるフットワークのよい方で、世界各地を頻繁に旅し、古今東西のあらゆる書物を渉猟し（とりわけ歴史的古典の読み込みは尋常一様でない）、多種多様な人に会いに出かけるのを厭わない。

アタマでは出口さんの「人・本・旅」説に賛成なのだが、徹頭徹尾非活動的なタチなので、体がなかなかついていかない。僕にとっての旅は、仕事での出張を除けば、単なる休暇というかリフレッシュというか、ようするに休息の時間であり、リゾート地や温泉に行ってダラダラすることでしかない。

この原稿を書いたらすぐに、仕事でインドのバンガロールに行くことになっている。せっかくバンガロールまで行くのだから、ついでにあちこちを見て歩いて見聞を広げるに若くはなし――と、アタマでは思う。しかし、そういうことがどうにも億劫なのだ。僕の予想では、今回もおそらく仕事以外は何もせずに帰ってくると思う（この予想はほぼ毎回当たる）。

これまでの経験を振り返ってみても、人との出会いや対話はアイデアの源泉として間違いなく重要である。仕事で会う人だけでなく、もっと積極的に多様な人々と会う機会を増やさなければいけないとアタマでは重々承知している。ところが、いざとなると帰宅して寝転がるという目前のオプションの魅力には抗しがたく、ついつい機会を逸してしまう。

たまには意を決してよく知らない人たちの集いに出かけてみることもある。ところが、「あーこれだったら家に帰ってとっくりと寝転がっていたほうがよかったな……」ということがしばしば。ますます出不精になり、交友範囲は狭まっていく。

家でも本、旅でも本

家に帰って寝転がって何をしているのかというと、本を読んでいる。「人・本・旅」の三大知的活動のうち、僕の時間配分は大きく読書に偏っている。休暇で旅行に行っても、南の島や温泉でひたすら読書。家にいるときと何ら変わらない。しかし、仕事だなんだかんだの制約から解放されて、自由気ままに本を読むというのには格別の味わいがある。

出張旅行の場合、僕の仕事の性質からしてやたらと空き時間が長い。例えばしばらく前にニューヨークにいったときのこと。スケジュールの都合で3泊したのだが、実働は2回のミーティングと1回の講演だけ。合計しても実働時間は半日に満たない。で、空き時間は何をしているのかというと、ホテルで寝転がって読書。当然ですけど。往復の飛行機の中でも本を読む。当たり前ですけど。

到着後すぐにスーパーに行ってチップスやらチョコやらチートス（スナック菓子の銘柄。アメリカのチートスは味が濃くて下品でイイ）やらドリトスやらピスタチオ（やめられない止まらない）やらペットボトルの水やらを買い込む。どこの街に行ってもこの基本動作を怠らない。まずはスーパーに行く。今回は何しろ3泊の長期戦なので潤沢な兵糧を必要とするのである。で、シャワーを浴びて準備万端整えてベッドに寝転び読書を開始。夜の食事はたいてい仕事の会食が入るのだが、昼は外に出るのも億劫なので（とくにニューヨークはどこにいっても人がたくさんいて疲れる）、ルームサービスのハンバーガー。バーガー&チップスは本を読みながら食べられるのでイイ。

僕のように怠惰な人間にとって、読書の魅力はその圧倒的手軽さにある。電源やバッテリーの持ち時間を気にする必要もない（僕は依然として紙の本を読むのがほとんどで、電子書籍はめったに使わない）。旅行や人と会うのと違って、いつでもどこでも思い立ったらすぐにできる。「玄関開けたら2分でご飯」どころではない。「玄関開けたら2秒で読書」も十分に可能である。

僕はしばしばこれをやる。

読書には相手も要らない。自分ひとりで、自分のペースで進められる。いつでも中断・再開できる。しかも、事前に当たりがつけられる。面白そうで読んでみたいと思う本だけを読めばいい。これは面白そうだと思って手に入れても、最初の数ページを読み始めて面白くなかったら、僕はすぐに読むのを止めてしまう。

本だからそういう勝手気ままが許される。これが人だったらそうはいかない。わざわざ会っていただいたのに、5分後に「どうも面白くなさそうなので、これで失礼します」というのは本当に失礼だ。

衝撃の井原高忠

最近あちこちで聞く言葉に「生産性」がある。アウトプット（産出）をそれに要するインプット（投入）で割った指標である。コストパフォーマンスといってもよい。この点で読書は最強である。手軽で手間がかからない（分母が小さい）だけでなく、これはという良書に当たると得られるもの（分子）がとてつもなく大きい。

『元祖テレビ屋大奮戦！』という名著がある。著者は井原高忠。日本テレビのプロデューサーとして、主として音楽番組やバラエティ番組でテレビの黎明期から業界を牽引した人物である。初版の発行は1983年。僕がこの本に出会ったのはその数年後、大学生のときだった。

たまたま読んだこの本で僕の人生は変わった。

当時の僕は卒業後の仕事としてやりたいことは何もなく、将来についての構想も抱負も皆無。ひたすら引きこもって布団の中でずるずると好きな本を読んでいた（ということは、やっていることは今とたいして変わっていない）。

いつの時代も大人たちは若者に「好きなことをやれ！」などと言う。考えてみれば、これほど不親切なアドバイスもない。仕事もしたことがないのに、「好きな仕事」の見極めがつけば苦労はない。当時の僕の好きなことといえば、寝転がって本を読んだり、歌ったり踊ったりすることぐらい。とてもじゃないが、仕事になりそうもない。

昭和の当時、僕の通っていた大学の友人知人は、そのほとんどが日本興業銀行（いまはないが、当時は日本の経済界の総元締めのようなイメージだった）とか日本銀行とか東京海上とか日本生命とか三菱商事とか三井物産とかの大きな会社に就職することを考えていた。僕にしてみればそういう確立された大企業での仕事はとうてい務まりそうもない。かといって、いまの学生のような「起業！」とか「スタートアップ！」という勇猛果敢な選択肢は夢にも考えなかった。

「個性を発揮して、キミの好きなことをやりなさい……」などと大人に言われようものなら、「じゃあ、おっさんは自分でホントに好きなことを仕事にしているのかよ……」などと悪態をついてひねくれているという、もうどうしようもない学生だった。そんなとき『元祖テレビ屋大奮戦！』を読んだ。「本当にスキなことをスキなようにやって、バンバン仕事をしている人がいる！」と、よどみなく衝撃を受けまくった。

音楽が好きな井原はカントリーバンドで進駐軍の基地で演奏するなどして、学生時代からプロ並の収入を得ていた。音楽が好きなところまでは同じなのだが、僕と違ったのは「いい年の大人になってもテンガロンハットをかぶって歌っているのはさすがにまずいだろう」といたって冷静に考えていたことだ。当初は漠然とジャーナリストを目指していたという。

そこに突然「テレビ」というものが登場した。すぐにジャーナリストはやめにして、井原は日本テレビの音楽班にもぐりこむ。その理由は「新聞社よりも歌舞音曲が多そうだから」。この気楽さがもう最高である。そうか、職業の選択なんてそんなもんでいいのか――。この本を読んで当時の僕は大いに勇気を得て、再び布団にもぐりこんだものである。

この本を読まなければいまの僕はあり得なかった（この本を読んだからいまのようになってしまった、という言い方もできるのだが）。この本から得たものは文字通りプライスレス。分子は無限大、生産性も無限大だ。

プロの仕事に学ぶ

ごく最近の例でいえば、小田部雄次著『皇族 天皇家の近現代史』を面白く読んだ。主張は淡々としているが、著者によって精査された選り抜きのファクトがたっぷりつまっている。まさにプロの仕事。実に勉強になった。

明仁天皇（当時）が退位の意思を示して以来、皇室をめぐる議論が賑やかになった。「新しい時代の皇室のあり方」とか「皇位継承はどうあるべきか」といった問題が新聞や雑誌で繰り返し論じられた。

それはそれでいいのだが、メディアではどうにも浅薄な話が横行する。さすがに途中から聞かなくなったが、「生前退位」などという間抜けな言葉が出てきたりする（そもそも生前でないと退位できない）。

天皇というとやたらに「連綿と続く伝統の継承」というトーンが強くなる。しかし、「伝統」というのはことの表面に過ぎない。明治維新以来、現在に至る天皇と皇族、それをとりまく制度設計は改革に次ぐ改革、変化の連続だった。この辺、『皇族』を読んで改めて理解を深めることができた。

それまで存在感が希薄だった天皇を国家近代化のための統合装置とする。これは明治維新を先導した人々が思いついたウルトラC（いまだったらウルトラF？）の離れ技だった。以来、なのである。

天皇と皇族の歴史は、近代的論理を超越した存在と近代的制度と変化していく国家と社会との折り合いを何とかつけていこうとする、ダイナミックかつラジカルな矛盾超克の物語なのである。

当然のことながら、江戸時代の天皇と明治天皇は政治的にも社会的にもまったく意味が異なる。昭和天皇にしても戦前と戦後でははっきりとした非連続性がある。昭和天皇と現行憲法ネイティブの明仁天皇（当時）の間にも明らかな役割の違いがある。当事者である歴代の天皇をはじめ、さまざまな先人たちが歴史の荒波の中で智恵を振り絞り、努力を重ねてきた結果として、今日の「象徴としての天皇」がある。『皇族』はその歴史の重みをいまのわれわれに教えてくれる。

それにしても思うのは、明仁天皇（当時）の偉大さである。現行憲法下での象徴天皇像を名実ともに確立した功績はとてつもなく大きい。現行憲法制定当時を思えば「日本国民統合の象徴」としての天皇は無理難題だった。昭和天皇の努力もあったが、何分明治憲法下の天皇であったために、一代で非連続性を乗り越えるのは難しかった。

明仁天皇（当時）の退位と令和への改元に対する国内外の人々の受け止め方を見るに、いまほど天皇に対する国民感情がポジティブなときは戦後なかった。象徴天皇はおおむね実現されたといってよい。上皇と上皇后の強靭な意思と絶え間ない行動の賜物としか言いようがない。憲法の条文規定が象徴天皇を生み出したのではない。長い時間をかけた意思と努力の蓄積で、上皇と上皇后が「国民統合の象徴」を創造したのである。「意あるところに道通ず」を身をもって示した。まさしく国民の手本である。

今上天皇によって象徴としての天皇像はますます確固たるものになっていくだろうが、時代の変化に合わせて、これからも天皇の役割や人々の受け止め方は変わっていくに違いない。過去にそうだったように、皇室についての制度もまた設計変更されていくだろう。

ここで僕が大切だと思うのは、これまでのリアルな歴史に学び、過去の英知や失敗を見据えることだ。目先の利害得失や感情論に流されてしまっては、まともな議論はできない。これからの天皇と皇族、ひいては日本と日本人について考える人にとって『皇族』は必読の書だ。

ズルズル読みの愉しみ

ある本を読んで面白いと思うと、それとのつながりで次々に読みたい本が出てくる。私的専門用語でいう「ズルズル読み」。芋づる式に読んでいく。僕はこれが大好きでよくやる。

『皇族』が面白かったので、次にすぐ同じ著者の『華族 近代日本貴族の虚像と実像』を読んだ。これも小田部先生マナーで事実を淡々とたどっていく名著である。皇族は今でも存在しているが、敗戦とともに華族制度は消失した。同時代に華族というものを見たことがない僕には具体的なイメージがなかったが、いまから考えるとこれは実に不思議な存在である。

もちろん明治以前に華族は存在しない。これまた明治維新の生み出した矛盾を何とか吸収するための制度だった。江戸時代から続く「名家」への特典付与や「国家的功労者」に対する褒賞という意味もあったが、華族の一義的な役割は「皇室の藩屏」、すなわち皇室の繁栄と安寧にあった。ところが、当初から華族の制度的基盤は脆弱だった。人数が多いだけに華族もさまざま。多くの家は社会変化への対応力もなかった。変化に適応してきた皇族とのコントラストが面白い。

この2冊で概観がつかめたので、次は特定の人物に焦点を当てた評伝が読みたくなる。小田部先生はつくづくイイ仕事をなさっていて、ちゃんと『梨本宮伊都子妃の日記』という著作が用意されている。鍋島侯爵という華族の家に生まれ、皇族の梨本宮守正に嫁ぎ皇族となった伊都子。この人は実に筆まめというか「書き魔」で、子どもの頃から1976年に95歳で亡くなるまで、絶えることなく日記をつけていた。

これがやたらに面白い。特殊な立場にあった人物の明治から昭和への貴重な記録である。いまとなっては想像つかないような時代と生活の具体的な細部を知ることができる。しかも記述が時間軸に沿っているので、あるときはゆっくりと、またあるときは急激に変化する世相をリアルに追体験することができる。「日記」という形式の強みだ。

当時の皇族の女性は今でいえばセレブ（のすごいやつ）のような存在だった。人々の憧れの「お姫さま」であり、また国民の規範となることが求められた。伊都子はそうした役割期待によく応えた人だった。父・鍋島直大が駐イタリア特命全権公使だったため、伊都子はローマで生まれている。「伊の都の子」で伊都子。その豪奢で贅沢な生活ぶりは現在の富豪の比ではない。彼女は鍋島家で文字通りの「蝶よ花よ」の少女時代を過ごした。容姿も綺麗で、皇族女性一の美人と謳われた。

ところが、よいことはいつまでも続かない。敗戦で伊都子は急転落の辛酸をなめる。空襲で御殿は全焼。夫の守正は戦犯に指名。戦後2年目には皇族としての地位と身分を失い「タダの人」になる。特異な生まれ育ちと立場からして相応のバイアスはかかっているのだが、戦中戦後の混乱の中にあっても伊都子がまずまず常識的な思考をとっているのが面白い。何より武家の娘として教育を受けているだけに、実に気丈な性格。どんなときも厳格な生活態度を崩さないのが凄い。腰の据わったお姫さまの数奇なドラマを楽しんだ。

この流れで、次に読んだのが原武史『昭和天皇』。人間としての昭和天皇を考察する。天皇といっても一人の人間。激動する時代の中で大いに迷い、試行錯誤を繰り返す。さらには、NHKスペシャル取材班『日本人と象徴天皇』。戦前の昭和天皇は立憲君主制下の主権者であり、現人神であり、軍を統治する大元帥であった。当然といえば当然だが、アタマでは分かっていても、敗戦後すぐに切り替えができない。その苦労と努力の大きさを思い知った。

さまざまな登場人物のイメージを得るために、途中で『カメラが撮らえた 明治・大正・昭和 皇族と華族』とか『カメラが撮らえた幕末三〇〇藩 藩主とお姫様』といった写真が豊富に入っている本にも寄り道をする。伏見宮、有栖川宮のように、いまだったらちょっと見かけない「あからさまに立派な顔」の人がたくさんいるのが面白い。

奇跡のコストパフォーマンス

という具合に、ズルズル読みをしているうちに対象に対する理解がどんどん立体的・多面的になり、ますます面白くなってくる。で、これだけ読んでもコストは合わせて2500円ポッキリ（著者の方々には申し訳ないが、僕は基本的に古本を買う。その点、電子書籍は中古の流通がないので高くつく。これがいまだに紙の本を読むひとつの理由）。明治と大正と昭和と平成を往ったり来たり、日本の激動の歴史から自分が生まれた国についての理解を深め、小説もかくやというリアルな人間ドラマを鑑賞し、驚いたり考えさせられたり、数日間とっくりと愉しませてもらって、お代はわずか2500円。

こんなことがほかにあるだろうか。コストパフォーマンスの点で読書は間違いなく最強である。いまの時代、2500円で何ができるか考えてみるとよい。サイゼリヤで2500円使うのはちょっと難しいにしても、仕事のあとに飲みに行けばすぐにそれぐらい使ってしまうだろう。

その昔、読書は一部の特権階級にしか許されない特別なことだった。現代社会の豊かさは読書に象徴されている。

堀田善衞・司馬遼太郎・宮崎駿の『時代の風音』という鼎談をまとめた本がある。司馬遼太郎は例によって洞察の連続攻撃。それを堀田善衞の極上の知性が迎え撃つ。この対談をセットしたのが宮崎駿。僕は一度だけ宮崎さんとわりと長めに議論をする機会に恵まれたことがある。とんでもない知性で、話が次から次へと出てくる。しかも、それが全部面白い。『時代の風音』ではこの宮崎さんが堀田さんと司馬さんに絡む。ところどころで出す質問が鋭く、その知的センスに痺れる。

この3人の賢者によるこんなに楽しくて、深くて、豊かな話に同席できて、費用はわずか100円（例によってブックオフで買った。ただし税別）。100円でこの愉悦（読みながら食べるチップス代は含まず）。夢でも見てるんじゃないかという話だ。

僕に言わせれば、読書というのは、女好きの人が世界の大女優と取っ替え引っ替えデートするようなものだ。それを現実にやったら10億円はかかる（消費税別、推定）。ところが、本だとたったの100円。

超絶的コストパフォーマンス。もはや奇跡としか言いようがない。

2号室

さらにビジネス書解説

2_1

倜儻不羈の経営

ジェームズ・ワット『ビジネス・フォー・パンクス』——解説

本の解説を書くという仕事はわりと慎重に引き受けるようにしている。僕にとって書く仕事はノリがすべて。「ちょっとこの本読んでみてよ!」と周囲の人に自然に触れ回りたくなる本でないとうまくいかない。そういう本はそれほど多くない。本書『ビジネス・フォー・パンクス』は数少ない、僕の好みど真ん中の快著だ。

タイトルがイイ。僕はロック・ミュージックが好きで、世代的にも青春期がパンク・ロックのムーブメントとぶつかっている。1950年代に生まれたロック・ミュージックは急速に進化と成熟を重ね、70年代半ばになると若者のためのシンプルでストレートなロックは多様化と複雑化を極めた。演奏するにしても高度な技術を要する音楽ジャンルになった。

これに対するアンチテーゼがパンク・ロックだった。音楽文化としてのパンクはそれほど好きではなかったけれども（好んで聴いたバンドはザ・クラッシュぐらい）、「パンク」と「ビジネス」の組み合わせは、それが常識的には対極にあるものだけに、興味をそそる。

タイトル以上にイイのが社名だ。冒頭の2行目で、本書の舞台になっている会社の名前が「ブリュードッグ」（BrewDog）であることを知った。これが決定的だった。僕は趣味でロック・バンドをやっているのだが、このバンドの名前が「ブルードッグス」（Bluedogs）。それがどうしたと言われればそれまでなのだが、極私的な親近感を得た。最初の1ページを読んだだけで、この解説の原稿を引き受けることにした。最後まで読んでみて、果たして大当たりだった。これほど僕の喜びのツボを押しまくりやがってくる本は滅多にない。

著者のジェームズ・ワットは2007年に英国のスコットランドの寂れた工業団地の一角にある倉庫で、クラフトビールの製造販売会社ブリュードッグを立ち上げる。以来、ワットはパンクの精神と哲学でこの会社を経営し、事業は成長している。

パンクとは何か。マルコム・マクラーレン（著者によれば「パンクの始祖」）の言葉が本書のプロローグの題辞に引用されている。「私はいつもパンクは生きる姿勢のことだと言ってきた。それは破壊であり、破壊に秘められた創造の可能性だ」。ちなみにマクラーレンの相方というか共同生活者が、「パンクの女王」と言われたファッション・デザイナーのヴィヴィアン・ウエストウッド。この2人がプロデュースしたセックス・ピストルズはパンク・ムーブメントの火付け役となり、瞬く間に世界を席巻した（関係ない話だが、しばらく前に実験データが捏造かどうかで話題になった女性科学者のお気に入りのブランドが「ヴィヴィアン・ウエストウッド」だった。彼女もある意味パンクだ)。

実行と方法についての哲学

パンクというと既成の秩序の破壊、権威の否定、体制への反抗という面が強調されるが、単に反抗するだけではない。虚飾がなくストレート、実質むき出し、これらもパンクの精神の重要な側面だ。著者の文体も十分にパンク。短い文章で歯切れよく、自分の言いたいことだけをスカッと言い切る。一文一文が暑苦しいぐらいに熱い。

白眉は「新時代の破壊的パンクのためのセールス論」と題する4章。ほぼ1ページしかない。「商品に集中する」「隠さず、誠実に」「価格競争はしない」この三つだけ。結論は「販売であれこれ悩む必要はない」。章題どおり、破壊的に単純だ。しかし、前後の章を読めば、この1ページが実に深い意味を持っていることが腑に落ちる。この会社の戦略からすれば、実際に販売の本質はこれだけなのだ。

文章以上にパンクなのが本書の構成だ。経営者が自分の経験に基づいて経営論を語るというこの手の本は、まず会社の歴史や事業の概要を一通り説明するところから始まる。ところが、本書にはそうした記述がほとんどない。それが証拠に、本書を最初から最後まで読んでも、ブリュードッグという会社の詳細がよく分からない。クラフトビールの事業をしていて、初年度から黒字を持続しており、3万ポンドの元手ではじめた会社が5000万ポンド以上の売上規模に成長しており、いまでは世界中で40ものバーを運営している会社であるらしいことは分かるが、それ以上のことはところどころで紹介される断片しか分からない。内容のほとんどが著者の読者へのむき出しの主張そのもの。言いたいことを言いたい順番で言いたい放題にぶちまけるという仕立てになっている。実にパンクで痛快だ。

パンクは実行と方法についての哲学でもある。自分がよいと思うことを自分がよいと思うやり方で自らやる。実行者としての主体性と当事者意識、これもまたパンクの中核をなす価値観だ。音楽に話を戻すと、最初のパンクブームが去ったあと、アンダーグラウンドシーンで活躍したイギリスのバンドにクラス（Crass）がある。既存のレコード会社が自分たちの思うようなプロダクションをしてくれないことに腹を立てたこのバンドは、当時としてはだれもやっていなかったインディペンデント・レーベルの「クラス・レコード」を設立した。印刷機から自前で用意してジャケットを作るなど、「DIY」（Do It Yourself＝自分でやる）をスローガンとして活動し、後続に大きな影響を与えた。

パンクとは音楽のジャンルにとどまらない。さまざまな要素を包括して凝縮したコンセプトだ。だからこそ、パンクはジャンルを超えた価値基準となり、文化として定着した。本文中にちりばめられた題辞が面白い。著者に言わせれば、ピストルズやジョニー・ラモーンのようなミュージシャンだけではなく、古代ギリシャのソポクレスは「パンクな悲劇作家」、ブッダは「幸福のパンク」、アルベルト・アインシュタインは「科学のパンク」、バックミンスター・フラーは「システム理論のパンク」、エスティ・ローダーは「ファッションのパンク」、ウインストン・チャーチルは「世界を救ったパンク」、スティーブ・ジョブズは「パンク起業家」ということになる。

漢語でいう倜儻不羈（てきとうふき）、すなわち「確固たる信念をもって自分の責任のもとに独立し、常識や権力に拘束されることのない、既成の尺度では律しがたい自由な精神」。意外に聞こえるかもしれないが、僕はこの「倜儻不羈」がパンクの精神の凝縮的表現としてもっともしっくりくると思う（倜儻不羈は同志社大学を創設した新島襄が教育の理念とした言葉として有名。さしずめ新島襄は「パンク教育者」ということになる）。ワットは文字通り倜儻不羈の経営者であり、彼が創業したブリュードッグは倜儻不羈の会社、その商品は倜儻不羈のビール。周囲が何を言おうと独立自尊、自分の信じる道を突き進む。僕がこの本に邦題をつけたとしたら、迷いなく『倜儻不羈の経営』を選ぶ。

仕事こそ好き嫌い

僕にとっての本書の最大の美点、それは僕が仕事の最強の原理だと信じている「好きこそのの上手なれ」の内実を、リアルな事例で活き活きと描き出しているところにある。「好きなことを好きなようにする」。この原則がブリュードッグの経営の一挙手一投足を貫いている。

「仕事に好き嫌いを持ち込むな」「好き嫌いで食っていけるほど世の中は甘くない」——。仕事はあくまでも「良し悪し」の世界、「好き嫌い」は仕事のあとに趣味で追求しろという人が世の中少なくないのだが、仕事においてこそ好き嫌いがものを言うというのが僕の考えだ（この辺の僕の主張の詳細については、自分で勝手に「好き嫌い四部作」と呼んでいる拙著『「好き嫌い」と経営』、『「好き嫌い」と才能』『好きなようにしてください』『すべては「好き嫌い」から始まる』をお読みいただけると嬉しゅうございます）。

なぜ「仕事こそ好き嫌い」なのか。単に「食っていく」ための仕事であれば、好き嫌いはとりあえず横に置いておいた方がいいかもしれない。四の五の言わずに与えられた仕事を期日までにきちんとやる。それで仕事としては一応回っていく。しかし、これは「マイナスがない」というだけの話。「みんなができることが自分もできる」は、プロの世界ではゼロに等しい。ゼロから他の人にはできないようなプラスを創る。そのことにおいて「余人をもって代えがたい」とか「この人にはちょっと敵わない……」と思わせる——。これをセンスという。

センスは特定分野のスキルを超えたところにある。逆に言えば、あれができる、これができると言われているうちはまだ本物ではない。「データ分析に優れている」であれば、その種のスキルを持っている人を連れてくれば事足りる。つまり、「余人をもって代え」られる。「ああ、この人はすごい」「この人なら何とかしてくれる」と思わせるところにセンスの正体がある。それは特定の要素に分解したり還元できない総体である。起業とか経営という総合芸術的な仕事で成功するためには、何をおいてもこのセンスが必要になる。

総体としてのセンスは一朝一夕には手に入らない。習得するための定型的な方法も教科書も飛び道具もない。しかし、だからといって、ごく一部の天才を別にすれば、「天賦の才」というわけでもない。あっさり言ってしまえば、「普通の人」にとって、センスは継続的な練磨の賜物である。余人をもって代えがたいほどそのことに優れているのは、それに向かって絶え間なく努力を投入し、試行錯誤を重ねてきたからに他ならない。当然にして当たり前の話だ。

しかし、これは元も子もない話でもある。「質量ともに一定水準以上の努力を絶え間なく継続する」といっても、それができないのが「普通の人」だからだ。

努力の娯楽化が解決策

なぜ努力は続かないのか。その理由は、努力がしばしばインセンティブと表裏一体の関係にあるからだ。インセンティブとは「誘因」である。文字通り、ある方向へとその人を誘うものであり、それはしばしば外在的に設定された報酬という形をとる。報酬は何もカネや昇進に限らない。人から褒められる、承認されるというのもまた報酬である。

インセンティブがあれば人は努力する。しかし、裏を返せば、インセンティブが効かないと努力もしなくなってしまう。ここに問題がある。

立ち上がりの段階では、インセンティブは効果を発揮する。努力をして要求水準を達成すれば、期待した「良いこと」が手に入る。これが成功体験となり、次の「良いこと」に向かってますます努力をするようになる。しかし、遅かれ早かれ、インセンティブには終わりが来る。資源が限られている以上、単調増加的に給料を増やし続けることはできない。ポストには限りがあるのでその毎回昇進のご褒美を与え続けるわけにもいかない。毎度毎度褒められていれば、そのうちそれが当たり前になってしまう。インセンティブの効果は時間とともに低減していくのである。

さらにいえば、努力して報酬を手にした人はそのうちに自分の状況に満足してしまうかもしれない。仕事を始めた最初のうちはインセンティブは効きやすい。しかし、「もうこの辺でいいや……」となれば、インセンティブはもはや機能しない。

インセンティブには即効性がある。しかし、すぐに役立つものほどすぐに役立たなくなるのが世の常だ。どうすれば普通の人々が高水準の努力を持続できるのか。ここに問題の焦点がある。

僕の考える解決策はひとつしかない。それは「努力の娯楽化」という発想の転換である。客観的に見れば大変な努力投入を続けている。しかし当の本人はそれが理屈抜きに好きなので、主観的にはまったく努力だとは思っていない。むしろ楽しんでいる。考えてみれば、それが「努力」かどうかは当事者の主観的認識の問題だ。「努力しなきゃ……」と思った時点でもう行く先は怪しい。だとしたら、「本人がそれを努力だとは思っていない」、これしかないというのが僕の結論である。

とにかく好きなので、誰からも強制されなくても努力をする。インセンティブは必要ない。「好き」は自分の中から自然と湧き上がってくるドライブ(動因)である。呼吸をするように自然に続けられる。それは努力というよりも、自分で勝手に「凝っている」「こだわっている」といったほうが言葉としてはしっくりくる。そのうちに能力がついてくる。成果が出る。人に必要とされ、人の役に立つことが実感できる。すると、ますますそれが好きになる。時間を忘れるほどのめり込める。時間だけでなく、我を忘れる。人に認められたいという欲が後退し、仕事そのものに没入する。「自分」が消えて、「仕事」が主語になる。ますますセンスに磨きがかかり、さらに成果が出る。――以上の連鎖を短縮すると「好きこそものの上手なれ」という古来の格言になる。

ネガティブな状況にも強い「好き嫌い」

ジェームズ・ワットという経営者は「努力の娯楽化」を地で行っている。彼とブリュードッグの人々はパンクの精神が好きで、これをドライブにして仕事をし、ブリュードッグという会社を成長させてきた。

「良し悪し」に対する「好き嫌い」の決定的な優位は、それがネガティブな状況にやたらに強いということにある。「努力の娯楽化」のメカニズムが動き出したとしても、すぐに思い通りの成果が出るとは限らない。努力をしても思うような成果が得られないこともある。インセンティブを拠りどころにする人はその時点でくじけてしまう。努力をすれば得られると思っていた「良いこと」が起きないのだから、努力をする目的や意義を喪失してしまう。この場合も「もういいや、どうせ……」ということになり、人は努力を停止する。

成果が出るまでには時間がかかるのが普通である。仕事生活は晴れの日ばかりではない。フルスイングで空振り、ということも少なくない。起業というタフな仕事では、むしろこっちのほうが普通だろう。本書にあるように、圧倒的な確率で、起業は失敗に終わる。状況は最初から不利。スタートアップの80％は1年半で潰れる。だからこそ、いいときも悪いときも思考と行動の軸になるような「好き」がものを言うのである。

この辺の成り行きは、ブリュードッグの立ち上げ期の悪戦苦闘を記述した1章に生々しく描かれている。なぜ著者とブリュードッグはへこたれなかったのか。彼らが特段に我慢強い人間だったからではない。「味気ない大量生産ビールに対する現代の反乱軍となり、退屈で存在価値のないブランドに対する徹底的な抵抗運動をする」ことが理屈抜きに好きだったからだ。

「好きこそものの上手なれ」という好循環を作動させるスイッチは、自分の「好き」——拠って立つ価値基準なり価値観——を定義することにある。「価値観」というと良し悪しの問題のように聞こえる。確かに著者にとってはパンクは「良いこと」「正しいこと」で、パンクでないのは「悪いこと」「間違ったこと」だ。しかし、それはあくまでもジェームズ・ワットという個人のレベルでの良し悪しである。

良し悪しと好き嫌いは異なる。しかし、連続している。いずれも価値基準ではあるが、ある連続軸の両極に位置している。一方の極がユニバーサルな価値、もう一方がローカルな価値である。この軸上でどんどんユニバーサルなほうに寄って行くと、世の中で言う「善悪」「良し悪し」と言われている普遍的な価値基準になる。逆にどんどんローカルのほうに行くと、その人に固有の「好き嫌い」になる。

最もユニバーサルな価値は、例えば「人を殺してはいけない」「人のものを盗ってはいけない」。これは明らかに良し悪しの問題、普遍的な価値観だ。いくら好き嫌いが大切でも、「いや、人殺しが大好きで、昨日も2人殺ってきたんだけど……」と言う人がいれば、すぐに逮捕して牢屋に入れたほうがいい。

こうした目いっぱいユニバーサルの極にある価値観を少しだけローカルのほうに寄せてみると、「民主主義」や「言論の自由」「信教の自由」という話になる。国や社会によって例外はあるものの、この百年ほど「人を人種や宗教によって差別してはいけない」というのはわりと普遍的な価値観になっている。一般に「文明」と呼んでいるのはこうしたことだ。

これをさらにローカルなほうへと寄せていくと「文化」になる。文化となると好き嫌いが色濃くなってくる。司馬遼太郎がうまいことを言っている。「文化というのは一定範囲の人々の間で受け入れられているもので、その中にいる人にとっては心地いいもの」。文化は本来的にローカルなもので、範囲がある。その範囲の中では良し悪しとして受け入れられているけれども、境界を越えて外に出てしまうと良し悪しとしては通用しない。

会社の「企業文化」というのもそれと同じだ。その組織の中で「共有された価値観」であり、「これが正しい」「これは間違っている」という基準になる。しかし、組織の外ではまったく共感できない人も出てくる。企業文化とは、本質的にはその組織の好き嫌いを反映している。

企業というのは世の中全体から見れば、局所化されたローカルな存在だ。企業の価値観は、「言論の自由」とか「人間は平等だ」という普遍的な良し悪しを超えたところにある。

もうちょっと局所化された、好き嫌いの度合いが濃いものであるはずだ。これがその会社の独自性や差別化の下地を支えている。よく言う「ミッション、ビジョン、バリュー」にしても、それがその企業に固有のものだからわざわざ言語化して表明するわけで、単に社会一般の規範や通念を並べたものでは意味がない。

抽象化の末に結晶化したコンセプト

その点、5章にある「ブリュードッグ憲章」は実にイイ。いきなり「われわれの血管にはクラフトビールが流れている」で始まる。まるで一般的ではない。そんなことを言われても、社外の普通の人々はまるで同意できない。ブリュードッグ憲章に掲げられている五つの価値基準はイイ感じできわめてローカル、好き嫌い全開の内容になっている。ある組織に受容されている文化をどんどん局所化していった先にあるのが個人の好き嫌いだ。ジェームズ・ワットにとってはそれが「パンク」だった。これが組織に浸透し、5章に記述されている組織の文化として定着するに至っている。組織のマネジメントに限らず、商品開発からマーケティング、販売、製造、資本政策に至るまで、ブリュードッグのすべてが、創業者の好きなパンクの精神を基準に選択され、実行されている。だから戦略に一貫したストーリーがある。

ブリュードッグの経営の原点にある「パンク」、考えてみれば、これは価値基準の定義として実に秀逸である。繰り返しになるが、本書でいうパンクは具体的なモノではない。コトでもない。パンクなモノやコトを抽象化していった先に結晶化したコンセプトだということを忘れてはならない。ワットは前職の深海とロール漁船船長の仕事を辞めて、新しい冒険に乗り出した。何もパンク・ロッカーになろうとしたわけではないし、ブリュードッグというパンク・バンドを結成したわけでもない。パンクのコンセプトでもって、それを形にしたような商売を始めたのである。

ブリュードッグが実際に作って売っている商品はクラフトビールであり、その使命は「自分たちと同じぐらい世の人々を旨いビールに夢中にさせる」ことにある。しかし、具体のレベルではビールであっても、思考と行動の基準はあくまでもパンクという包括的なコンセプトにある。著者がクラフトビールを心の底から好きなのは言うまでもないが、ビールはパンクのコンセプトを実現するための手段、パンクという精神の乗り物に過ぎない。

本書で繰り返し強調されているように、ブリュードッグのユニークな製品群が会社の経営の中核にあることは間違いない。しかし、著者が自分の「好き」を単純に「クラフトビール」という具体的なモノで定義していたら、今日のブリュードッグの成功はなかっただろう。

パンクという価値基準の美点は、それがメタファーだということにある。一定の抽象性を備えたコンセプトであったとしても、それが例えば「豊かな生活」とか「安心安全」のようなフワフワしたものであれば、経営を駆動していくエンジンにはならない。パンクという価値観は、「床の間の掛け軸」にも「掛け声倒れ」にもならない。だからといって、やるべきこと・やってはいけないことの具体的な詳細を長々と羅列した無味乾燥なルーブックでもない。十分に抽象的で、多面的、包括的なコンセプトでありながら、具体的な判断や行動を容易に想起させる。そうした価値基準を持つためにはメタファーがきわめて有効だということを本書は教えてくれる。

コンセプトの解像度が高まる

著者はパンクというメタファーを軸にして思考し、ひとつひとつの意思決定をし、それを実行している。著者の経営にとって、パンクという価値観は、言葉の本来の意味での基準になっている。それはいたってシンプルな基準である。「それはパンクかどうか」を自問自答すればおのずと答えは出てくる。パンクなことをやり、パンクでないことはやらない。パンクな人材は採用するが、パンクでない奴は「ブリュードッグ号」には乗船させない。

具体的なレベルでパンクなことを選択し、次々に実行していく。そうした実験の試行錯誤の中でさまざまな成功や失敗が生まれ、学習が蓄積される。こうした一連の過程を重ね

ることによって、起点にあるパンクの精神についての理解もまた深まり、豊かになってい
く。ブリュードッグにとってパンクが何を意味するのか、コンセプトの解像度が高まって
いくのである。この繰り返しでブリュードッグは発展してきた。
ようするに、それがメタファーであるがために、パンクという価値基準の定義は具体と
抽象の往復運動を起こしやすいのである。ここにメタファーの強みがある。
本書にある具体的な提言やメッセージは、ことごとくパンクの精神を形にしたものだ。
その中には、その通り！　と膝を打つことが多々ある。たとえば、「ニッチ（隙間）を狙う
な。新しいカテゴリーを創って育てろ」は僕の考えるイノベーションそのものだ。
「自社の独自性（ブリュードッグの場合は商品であるビール）を強くすることが先決で、それが先にな
ければあらゆるマーケティングは意味がない」という。「デジタル・マーケティング」の美
名の下に軽薄な施策や手法に明け暮れている経営が多い中で、著者の主張は個別の打ち手
の内容よりもその時間展開と順番にこだわっている。これは「ストーリーとしての競争戦
略」という僕の持論に完璧にフィットする。
「デジタルな仕事スタイルは結局は受身のワークスタイルに終始する。無意味なつながり
を絶ち、ノイズを排除しろ」「創造は計画してできるものではない。自分のアタマで考える
スペースをつくれ」にしても、今日的な文脈でとりわけ傾聴に値する話だ。
数多くの痛快な主張の中でも、とりわけ最高なのが、「人脈づくりに精を出すのは間抜

けのすることだ」のくだり。著者は言う。「交流イベントは間抜けの集まりでしかない。自分大好き人間たちが妄想に酔う場所だ。出来損ないのカナッペや安物のシャンパンを並べ、同類の間抜けたちから称賛を受けて薄っぺらなエゴを満たす。……すでに何か成し遂げたかのように気取った夢想家（Wanabee）たちが、必死で賢いふりをして大物を装い、自分を優れた人間に見せようとしている。……自分こそがその場で一番の成功者なのだと思われようと全員が躍起になっている。大量のエゴとエゴが高速でぶつかり合い、すさまじいエネルギーを爆発させているような光景だ。……もう誰と知り合いだろうが関係ない。才能と知恵があれば、それで世の中に名が広まる。自分の会社をよくすることに時間を使おう。たいしてうまくないパーティー料理などどうでもいい」。この辺、何度読んでも実に味わいがある名文だ。

昔から「人脈づくりに精を出す間抜け」は世の中に少なくなかっただろうが、このところのＳＮＳの台頭で、その手の連中がやたらに目につくようになった。根拠のない上昇志向をもった若者にとくにパーティー馬鹿が多い気がする。なんとも辟易していたのだが、この一文を読んで大いに溜飲を下げた。

読者を突き放す結論

本書のパンクの精神が最大限に炸裂するのが最後に読者を突き放すような結論部分だ。さんざんメッセージを連発した挙句、「本書でぼくは、人のアドバイスは聞くなと言った。それは無条件で、ここに書いたことすべてに当てはまる。だから、あなたがもし本当に賢明な人なのなら、本書全体を無視するべきだろう」。倜儻不羈の面目躍如。まったくその通りだと思う。

著者のやってきたこと、やろうとしていることは素晴らしい。それでも僕は著者の言うことすべてを受け入れようとは思わない。ブリュードッグのような会社をつくりたいとも思わないし、ブリュードッグで働きたいとも思わない。ビールが飲めないということもあるが、それ以上に、著者と僕とでは、価値観なり好き嫌いが異なるからだ。ありていに言って、（パンク・ロックにさほど入れ込めなかったように）僕はパンクの精神と哲学に全面的に帰依しようとは思わない。

しかし、である。それでも本書のメッセージの核心部分には全面的に賛成する。自分の仕事と仕事生活を貫くコンセプトをメタファーで獲得する。経営者であろうとなかろうと、これこそが仕事の一丁目一番地に他ならない。著者にとっては、それがパンクであり、パンクの精神でつくったクラフトビールだった。

この本を手にとっている、あなたにとっての「パンク」に相当するメタファーは何か。これから読もうという人は、この問いを念頭において読み進めてもらいたい。すでに読み終わった人は、改めて自問自答してもらいたい。本書を読むことによって、その答えが見つかったとしたら、著者も本望だろう。

2__2

リアリティに満ちた論理の書

マイク・マッツェオ、ポール・オイヤー、スコット・シェーファー『道端の経営学』──解説

翻訳や監訳の仕事の依頼があっても、お断りすることが多い。多くの仕事をこなす根性がないのが最大の理由だが、それに加えて、その気にさせる本はそう多くないからだ。僕がその気になる条件は以下二つ。

条件その1：その本が本当に大切なことに触れているか。

条件その2：読んで直観的に面白く、のめり込めるか。

本書『道端の経営学』は、この二つの条件を完全に満たす久々のクリーンヒットだ。僕が感じた本書の価値をこの二つの側面からお伝えしたい。

経営にとって本当に大切なこと

一つ目の条件、「その本が大切なことを言っているかどうか」については、本書の冒頭にある「マイクの法則」で一目瞭然だった。読み始めてこの部分にさしかかったとき、すぐに「この本は重要なことを言おうとしているな……」と直観した。

マイクの法則
すべての戦略的問題の答えは「場合によりけり」である。
結論1
答えを見つけ出す秘訣は、それが「何によりけり」かを知ることだ。
結論2
問題の答えが「何かによりけり」でなければ、それは戦略的問題ではない。

からかっているような文章である。しかし、ここに商売と経営の本質がある。「商売には、こうすればうまくいくなどという法則はない」、これがマイクの法則だ。トリッキーに聞こえるが、あっさり言ってしまえば、「法則はないという法則」である。

法則とは「それが置かれている文脈から独立して適用できる普遍的な因果関係」を意味

している。自然科学には法則がある。自然現象の背後にある法則を発見し、法則を定立するのが自然科学の目的だ。たとえば、$E=mc^2$という物理の根本的な法則は普遍的な因果関係を記述している。いつでもどこでも、観察者が誰であろうと、その人がどういう気分であっても$E=mc^2$なのである。

ところが、ビジネスにはこの意味での普遍の法則はない。もしそんな法則があれば、それを適用しているだけで期待された成果が出るということになる。だとすれば、「経営」などという仕事はそもそも不要になる。マイクの法則の「場合によりけり」は、古今東西変わらない経営の本質だ。

経営には一般的な解はない。あるのは特殊解のみ。「場合によりけり」だからこそ、場合に応じた「さじ加減」が大切になる。ここで言う「場合」とは、その商売が置かれているさまざまな文脈を意味している。国や地域が違う、業界が違う、商品が違う、ターゲット顧客が違う……それぞれの商売が置かれている固有の文脈に、経営の原理原則なり論理をどう適用するのか。ここに経営という仕事の本領がある。

本書はさまざまな論理を読者に提供する。それはあくまでも論理であって、普遍的な因果関係を約束する法則ではない。本書の冒頭で著者たちは「成功例だからといって、そのまま真似ることはお勧めしない」と強調する。

言われてみれば当たり前の話なのだが、この元も子もない真実を正面から主張する本は、経営書の世界ではわりと稀である。なぜか。読者のニーズとずれてしまうからだ。ビジネス書の読者の間には、「法則を手に入れたい」というニーズが根強くある。僕自身の経験でそう思う。『ストーリーとしての競争戦略』という本を書いたとき、読者から多くの苦情が寄せられた。「言いたいことはわかるが、これを読んでもどうやったら優れた戦略をつくれるのかがわからない。実践的な法則を示してほしい」。これはそもそも経営の本質に反していると言わざるを得ない。僕としては「ない袖は振れません」としか言いようがない。

経営能力の本質は「具体と抽象の往復運動」にある、というのが僕の見解だ。いうまでもなく、あらゆる商売は「具体的」な営みである。成果は具体的にしか存在しないし、経営者が繰り出すアクションや決断も具体的でなければならないし、経営上直面する問題も必ず具体的に現れる。本書の事例も、さまざまな「具体」に注目して議論を進めている。

一方の「抽象」とは、あっさり言えば、「ようするにこういうこと」という本質についての理解だ。これが「論理」である。

二流の経営者は「具体」の地平をひたすら右往左往する。これに対して、一流の経営者は「ようするにこういうことだ」という一段階抽象化された論理を豊かにもっている。頭の中にある、日々の具体から練り上げられた「論理の引き出し」が充実している。優れた経営者に共通の特徴だ。

具体的なレベルでは、経営にはひとつとして同じ問題はない。ひとつひとつがそのときその場に固有の新しい現象である。そうした具体に直面したとき、優れた経営者は、自分の頭の中にある引き出しを即座に開けて、それに対応する抽象化された論理を取り出し、事の本質を見極める。その上で、抽象論理を具体のレベルに再度引き降ろす。「ようするに問題はこういうことなのだから、こうすれば解決するだろう」というように、具体的なアクションが出てくる。この一連の動きが「具体と抽象の往復運動」である。

本書の著者たちの仕事は、「具体と抽象の往復運動」の「抽象化」の部分に集中している。千差万別の具体的な現実の数々を見て、その背後にある論理を引き出そうとする。

抽象化された論理それ自身は、経済学や経営学の教科書を読めば理解できる。例えば「規模の経済」。どんな教科書にも必ず出てくる経営の基礎的な論理だ。しかし、ほとんどの教科書ではいきなり論理が出てくる。これに対して、本書では、読者が具体を抽象化し、論理を抉り出すプロセス、ここを丸ごと追体験できるようになっている。そこで抽出された論理を具体に適用するのはそれぞれのビジネスの文脈にいる読者に委ねられている。

もちろん、これはそう簡単な仕事ではない。

しかし、本書が現実のひとつひとつの具体の観察から抽出する論理は、現実の経営現場での具体的な文脈にしっかりと裏打ちされている。だから、具体と抽象の往復運動の「復」の部分、──現実の仕事への論理の適用──が、論理そのままの説明よりもはるかに容易になる。ここが普通の教科書と違う。

一般的な教科書も事例（その多くが単純化された仮想的な事例）を使って論理を説明しようとする。しかし、そこではあくまでも論理が主で、事例は説明のための添え物に過ぎない。本書はその主従関係が逆になっている。まずは具体についての生々しい記述があり、そこから論理を念入りに抽出するというスタンスをとっている。

本書の「ブレイシズ・バイ・バリス」の事例は、現実の商売の生の姿をまず記述する。教科書にある無味乾燥でとってつけたような話ではない。ブレイシズ・バイ・バリスでは、さまざまな町に矯正歯科の物理的な拠点だけを用意しておき、そこに矯正歯科医がその都度出向いて行って仕事をするという独自のやり方を採用している。その背後にある論理が規模の経済なのだが、本書の記述からは、なぜ、どのような成り行きでそうしたやり方に行きついたのか、経営者の思考と行動の軌跡も知ることができる。だからこそ、どの教科書にもある「規模の経済」をより深く理解できる。論理が腹落ちするから、現実への適応もやりやすくなる。ここに本書の美点がある。

本書が取り上げる論理や概念を並べてみよう。規模の経済、変動費と固定費、参入障壁、埋没費用、ネットワーク効果、顧客セグメンテーション、経験財と探索財、垂直統合と市場取引の選択、インセンティブ・システム……。いずれも重要で、それゆえにどの教科書にも載っているトピックばかりだ。目新しいものはひとつもない。

「普通の人が、普通の人に対して、普通にやる」のが商売だ。「月にロケットを飛ばしましょう」というような特別な話ではないのである。事例で取り上げられている経営者にしても、みんな「普通の人」。中小企業の例が多いが、そうした商売の本質は、大企業でもまったく変わらない。

商売がそうしたものである以上、こと商売に関していえば「誰も知らなかった発見」は滅多にない。「新しい概念の提唱」を謳うビジネス書は枚挙にいとまがないが、その多くは眉唾ものだと思った方がいい。本書の意図は、独自の概念や論理を提示することにはない。普通の教科書が取り上げるような概念を、本当の意味で現実の経営に役立てるために、豊かな文脈に絡めて論理を伝授する。ここに著者たちの明確な意図がある。その意図は本書を通じてぶれることがない。

著者自身が面白がっている

第2の条件、「本として面白く、のめり込めるかどうか」について。本書は第1の条件以上に、この条件を満たしている。ここに本書の最大の魅力があると思う。

なぜ本書は面白いのだろう。理由は単純、著者たち自身が調査と書く作業をひたすら面白がっているからだ。プロローグのシューズショップのエピソードが分かりやすい。著者たちは店に入ると、その会社の経営のいろいろな面に興味が湧いて店員を質問攻めにする。仕事柄、僕も彼らの気持ちがよくわかる。「情報」ではなく、対象に対する「興味」なり「注意」が大切なのである。

「情報」と「注意」は違う。ありとあらゆる情報が世の中にあふれている。シューズショップについての情報にしても、インターネット上に山ほどある。しかし、物事の本質を考える論理的な思考は、注意の産物だ。いくら情報があっても、そこに注意を振り向けなければ、思考は生まれない。

この意味での注意を最も喚起するのが「現場」である。著者たちは、いろいろなビジネスの現場を訪問して、自分たちの興味の赴くままに注意を振り向ける。何よりも、著者自身にとっての面白さを優先して調査の旅を続けている。

無味乾燥な仮想的な事例をでっちあげるのではなく、矯正歯科やコーヒーショップといった企業を実際に訪問し、現場を見て、経営者に会う。現場では、著者たちの眼前にその商売を構成する要素が丸ごと広がっている。だから、一つひとつの事例に、文脈の豊かさが出てくる。

著者たちは、シューズショップの経験を授業で五回は取り上げたと書いている。これも学生を教えている自分にはよく分かる。ハンズオン（直接経験）の強みである。あることを説明するのに使える情報はたくさんある。しかし、自分の講義の経験からしても、自分が腹落ちして理解した内容でなければ、結局のところ人にあまり伝わらない。その場で対象に本当に注意を振り向けて、文脈込みで理解したハンズオンの知識でないと腹落ちしない。教師としてのそうした経験がある著者たちは、本書のベースとなった調査旅行を心底面白がって繰り返していたのだと思う。そうでないと、忙しい3人のいい大人が、スケジュールを合わせてわざわざ旅に出ないだろう。そこから得られた、人に伝えたくて仕方ないことを書いている。だから読んで面白い。

ミクロ経済学者である著者3人は、各自の研究のテーマは違っているが、研究スタイルは共通している。マイクはニューヨークからカリフォルニアまで車を走らせて、そのときのデータや発見をもとに、博士論文を書いている。ポールは、学者になる前にコンサルティング会社で働いていたときに生まれた不満から、自身の研究テーマを選んでいる。大学院の管理職で組織改革を推進するスコットの研究テーマは、組織の変化を阻む力についてである。3人とも自分自身の関心や問題意識が先にあって、そこから研究テーマを決めている。テーマはバラバラでも、思考と行動における「ハンズオン」を大切にするタイプの人達なのだろう。

彼らは「学者」「研究者」であるけれども、本書の調査方法はまったく学術的ではない。事例を演繹的に選んだわけではないし、世に有名な注目企業、成功企業が出てくるわけでもない。成功している会社と失敗している会社を、同業種で対比するといった類の、事前に構造を設計した事例研究でもない。

メンフィスやオクラホマシティ、ペンサコーラ、オマハといった普通の町にある普通の会社を、出会い頭に調べる。「僕たち、小さな店や企業の本を書いているのに、独立系の書店を訪ねてないじゃないか！」というような思いつきで調査の対象を選んでいる。ようするに、行き当たりばったりなのである。そこがいい。まるで「学術的」でないからこそ、思ってもみない出会いや発見がある。それが本書の面白さの根底にある。

本書の事例は、ビジネスそのものだけでなく、それをやっている人間についても鮮明に描く。経営は人間がやっていること。人間を抜きにしては本質を理解できない。この本はそうした当たり前の真実にきちんと向き合っている。

ミシシッピ州ハッティズバーグの「マグショット・グリル＆バー」、この事例は経営者の人となりが、その人の好き嫌いも含めて、とくに濃厚に出ている。創業者のロン・サヴィルは、ひょんなことから起業している。起業には多分にそういう面がある。誰もが経済合理的なプランをもって始めるわけではない。成功する面白いアイデアや行動は、「結果的に」生まれるわけだ。こういう人がこういう動機と成り行きでやっている商売なのだというのを分かった上で、経営を考察している。これが事例の文脈を一層豊かにし、具体と抽象の往復運動を大いに助けている。

この例に如実なように、起業や経営はインセンティブだけでやるものではない。インセンティブとは外在的な報酬（誘因）のことだが、本書に登場するほとんどの経営者が自分自身を中から突き動かす内発的なドライブ（動因）で起業している。内発的なドライブこそが経営にとって大切だということが鮮明にわかる。

事例に出てくる経営者だけではない。ポールとスコットとマイクという著者の人間性もストレートに出ている。一般的な経済学者のイメージというと、合理的に考え行動する理知的で冷静な人々を思い浮かべるかもしれない。しかし、この3人にしてもごく普通の人達で、好き嫌いもあれば、非合理なこともする。ボストン、カンザス、フォリナーといったロックバンドの名前が次々に出てくる。僕は彼らと同世代なので、聞いている音楽でだいたいどんなタイプかが推測できる。アラバマに行くときは、レーナード・スキナードの「スィート・ホーム・アラバマ」の話になる。そういう書き手の人間をそのままさらけ出しているのも、経営書としては珍しい。

「中小企業向けの本」ではない

本書の原題は"ROADSIDE MBA: Back Road Lessons for Entrepreneurs, Executives and Small Business Owners"。副題にもあるように、どちらかというと中小規模の企業経営者を読者として念頭に置いている。

しかし、僕に言わせれば、この副題はミスリーディングだと思う。観察と考察の対象になっているのは中小企業だが、具体的な文脈に目配りしたうえで本質的な論理を抽出するという本書の価値は、読み手が所属する企業の規模を問わない。経営の論理に中小企業向け、大企業向けといった区別はない。だからこそ「論理」なのである。

本書を読んでもらいたいのはむしろ大企業のマネジャーである。大きな会社では大規模組織を機能させるために、分業が進む。分業は多数の「担当者」を生み出す。自分の仕事はここからここまで、といったスタンスで仕事をする人が必然的に増える。

担当者と経営者はまったく異なる。担当がないのが経営者、と言ってもよい。ある商売の塊を丸ごと動かして成果を出す。一言でいえば、これが経営者の仕事である。本書に登場する事例の多くは、規模が小さく、創業経営者が丸ごと商売を動かしている会社である。

大企業では、そうした商売の本来の姿が失われがちだ。顧客に独自の価値を提供し、その対価として利益を稼ぐことがそもそもの商売の目的であるはずなのに、担当者は手段を目的化してしまう。大企業ほど商売の本質から目が逸れがちになるのである。ビジネスの原理原則を改めて取り戻すための書としても、本書は有用だと思う。

冒頭、本が書けるんじゃないかと思いついたマイクが、ほかの2人にこう話す。「小さな店や中小企業が抱える戦略的な問題の事例を集めて、普段、僕たちがMBAの授業で教えるフレームワークがどう当てはまるかについて書くんだ」。そのあとスコットが「中小企業向け『戦略の経済学』って感じかな?」と続けているが、もし僕がこの会話の場にいたら、スコットにこう反論するだろう。「この本は、リアルな商売本来の姿を見ることによって、むしろその本質を忘れがちな、大企業の人たちを覚醒させる意味がある。大企業で働く人達も明示的にターゲットに入れた方がいいのでは?」

ATMも貯金窓口もない、ロビーに顧客の姿も見えない……小さな田舎にある銀行「バンク・オブ・モンタナ」。メガバンクのような大企業は、「銀行の商売というのはこういうものだ」という思い込みに支配されがちだ。バンク・オブ・モンタナの経営者は、「銀行の運営は、銀行家のように考えるのではなく、中小企業の経営者のように考えるべきだ」という信念を持って戦略を構想している。この例に限らず、本書に登場する小さなスタートアップは、そもそもそうした思い込みから解放されており、そこから優れた戦略が生まれている。

もちろんバンク・オブ・モンタナの戦略が「正解」なのではない。「場合によりけり」である以上、すべてにおいて有効な戦略はあり得ない。実際、そのすぐ後に出てくる事例の「コミュニティー・ファースト・バンク」は、同じように地域密着のローカル銀行でありながら、まったく反対の戦略をとっている。

商売の正解はひとつではない。戦争やスポーツのメタファーでビジネスを説明する人がよくいるが、ミスリーディングな面がある。戦争やスポーツでは片方が勝てば、もう片方が負けとなる。ところが、ビジネスの競争には勝者が複数いる。二つの小さな銀行の例は、こうした商売の本質を鮮明に伝えている。

アイダホ州アソールの「シルバーウッド・テーマパーク」というテーマパークも興味深い事例だ。ここでは業績評価基準をどう設定するかがテーマになっている。問題となるのは長期と短期の利益のバランス。長期と短期のバランスが大切だと口では言う人が多い。しかし、現実の組織の中でこのさじ加減をどうやっていくべきなのか。生身の人間が相手なだけに、そう簡単な仕事ではない。組織にしても機械的なシステム設計の問題ではないのである。本書の事例を読むと、人間を扱う経営の難しさと面白さが浮き彫りになる。事例がシンプルな中小企業だからこそ、こうした経営の本質が分かりやすい。

同じテーマパーク業界であれば、従来のビジネス書では、ディズニーランドのような誰もが知っているグローバルな成功企業の事例が取り上げられることが多い。それはそれで参考になるのだが、経営の本質を学ぶには、シルバーウッドのほうが迫力に勝る。「グローバル化」「グローバル経営」が喧伝される昨今だが、ほとんどの人達が働いているのは、ローカルな企業のローカルな現場である。大きなグローバル企業であっても、それぞれの現場で起きている経営の現実のほぼすべては、ローカルなものである。そういうローカルな現場の集積で世の中は動いている。この意味でも、本書は中小企業の経営者だけではなく、大企業で働く人達にとっても、大切なことを教えてくれる。

経営のリアリティ

経営書やビジネス雑誌の読者が好きなパターンというのが昔からある。昭和の一昔前であれば、「信長、秀吉、家康、どのタイプのリーダーが成功するか?」といった戦国武将を例にとった記事がビジネス雑誌にはあふれていたものだ。この手の記事が高度成長期のマネジャーの共感を呼んだからだろう。

最近のビジネス雑誌の記事の王道は、IPO、M&A、時価総額といったファイナンス寄りの話がやたらと多い。しかし、これらはビジネスのごく限られた一面でしかない。経営者にしても、孫正義さんや、テスラモーターズのイーロン・マスクのような壮大な構想をもってリスクを取る型破りのリーダーが注目を集めているが、こうした経営者はごく例外的な存在である。

『米国会社四季報』(東洋経済新報社)という本をめくってみると面白いことが分かる。ここにはアメリカの上場企業がすべて掲載されている(もちろん上場企業だから、本書に出てくる企業よりも大きな企業が多く掲載されている)。もちろんいま注目を集めているテスラモーターズも載っている。

テスラモーターズのページを開いてみると、その隣には「ブランズウィック・コーポレーション」という企業がある。好業績の会社だが、日本でこの会社を知っている人はほとんどいないだろう。ブランズウィックはマリンエンジンのメーカーで、船尾に取り付ける船外エンジンや、プレジャーボートの船体を商売にしている（ということだ。もちろん僕も知らなかった）。

当然のことながら、テスラやアップルばかりでなく、こうした「普通の会社」がアメリカにもたくさんある。というか、上場企業にしても日本ではあまり知られていない会社が大半だ。それぞれが日々リアルな商売をやっている。その集積で経済が動いている。しかし、巷にあふれる経営書やビジネス雑誌では、そうした商売のリアリティが希薄になる。IPOやM&Aというのは、現実の経営ではめったにないビッグイベントだ。ビジネスに関心があるという人ほど、そうした「飛び道具」ばかりに目を向けて分かったつもりになっている人が多い。ビッグイベントや例外的な成功が興味を集めるのが世の常なのだが、ここでもまた、経営にとって一番大切な、商売のリアリティが失われている。

独自の価値を創造し、コストを上回る価格で売れる商品やサービスを顧客に提供する。その結果として、雇用をつくり、利益を出し、税金を払い、社会貢献が可能になる。ここに経営のリアリティがある。

本書には経営のリアリティが詰まっている。商売の本来の姿を直視し、そこで動いている骨太の論理についての理解を得るうえで、本書は貴重な学びと気づきを与えてくれる。道端に置いておくのはもったいない傑作だ。

2—3

非アメリカ的起業家の閉鎖的な経営に学ぶ

ヴォルフガング・ヒュアヴェーガー『レッドブルはなぜ世界で52億本も売れるのか』——解説

「レッドブル」といえば、日本でもよく知られるようになった飲料ブランドである。ところが、このブランドがどのように誕生し、世界に広まっていったのか、創業者がどのような人物なのかについては、日本はもとより、欧米でもほとんど知られていない。そもそもレッドブルがオーストリアの会社であることを知っていた人は少ないだろう。米国発のブランドではないかと思っている人も多い。

本書は、オーストリア人作家ヴォルフガング・ヒュアヴェーガーによる『Die Red Bull Story』を翻訳したものである。レッドブルの成り立ちや世界的ブランドへと成長していく過程、そして創業者の素顔が描かれている。

レッドブルの経営スタイルには、伝統的なヨーロッパの経営にみられるような独自のこだわりがある。マーケティングやブランディングについては、アメリカ企業のベストプラクティスについて書かれた本が圧倒的に多い。その中で、本書はアメリカ的な経営とかなり毛色が違うアプローチがあることを示している。

レッドブルは、創業から25年で世界165か国に展開し、年間52億本売り上げるブランドへと成長した。本書で詳述されているように、同社は、明確な戦略で大胆に事業領域を絞り込む一方で、競争力の中核部分であるマーケティングとブランディングについては長期視点で腰を据えた「自前主義」を貫いている。レッドブルの戦略のキモは、このまったく異なる要素のハイブリッドにある。

まずは本国（大陸ヨーロッパ）で持続的な競争優位をもたらす戦略ストーリーを構築し、それが生み出す価値を一気呵成にグローバル展開する。レッドブルの事例は、日本の企業に向けて、ひとつの「非アメリカ的モデル」を提示している。その商品と同じように、刺激に満ちた書だ。

レッドブルの経営の実態が、日本だけでなくアメリカや本拠地であるヨーロッパでもあまり知られていないのは、レッドブルの意図するところだ。派手な広告やキャンペーンでの露出は多くても、企業の内情についてはごく限られた形でしかメディアに登場していない。当然のことながら、レッドブルは上場しておらず、今後ともその意図はないという。

本書もレッドブルの元社員に対しての取材がソースになっており、レッドブルにしてみれば「歓迎されざる書」ということになる。

この本から学んではいけないこと

著者が描くレッドブルの実態はきわめて興味深い内容になっており、学ぶべきところも多い。しかし、従来のレッドブルというブランドのイメージや目次に踊る言葉からして、本書はいかにも誤解されそうだという懸念がある。そこで、まずはこの本から「学んではいけないこと」について触れておきたい。

最初に強調しておきたいのは、本書は「スポーツ・マーケティングのベストプラクティス」についての指南書ではないということだ。スポーツという人々の注目を集める機会をマーケティングに使うという動きは世界中で活発になっている。2020年の東京オリンピックもあり、日本でもスポーツ・マーケティングに関心をもつ企業はますます増えていくだろう。

確かに、著者が本書の多くの部分を割いて書いているように、レッドブルがここまでブランド力を構築した背後では、スポーツ・マーケティングが重要な役割を果たしている。しかし、レッドブルをスポーツ・マーケティングの「ベストプラクティス」として鵜呑みにすると痛い目に遭うだろう。レッドブルはF1チームを所有し、数多くのエクストリーム・スポーツのイベントを主催している。しかし、後で述べるように、そのやり方は相当に特殊で、すぐに模倣できるようなものではない（だからこそ、レッドブルの持続的な競争優位の源泉となっている）。

そもそも、レッドブルが血道をあげてきたスポーツをテコにしたマーケティングは、同社に固有の文脈でのみ有効な手法である。「レッドブル」という製品コンセプトとのフィットを忘れてはならない。創業者であるディートリッヒ・マテシッツは、レッドブルとは単なる飲料ではなく、エキサイティングな体験であり、スリルや冒険であると定義した。そのコンセプトがあってはじめて、一連のエクストリーム・スポーツのイベントがマーケティングのツールとして機能している。

エキサイティングなスポーツに目がないレッドブルにしても、格闘技とははっきりと距離を置いている。レッドブルのコンセプトがいう「エキサイトメント」や「スリル」は、「暴力」とは異なる。格闘技とのタイアップはブランドのコンセプトを誤解させる可能性がある。ことほど左様に、コンセプトに始まる一連の戦略ストーリーの中においてはじめてレッドブルのスポーツ・マーケティングは功を奏している。戦略の一丁目一番地であるコンセプトが異なれば、レッドブルのやっていることはどれもまったく役に立たないだろう。

もう一つ、いかにも誤解されそうなのだが、本書は「独創的なビジネスモデルに学べ」という話ではない。レッドブルはビジネスモデルがユニークだったから世界的ブランドになれたわけではない。レッドブルの実態が生産と流通を外部の企業に委託した「巨大なマーケティング機構」であることを著者は強調している。ところが、これはコカ・コーラ以来の飲料業界の古典的な業界標準モデルであり、レッドブルの独自性ではない（この点については、そもそも著者自身が誤解しているフシがある）。

成功企業のケーススタディとなるとすぐにビジネスモデルが注目される傾向がある。これはほとんどの場合、素人談義である。戦略とはそもそも「違いをつくる」ためのもの。ところが、ビジネスモデルだけでは競合他社との違いをつくるのは難しい。なぜか。同じ競争環境下では、「合理的なビジネスモデル」は往々にして一つか二つに絞られてしまうからだ。

例えばファッション業界。SPA（製造小売り）というビジネスモデルがいっとき喧伝された。しかし、ビジネスモデルという切り口でいえば、ZARAをはじめ、H&Mにしてもユニクロにしても SPAであることには変わりない。今では業界のグローバル・プレーヤーのほとんどがSPAとなっている。「戦略＝ビジネスモデル」という見方は表面的に過ぎる。

普遍的な教訓

本書から学ぶべき本質的な論点はスポーツ・マーケティングでもビジネスモデルでもない。奇想天外な会社に見えるレッドブルだが、その実、創業者であるディートリッヒ・マテシッツは、商売の原理原則に忠実な経営者である。それだけに、彼の思考と行動からは普遍的な教訓が引き出せる。私なりに汲み取った重要な論点を順に見ていこう。

第一に、ビジネスはそれを始める動機が大切だということ。マテシッツは以前、ユニリーバの子会社で国際部門のマネジャーをしていたが、毎日の「担当業務」に飽き足らず、いつか自分で商売をやりたいとジリジリしていた。自分で丸ごと全体についての絵をかいて動かす。ここに経営の醍醐味があるわけで、マテシッツはきわめて健全な動機で自分の会社を興しているといえる。

彼が最初に作った資料には、「レッドブルのための市場は存在しない。我々がこれから創造するのだ」という言葉があった。これにしても、商売の原理原則そのもの。ピーター・ドラッカーがいうように「顧客の創造こそが企業の究極の目的」である。動機からゴールの設定まで、マテシッツは経営の王道を行く人である。奇策を打ったわけでも、発想が突飛だったからでもない。経営のオーソドクシーに則っていたからこその成功だった。

第二に、ビジネスの端緒となるアイデアはオリジナルである必要はないということ。そもそもエナジードリンクというジャンルは欧米にはなく、東アジアに固有のものだった。しかも、その原点は日本にあった。本書を読んで初めて知ったことだが、とても面白いエピソードだ。

戦時中の日本の軍部は、戦闘機のパイロットの視力を強化する目的でタウリンを使っていた。戦後、この技術が民生化され、大正製薬の「リポビタンD」などのエナジードリンクが生まれた。ソニーでもホンダでもない大正製薬の経営者が当時の日本の長者番付の第1位になっていることをマテシッツはひょんなことから知り、日本はもちろん、東アジアのさまざまな国で普通に飲まれていたエナジードリンクに興味を持つ。これがすべての始まりだった。マテシッツはタイでタウリン含有飲料「クラティンデーン」（現地の言葉で「レッドブル」）を展開する企業に行き当たり、この会社とライセンスを結び、レッドブルを創業したのである。

ゼロから一を作ったのは日本のかつての軍部であり、それを市場化したのは日本やアジアの企業だった。レッドブルはそれを受けて、コンセプトを再定義し、ヨーロッパで大きなビジネスを創造した。この辺り、マクドナルド兄弟が始めたハンバーガー・レストランに注目し、そこから世界的なチェーンを築き上げたマクドナルド創業者、レイ・クロックを髣髴とさせる。

ビジネスの端緒となるアイデアが完全にオリジナルで斬新なものである必要はない。むしろ「陽の下に新しいものなし」、人間が人間に対してやる商売である以上、まったく誰も思いついてない「斬新なアイデア」はごく稀にしかないと思っていた方がいい。ゼロから一をつくるのではなく、一を百にも千にもしていくところにビジネスの本領がある。

第三に、経営における「独立自尊」の重要性である。マテシッツは当初、市場が大きなドイツで起業しようと考えていた。ところが、「エナジードリンク」という新しいカテゴリーの飲料に対する販売許可が当局からなかなか下りなかった。そこで彼は、ドイツに比べればはるかに市場が小さい故郷のオーストリアに移り、販売許可を取得し、ビジネスを始めている。

マテシッツは自分で自分のやりたいことができるように自ら環境を選んでいる。少し前の日本では、「六重苦」（円高、高い法人税率、自由貿易協定の遅れ、労働規制、環境規制、電力不足）という表現でビジネス環境の悪さを嘆く声があった。それが事実だとしても、しかし、経営者は環境の制約を言い訳にするべきでない。

「独立自尊」の原則

マテシッツによるレッドブルの経営は「独立自尊」を原理原則としている。会社設立の経緯があって、ビジネスパートナーとなったタイの実業家が出資しているが、資本に占める割合は限定的だ。マテシッツは当初から独立自尊の経営ができる状態を重視している。財務面でも、今後手に入るかもしれない金ではなく、実際に儲けた金だけを活用する。「銀行にだけは借金をするな」というぐらいだ。資本政策が手堅いのは、彼が保守的な人間だからではない。「自分で全部動かせる」という経営の自立性を確保するためである。

1999年まで配当もしない。創業社長であるにもかかわらず、給料しか受け取っていなかったというのも腰が据わっている。ストック・オプションがばらまかれ、上場して創業者利益を得て、すぐに売却して次に行きましょう、という「チャラチャラしたベンチャー経営者」の側面は微塵もない。

マテシッツの独立自尊の構えは、会社を上場させないという基本方針にもっともよく表れている。上場しないだけでなく、彼は引退しても株式は売却しないと明言している。こうした彼の方針は、結果的に短期的な収益を求める外部の圧力を遮断し、長い時間をかけて強いブランドを構築するのを可能にした。レッドブルの独立自尊の経営は、同社の戦略ストーリーに一貫性をもたらし、これが持続的な競争優位の源泉となっている。

第四に、内部開発への強いこだわり。ここにレッドブルの戦略ストーリーの最大の特徴がある。経営に必要な機能を手っ取り早く市場で調達し、内部開発にかかる時間を節約しようという経営スタイルが多い中で、レッドブルは正反対の構えをとる。先述したように、多くの飲料ビジネスを行う企業と同じように、レッドブルは生産や流通の機能を外部化している。しかし、ブランド構築のためのマーケティングという競争力の中核部分については、時間をかけてでも社内でじっくりと開発していくという戦略である。短期的な成長を求めて、M&Aに手を出すこともない。徹底的な自前主義である。

例えば、サッカーにしても、レッドブルは西アフリカにサッカーアカデミーを作り、新しい才能を発掘するところから手をかけている。F1にしても、フェラーリに対するマルボロのような「スポンサー」になるのではなく、「スポーツの一部になる」という方針で自らチームを運営する。

サッカーやF1といった既存の人気スポーツをマーケティングに活用するだけでなく、ヒマラヤマラソン、イギリス海峡スカイダイビング、アマゾン川サーフィンなど、新しいカテゴリーのスポーツを自ら創り、手間暇をかけて育てる。スポーツなどを含めたイベントは、レッドブルのマーケティングのお家芸だが、その会場として「ハンガー7」という施設をオーストリアのザルツブルク空港に併設する形で自ら設計し運営している。こうしたことの積み重ねが、ブランドの血と肉になっている。

レッドブルのような長期内部開発志向がなければ、「スポーツ・マーケティング」はペイしないほど高い買い物になりがちだ。いまの時点で一番人気があり、マスメディアで露出の高いアスリートを探し、辣腕エージェントと交渉し、契約していたのでは、お金がいくらあっても足りない。

上場しないという基本方針は、レッドブルの内部開発路線にとって決定的に重要な意味を持っている。四半期ごとの利益や成長を求める投資家の圧力にさらされてしまえば、レッドブルがやったような、一見して迂遠な経路をとる内部開発志向のマーケティングはできなかっただろう。マテシッツは、「その量を計ることも金銭で買うこともできない抽象的な要素こそが、企業の成功の基礎となる」と言う。「見える化」の逆を行く考え方である。

最後に、これは本書の冒頭でも述べたが、マテシッツの経営スタイルには、伝統的なヨーロッパの経営にみられるような独自のこだわりがあるということ。マテシッツの経営には、アメリカ企業にありがちな「なりふり構わず」というところがない。「なり」と「ふり」を大切にする。マテシッツは「非アメリカ的」な経営者だといってもよい。

「手段が目的」をモットーに

マーケティング志向の会社というと、ロックスターのような経営者がやたらとメディアに露出するというイメージがあるが、マテシッツはそれとは対照的だ。商品こそがブランドを作るのであり、経営者ではないというストイックな構えを崩さない。「セレブとのパーティーは最も意味のない時間つぶし」と嫌う。生産を委託している企業との間に契約書が存在せず、男と男の握手に何よりも価値があると考える。グローバル企業になっても、オーストリアとスイスでしか生産しない。砂糖などの主要な原材料はヨーロッパ産に限定する。オーストリアに嬉々として税金を納める。こうしたところにマテシッツの矜持が感じられる。

「手段が目的」。これがマテシッツのモットーである。登山に喩えれば、山頂を征服することよりもその道のりのほうにこそ価値がある、というわけだ。いってみれば柔道や茶道などの「道」を感じさせるもので、日本人には馴染みが深いかもしれない。こうしたマテシッツの哲学が「量を計ることも買うこともできない抽象的な要素」としてのブランドの原動力となっている。

独自の価値を創造し、グローバルに事業展開をしようとする意気に溢れた日本の新しい企業にとって、本書は重要な示唆に富んでいる。

2―4

「リアルタイム」の裏を読む

デイヴィッド・ミーアマン・スコット『リアルタイム・マーケティング』――解説

猛烈に忙しい本である。

マーケティングに限らず、計画立案の基本は「5W1H」に答えることである。その中で本書は徹底的に「When（いつ）」に焦点を合わせている。その答えは至ってシンプル。「今すぐ」である。『リアルタイム・マーケティング』というタイトルは伊達ではない。

この種の先端的なビジネス手法を扱った本には「将来はこうなる」という未来予測を記述したものが多い。しかし、本書はそうしたスタンスをとらない。情報技術の発達によって人々がリアルタイムに反応できるような状況にすでになっている。予測は必要ない。機会が生じた時点で「今すぐ」に対応するにしくはなし、というまことにストレートな主張である。本書ではこうした主張を裏づける多くの事例が紹介されており、「今すぐ」何をするべきか、「今すぐ」どうするべきかについての実用的なアイデアも満載である。とにかく最初から最後まで「今すぐ」であり、読んでいるだけで何やら忙しくなってくる。

本書は、デイヴィッド・ミーアマン・スコットによる『Real-Time Marketing & PR』の全訳である。著者はマーケティングやPRの専門家であり、プロの講演者として活動している。これまでに『マーケティングとPRの実践ネット戦略』や『グレイトフル・デッドにマーケティングを学ぶ』(共著)が日本語訳されている。

著者の「今すぐ」の主張を象徴する事例が、冒頭にあるユナイテッド航空の話である。デイブ・キャロルというミュージシャンが、ユナイテッド航空の飛行機で移動したとき、大切なギターを粗末に扱われ、壊されてしまった。同社のサービスセンターに何度も訴えたが、たらいまわしにされ、取り合ってもらえない。そこで、頭にきたデイブは『ギターを壊すユナイテッド航空』という曲を作り、それを歌う動画をユーチューブに投稿する。あると、その動画が爆発的な広まりを見せ、テレビや新聞などのメディアを席巻する。ある楽器ケースメーカーは、この盛り上がりに即座に反応し、「デイブ・キャロル仕様旅行用ギターケース」を発売する。それでもユナイテッド航空は公には謝罪しなかったという。

この〝ジェットコースター・ストーリー〟で明らかなように、リアルタイムに対応してチャンスをつかんだ人もいれば、対応しなかったがために大失敗をやらかした企業もある。問題にされているのは常に時間軸。時間の次元でスピードを極限まで早めることの重要性が、これでもかというほど数多くの事例で強調されている。

スピードのコモディティ化

本書に含まれているさまざまな事例や手法に通底している本質は、「スピードのコモディティ化」だ。商品やサービスの多くがコモディティ化しているといわれて久しい。情報技術の進歩により、情報もコモディティ化していく。この本が興味深いのは、情報技術が進むにつれて、情報そのものだけでなく、時間までもコモディティ化してしまうという現実に正面から向きあっているという点にある。

これまでは、「反応時間の早さ」は、それなりの技術やノウハウがある企業や人だけが実現できたものだった。ところが、情報に限って言えば、ソーシャルメディアなどの情報技術をフルに活用すれば、安価にかつ大量の人に向けて、誰でも即座にさまざまな手が打てるようになる。これがスピードのコモディティ化である。

かつては、『タイムベース競争戦略』(1993年、ダイヤモンド社、原題：Competing Against Time) で考察されていたように、反応時間の早さは貴重な競争優位の源泉であった。たとえば、トヨタやホンダなどの日本企業は、マーケットへの反応を早めることで、「時間」を競争の優位に使っていた。リードタイムを短くすることで相手よりも有利な状況を作り出すという戦略である。

リアルタイムということは、リードタイムがゼロだということを意味している。行き着くところまで行き着いた世界だ。宅配ピザにたとえると、それまで1時間かかっていたのが、30分で届くようになり、地域によっては15分となる。反応時間を短縮するほど競争上の優位になる。ところが、「リアルタイム」であれば、電話した瞬間にピザが届くわけで、話はここで終わりである。これ以上の早さはない。反応時間にマイナスはないからである（強いて言えば、「電話する前にピザが届く」というのは反応時間がマイナスであるけれども、わりと迷惑な話）。

もちろんピザやクルマといった物的な商品であれば、反応時間がゼロになるのは不可能だ。しかし、マーケティングやPRの担当者にとってカギとなる「情報」では、リアルタイムの世界が現実になっている。情報で完結しない商品やサービスについても、要する反応時間の多くの部分は情報の出入りに左右される。情報の出入りがリアルタイムになれば、全体として要する反応時間も格段に短くなる。

前述したユナイテッド航空の例では、デイブ・キャロルの動画がブレイクしたときに、彼が使用しているギターのメーカーは、すぐさま、移動の際にギターをどう荷造りして運べばいいかを解説した動画を投稿し、注目を集めている。「デイブ・キャロル仕様旅行用ギターケース」をたちどころに市場化するメーカーも出てくる。そうした手法や成功事例については、本書でふんだんに紹介されている。

三つの論点

ただし、である。「リアルタイム・マーケティング」が十全に機能し、現実のビジネスの中で成果に結実するためには、その背後にあるロジックをじっくり考えてみる必要がある。本書を深読みすれば、少なくとも次の三つの論点を詰める必要がある。

まず初めに、デイブ・キャロルの動画である。彼の動画はなぜここまで注目を集めたのだろうか。時間がコモディティ化している状況では、誰でも即座にユーチューブに動画をアップすることができる。ユーチューブに毎日、多種多様な情報が膨大に上がるという成り行きだ。時間がコモディティ化した世界では、供給側が情報を供給する（具体的にはユーチューブにアップする）ことは簡単だ。スマホさえあれば誰でもできる。ところが、この話は需要側の反応を見落としている。無数にある動画のなかから、なぜ多くの人がデイブの映像を見たのだろうか。なぜ数多くの他の動画は注目を集めなかったのか（こちらのほうが何百万倍も多い）。すぐには答えの出ない問題である。

実際には、このデイブ・キャロルだけではなく、航空会社のサービスの不手際でギターが壊されてしまった人は、他にも多くいただろう。さらに、頭にきて、自分が歌を歌った映像をユーチューブ上で発表した人もいたかもしれない。デイブ・キャロルは「氷山の一角」に過ぎない。海の中に沈んでいる部分のほうが大きいのである。なぜ、多くの注目されなかった人たちが海の中に沈み、彼が一角になったのであろうか。デイブは別に、メジャーなミュージシャンではなかった。

二つ目は、本書で繰り返し出てくる「正規分布の法則」。これは、ある出来事が注目を集めたときに、時間の経過を横軸に、人々が話題にした回数を縦軸にとると、正規分布の釣鐘曲線になるというものである。マーケティングやPRの担当者がリアルタイムに対応しても、話題にならなければ、このような正規分布は現れない。どうすれば話題になるか。それがそもそも需要側（情報の受け手）の反応に依存しているというのが第1の論点だった。

仮に情報の受け手がうまく反応して、その反応が正規分布をつくったとしよう。ところが、ただ釣鐘曲線ができればいいというわけではない。釣鐘曲線の形をとるということは、猛烈な口コミで曲線が早く立ち上がったとしても、それだけ人々から忘れ去られる時間も早くなるということだ。一瞬だけ話題になって、1週間後にはみんな忘れてしまうのであれば、たいした商売にはならない。

つまり、本当の意味での価値は、曲線の立ち上がり部分の微分値の大きさではなく、曲線全体を積分した面積なのである。ゆっくりと立ち上がって、長引いたほうが面積が大きくなる場合も少なくないだろう。競争優位を獲得することと、優位を持続させることは違う。商売の鍵は、今も昔も、情報技術があってもなくても、「持続可能性」にある。これも、リアルタイムにやるということだけでは答えが見えない論点である。

三つ目は、情報の送り手である企業に関連した論点である。ありとあらゆる情報がリアルタイムで飛び交っている状況においては、スピードが死命を制する。これが本書の主張である。そのためには、現在の話題を瞬時に把握しなければ、対応がおぼつかない。ところが、潜在的に対応するべき(かもしれない)情報というのは、無限にある。そのすべてにリアルタイムに対応することは不可能だ。中国共産党のネットの検閲のようなコストをふんだんにかけた体制を用意しなければならないだろう。ということは、いくら「リアルタイムに対応する」といっても、対応するべき情報と対応しなくてもよい情報、対応するべきでない情報とを瞬時に選別しなければならない。それは、「デイブの動画をみんなが見たのはなぜか」という一つ目の論点と、ちょうど裏腹の関係になっている。

例えば、第8章では、ネットで自社を話題にしている様子を目撃したときに、それに意見を寄せるか、やりすごすのかについて、どうやって判断すればいいのかという話がある。著者の答えが面白い。「誰が思慮深いか見極めろ」である。つまり、自社について話題にしているのが、「思慮深そうな人」であれば、たとえネガティブな話をしているときであっても、返答するのがいい、思慮深さを選択の基準にしろという話だ。

それまで、リアルタイムで対応しなければ企業は生き残れないという最新のマーケティングの手法について話をしてきたのに、どうやって情報を選別するかとなると、突然話が「思慮深さ」という古典的な基準に回帰する。このギャップが興味深い。思慮深さとは何か。これまた簡単には答えが見つかりそうにない問いだ。

人間の注意がものを言う

ここでお話しした三つの論点、つまり、情報の需要側にいる受け手がなぜ特定の情報に注目し、そのほかの多くの情報に注目しないのか。どうすれば正規分布する反応曲線を積分した面積を大きくできるのか。どうやってリアルタイムに対応すべき情報を選別すればいいのか。これらの問題の背後にあるカギを一言でいえば、人間の「注意」である。

ノーベル経済学賞を受賞したハーバード・サイモンは、「インフォメーション（情報）」と「アテンション（注意）」を対にして考えるべきだ、という。なぜならば、この二つはトレードオフの関係にあるからだ。「情報の豊かさは注意の貧困をもたらす」という名言を彼は残している。

例えば、かつてメディアとしての活字が本しかなかったとき、人々が1ページにそそぐ注意の量というのは、今よりも一万倍くらいあったのではないかと思う。現在、インターネットでは、人は1ページに0・5秒くらいしか注意を払わないですぐ次のページを見ようとする。100年前であれば、1冊の本には現在とは比較にならないほどの大量の注意がそそがれていたはずである。

情報を送り出すためのコストが大幅に減った結果、情報の供給量が結果として膨大になる。そうなると、一つの情報にそそぐ人間の注意は必然的に減少する。その理由は、人間の脳が処理できる情報のキャパシティには一定の制約があるからだ。情報技術の発達に伴う情報量の増大に、人間の脳の処理能力がパラレルに増えていくのであれば何の問題もない。ところが、幸か不幸か（幸であると思うが）、人間の脳のキャパシティは、おそらく今後5000年ぐらいかけても、たいして変化しないだろう。だから情報と注意のトレードオフは厳然として残る。これまでもこれからも、情報の豊かさは注意の貧困をもたらすのである。

デイブ・キャロルの動画が注目された一方で、話題にならなかった情報が大量にあったということは、人間の注意が、取捨選択のスクリーニング装置となっていたということに他ならない。膨大な情報量が飛び交っているなかで、的確に、かつリアルタイムに対応しようとしたら、人間の注意がものをいう。こればかりは情報技術では解決がつかない。解決がつかないどころか、情報技術が発達すればするほど、ますます手薄になる。

あらゆる物事がものすごいスピードで進む（本当かどうかは別にして、進んでいるかのように見える）現代において、リアルタイムでマーケティングやPRに取り組むことは大切だろう。だがそれは、人間の注意というものがあってこそ成り立っている。人間の注意を無視しては、どんな手法もうまくいかない。

とても忙しい本である。しかし、それだけに、読み終えた後は本書の背後にある本質と論理をじっくりと考えなければならない。「急がば回れ」である。

2_5

「奇矯な人々」を見つめる

メリッサ・A・シリング『世界を動かすイノベーターの条件』――解説

なぜある種の人は並外れてイノベーティブなのか。イノベーターとはどのような人々なのか。普通の人とイノベーターを区別するものは何か。本書は、この古くからある問いに正面から答える。

著者の問題設定はありふれている。類書も多くある。しかし、それでもなお本書が「イノベーターについてのイノベーティブな本」であるのは間違いない。本書のユニークな点は著者の採ったアプローチと考察の方法にある。

優れたイノベーターに共通の特徴とは何か。心理学や経営学では注目を集め続けているテーマだ。それなりに研究が蓄積されている。ただし、それらの多くは社会「科学」的な方法で、この問いに対する答えを出そうとしてきた。すなわち、大量にサンプルを集めて、データを収集し、それを統計的に分析し、法則性を見出すという方法である。

著者も最初はこの種の科学的な標準的アプローチで大量サンプル調査を行ったという。しかし、そうした調査はことごとく不満足な結果となった。そこで著者は、方法を大きく転換する。定量的なデータ分析ではなく、ごく少数のイノベーターのサンプルを対象にした定性的方法――複数ケーススタディ――に舵を切った。少数のケースを比較検討し、対象を総当たり的に組み合わせて共通点と差異を見つけ出し、そこからカテゴリーとパターンを抽出していくという帰納的なアプローチである。

ポイントは、対象となったマリー・キューリー、トーマス・エジソン、アルバート・アインシュタイン、スティーブ・ジョブズなど（わずか）8人のイノベーターの選出基準である。第1に、彼らの業績が重大なものでなければならない。第2に、その人物についてのありとあらゆる情報が高いレベルの精度で入手できなくてはならない（その点で、レオナルド・ダ・ヴィンチのような昔の人物は除外される）。第3に、最も重要な条件として、複数のイノベーションに「繰り返し成功した人物」でなければならない。

いうまでもなく、イノベーションは運と深く関わっている。すなわち「よいときによい場所にいる」。裏を返せば、イノベーターには「幸運な一発屋」が多いのである。しかし、外部の環境要因の影響が大きいほど、その人の個性とイノベーションとの関係についての議論は説得力を失うことになる。だから、生涯にわたって画期的なイノベーションを繰り返した人に対象を絞ることが重要な意味を持つ。

こうした人はきわめて希少だ。なぜか。その理由は、イノベーターを云々する以前に、「イノベーション」という現象の定義——そもそもイノベーションとは何であって、何ではないか——と深く関わっている。

誤解されているイノベーション

多くの人がイノベーションを誤解している。イノベーションの重要性が喧伝されるのと裏腹に、ますますその誤解が大きくなっているように思う。イノベーションが何かをはっきりさせるためには、それが「何ではないか」を考えるのが近道だ。

イノベーションとは単なる「変化」や「新しいことをやる」「新しいものを生み出す」ではない。イノベーションという現象を経済的な文脈ではじめて包括的に論じたジョセフ・シュンペーターが強調したように、イノベーションの本質は「非連続性」にある。

非連続性とは何か。それは「パフォーマンスの次元そのものが変化すること」。これがピーター・ドラッカーによって与えられたイノベーションの定義である。これまた50年以上前の古い話だが、私見ではいまだにこれがもっとも正確で有意義なイノベーションの定義だと思う。

つまり、イノベーションは「進歩」とははっきりと異なる現象だということだ。スティーブ・ジョブズが生み出したパーソナル・コンピューター Macintosh や iPod、iPhone はいずれもイノベーションだった。この意味でジョブズはイノベーションを「繰り返し」成功させた稀有のイノベーターだった。

iPhone の例でいえば、最新型は最初の iPhone とは比較にならないほどあらゆる点で進歩している。音声は明瞭に聞こえ、薄く軽くなり、画面は大きく、画質も優れ、充電のスピードは速くなり、データ容量は増大し、写真も一昔前の一眼レフのカメラを凌駕するようなクオリティで撮影できる。しかし、こうした現象はイノベーションではない。音質、画質、容量、薄さ、軽さといったさまざまなパフォーマンスの次元においては連続している。すなわち、イノベーションの後に出てきた「進歩」である。

イノベーションを「程度において大きな変化」と思っている人がいる。誤解である。たとえその進歩の程度が甚だしいものであったとしても、パフォーマンスの次元において連続していれば、それは非連続性というイノベーションの本質的条件を満たしていない。「すごい進歩」に過ぎない。

ようするに、本当のイノベーションというのは滅多に生まれない希少な現象なのである。非連続は定義からして連続しない。「連続的にイノベーションを生み出し……」というよくある掛け声は、イノベーションを根本的に誤解している。

平たく言えば「何が良いかが変わる」、これが非連続性であり、イノベーションの本質ということになる。イノベーションの和訳語としては「革新」が定着しているけれども、「路線転換」とか「新基軸」といったほうがよりしっくりくる。イノベーターとは「この方向に進むのが良い」という従来の路線をそれとは違う向きへと転換する人、それまで定着していた価値の基軸を破壊し、新基軸へとシフトさせる人を意味している。

こうしたイノベーションの本質を直視すれば、従来の「科学的な方法」がイノベーターのありようを理解する上で深刻な限界を抱えているということがよく分かるだろう。イノベーター、とりわけ繰り返しイノベーションを実現する人々はきわめて例外的かつ希少な存在であり、統計分析に足るような大規模サンプルを集めることにそもそも無理がある。彼らは大規模サンプルから得られる一般的傾向に乗らない「外れ値」なのである。

そのため、定量的な方法を採る従来の研究はイノベーターその人の特徴や個性を解き明かすという本来の目的から逸れていってしまう。経営分野での研究では、イノベーションを行うチームの組織化やアイデアを生むためのプロセスの設計、イノベーションに対する適切な資源投入のあり方といった、イノベーターをとりまくさまざまな状況の解明へと傾く。心理学の研究は、個人の創造性に焦点を当てるけれども、そこで考察される「創造性」の中身は、普通の人々が従来の価値次元の上で物事を「より良く」していくためのものであることがほとんどで、話が進歩にすり変わってしまう。いずれにせよ、普通の人とは決定的に異なるイノベーターその人の本質がつかめない。

これに対して、比較事例分析という定性的方法を駆使した著者の研究は、イノベーターの特異な個性を鮮烈に描き出すことに成功している。

イノベーターとは「奇矯な人々」

上述したイノベーションの定義からして、彼らはアウトサイダーである。その分野で広範な知識や経験を持っているわけでもない。しばしば社会的な規範から逸脱する。イノベーターは解決困難な新しい問題を自ら立て、それを解決するというプロセス自体に喜びを感じる。それができるかどうかは気にならない。自分の能力に理屈抜きの自信を持っている。傍から見ると高い水準での努力を粘り強く続ける。しかし、それは本人にとっては娯楽に等しい。頭と心の中で「努力の娯楽化」が起きている。彼らは少なからず社会から孤立しており、普通の人からは理解しがたいような生活様式に固執する。

ようするにイノベーターとは「奇矯な人々」なのである。既存の価値基準で「良い人」「優秀な人」ではない。従来の「何が良いか」に縛られない。だからこそ、「何が良いか」そのものを変えるという非連続な取り組みにコミットできる。そして、そのごく一部が世界を変えるようなイノベーションに結実する。

徹底した定性的方法ゆえの記述の深みが本書の真骨頂だ。特定少数のイノベーターの事例を、ちょっとした行動や思考についてのエピソードを含めて、細部まで描写する。イノベーターに固有の個性が浮き彫りになる。

イノベーターには世の中が違って見えている。彼らの前にどういう景色が見えているのか。本書は、それをわれわれ普通の人に見せてくれる。

好き嫌い読書論

「特殊読書」の愉悦

その概念

つまらない本は読まないに限る。前回も話したように、僕は本を読み出して面白くなさそうだったらすぐに読むのをやめてしまう。ただし、つまらない本とイヤな本は違う。イヤな本は面白い。自分と考えや意見や好みやスタイルがまったく合わない。そういう人が思いっきり熱く自己を主張している。読んでいてヒジョーにイヤな気持ちがする。それを読むのが嫌いじゃない。というか、わりとスキ。イヤよイヤよもスキのうち。私的専門用語で言うところの「特殊読書」だ。

例えば、スーザン・ソンタグの自伝『私は生まれなおしている』。良し悪しではなくて単なる僕の個人的な好き嫌いに過ぎないのだが、とにかくありとあらゆる面で(僕にとっては)イヤな感じが横溢している。ソンタグだけは忖度できない。何度生まれなおしてもこの人とは友達になれない気がする。特殊読書として最高に面白い。心の底からイヤな気持ちになれる。大好きな一冊だ。いや、大キライだから大スキなんですけど。

その原点

僕の政治や人間社会についての考えはわりと保守主義のそれに近い。とはいっても、後述する石原慎太郎のような「保守」ではなく、エドマンド・バークやアレクシ・ド・トクヴィルが主張するような意味での保守主義である。すなわち人間は不完全な生き物で、ある時点のある個人の知力や判断力には限界があると考える。したがって急進的な変化、とりわけマクロレベルでの「革命」には慎重で懐疑的な立場をとる。

若い時分は社会に対する認識の幅が狭く、また自分の中にある時間軸も短い。だから考えがピュアでせっかちになる。その帰結として、若者はアンチ保守の急進的改革主義に傾きがちである。ご多分に洩れず僕もそうだった。

僕が子どもの頃の日本の政治状況は田中角栄の金権政治の真っ只中。国会で圧倒的多数を占める与党自民党は派閥抗争に血道をあげていた。僕は政治にかかわる新聞記事や評論を熱心に読んでは「民主主義を歪める田中角栄、許すまじ！」と真剣に怒っているようなヘンな中学生だった。「こうした問題の根本には、日本の前近代的な天皇制があるのではないか。天皇制を廃して、共和国にならなければならない」などと考えていた（そうでなければスーザン・ソンタグを読んだりしない）。時代が少しズレていたが、あと15年早く生まれていたら、間違いなく学生運動にのめり込んでいたと思う。

僕にとって特殊読書の原点は本多勝一の一連の評論である。本多勝一といってもいまの若い人は知らないかもしれない。当時のリベラル派の若者の間で幅広い人気を得ていた朝日新聞記者にして論客だった（余談だが、本多勝一『日本語の作文技術』は文章の「技術書」として今も燦然と輝く名著である。これを読み、この通りにやるだけで文章品質は飛躍的に向上することを約束する。この文章も、もちろん『日本語の作文技術』から当時受けた影響のもとに書かれている）。

高校生のころ、まずは『貧困なる精神』という評論シリーズを何冊か読んでみた。「あれ？」と思った。どうも期待と違う。おかしいな、こんなはずじゃないんだけど……と、引き続き『殺す側の論理』『殺される側の論理』『NHK受信料拒否の論理』と読み進めてみた。結論として、とにかく意見が合わないということがよどみなく判明した。読めば読むほど、イヤな気分になっていった。

ところが、それがだんだん面白くなってきた。自分としてはまったく賛同しかねる主張なのだが、それを全力でエネルギッシュに訴えられ続けると、なぜそういう考えをもつにいたるのか、その背後に何があるのかを考えさせられる。「うわー、こんなこと言ってるよ、最悪！」となったあとで、「なんでそういう考え方になるのか」というのを読み解いていく。僕の特殊読書歴の原点である。

初期の『セヴンティーン』（↑最高！）のような短編を別にすれば、僕は大江健三郎の小説はあまり好きではない。評論や随筆はスカしていてわりと嫌いだ。それにしても本多勝一の憎悪と執念全開の大江批判、『大江健三郎の人生』や『文筆生活の方法』は僕の特殊読書歴でもトップテンに入る。

本多と大江はいずれもはっきりと戦後民主主義的進歩派で、傍目には同じ路線であるように見える。ところが本多はごく個人的な経験（というか、思い込み）から大江をこれでもかこれでもかと執拗に批判し罵倒する。勢い余って、本多の攻撃は進歩派文化人の重鎮、鶴見俊輔に飛び火したりする。大江や鶴見にしてみれば迷惑千万な話だったと思うが、何が本多をここまでそうさせるのか、面白すぎて止まらなかった。特殊読書の傑作を堪能した。

その重鎮

過剰な自意識に裏打ちされた自慢話もまた特殊読書の王道だ。それが自己陶酔の域に突入してくるとなおさらイイ。その点、石原慎太郎は特殊読書界の重鎮として外せない。勝一を先発に、中継ぎにスーザンを挟んで、抑えが慎太郎。これが僕の特殊読書における勝利の方程式だ（何に勝利するのか、よく分からないが）。

石原慎太郎の若い頃の小説はわりと、というかかなり、というか正直に言って大スキだった。『太陽の季節』や『狂った果実』『殺人教室』といった文学系のもいいが、『夜を探がせ』とか『青春とはなんだ』とか『人魚と野郎』（↑最高！）とかのミッド昭和の香りがぷんぶんするエンターテイメント長編は実に面白くてスカッとする。中学生のころはトリップに次ぐトリップの勢いで読んでいた。いまでも特殊ならぬ普通読書の対象として十分に面白い。

ところが一連の自伝系人生論となると話は変わってくる。あくまでも個人的な好みではありますが、いつ読んでも心の底からイヤでイイ。例えば『わが人生の時の人々』。自己陶酔バリバリの自慢話のみで成り立っている。これがもう最高で、ちょっとこの辺でしっかりとイヤな気分に浸りたいな……というときに読む。すぐ読めるように、僕の本棚の特殊読書コーナーの定位置にキープしてある。いちばんイヤな部分を読み返したりする。

その頂点

最高に最悪なのは、何といっても石原が先輩の天才小説家、三島由紀夫をその死後に論じた『三島由紀夫の日蝕』である。これは特殊読書のため（だけ）に書かれたような傑作である。ようするに「三島由紀夫は小説ではまずまずだが、人間としては大したことはなかった。ボディービルで体を鍛えて映画に出たりしていたが、俺のほうが自然体で運動神経がよくてスポーツマンでイケていた」という、まるで小学生のようなイバリに終始するのである。

三島はある時期ボクシングに興味をもち、日大拳闘部の小島監督にボクシングを習っていたことがあった。『三島由紀夫の日蝕』から、石原が三島の練習風景を見た部分を引用する。

事前のパンチングバッグやサンドバッグへの打ち込みは一応の体は成していたが、肝心のスパーリングになるとどういうわけかパンチがストレートしか出ない。痩せた三島氏に比べて肥満した小島氏はヘッドギアもつけず。アマチュアのスパー用の頭ほどもある大きなグラブをつけて対しているが、そのフットワークの方が三島氏より軽快で三島氏はなかなか追いつけない。（中略）どういう訳か三島氏は依然出すのはストレートだけで、見かねて私は、

「フック、フック」

叫ぶのだがどうにもままならない。（中略）

第二ラウンドは小島氏が頭を差し出すようにして打たせ、パンチがきいたようによろけてみせたりしたが、それが励みになったか、周りからかかる声に気負って三島氏がストレート一本のラッシュをかけると、今度は小島氏が軽く身を捻りながら、「それいくぞ」と声をかけての反撃で二つ三つパンチを放つ。それがガードが空きっぱなしの三島氏をまともにとらえ氏はよろめいたりしていた。

シャワーを浴びて出てきた三島氏は今までとうって変わった上機嫌の饒舌となり、部員たちとしきりに何やら声高に話しあっていたが、私がいたことにようやく気づいたようなので、

「何でフックを打たないんですか、ストレートばかりで」

私がいうと、やや不機嫌そうに、

「フックはまだ習っていないんだ」

氏はいった。

見事なまでに意地悪な文章である。石原は「サッカー選手としていい線いっていた」自分と対比して、ボディービルにのめり込む三島をこう論じる。

ボディービルというのは他のスポーツを補うために有効な手段ではあっても、それそのものがプロパーなスポーツとはいいえまい。スポーツに詳しい、あるいは堪能な他の誰に聞いてもそういう。ボディービルによってのみ培われる肉体は、他のさまざまな機能を要求するスポーツによって獲得される肉体とは異なる範疇の肉体でしかない。ボディービルによって造り出された肉体の機能とは鑑賞に堪えるということであってそれ以

外の何でもない。（中略）

三島氏がボディービルによる肉体の獲得の過程についてのべながらしきりにいっている受苦とは、ただあの方法における単純安全な反復に耐えるということでしかなく、他のスポーツに付随してある精神あるいは情念における苦痛についてでは全くない。（中略）

ボディービルという、私にとっては退屈きわまりないトレーニングにはそれがない。ただ反復ということに耐えれば、間違いのない株を買うように目に見えた配当がもたらされはする。三島氏のようにそれに随喜し、それこそが必要な人間もいれば、それには決して満足できぬ人間もいる。しかし決してそれらを一律に並べることは出来はしない。それは厳然とした範疇の違いであって、株でいえば一部の上場と店頭のそれとの違いといえる。

三島由紀夫は石原と同業の小説家、しかも世の中に自らを露出し、作者と作品の一体性を打ち出すタイプの小説家として共通点があった。本書の中で石原は「三島氏の場合それ（作品と作者のオーバーラップ）を意識して逆手にとり自分の作品を粉飾しつづけていた」というが、どっちもどっちだと思う。

いずれも時代の寵児としてデビュー当時から陽の当たる道を歩んできた。ところが、三島は何といっても世界のミシマ。小説作品の同時代的な評価は石原とは比較にならない。

自意識と自己陶酔の漢、石原としてはこの短くない評論はどうしても書かずにはいられない本だったに違いない。

そう考えると、石原慎太郎氏という人は実に素直というか衒いがないというか裏表のない人だといえなくもない。意外といい人なのかもしれない。この辺が政治家としても長期的に人気を保った理由なのかもしれない。

ほぼ全編に渡り三島を腐した挙句、三島には「自己へのあまりの執着」があったとして、石原は最後に近い部分でこう結論している。

何よりも自分を愛するということを人は決して咎めまいが、それは女々しいことではある。しかしそれをこらえられずにいたとしても、それを糊塗するのに手をつくせばつくすほどはたの目には透けて見えてくるということに、結局氏（三島）は高をくくっていたのだろうか。

この一節を読んだときは特殊読書ズレした僕もさすがに啞然とした。「ザ・よく言うよ」である。特殊読書に固有の醍醐味をいかんなく感じさせ過ぎまくりやがる奇書、それが『三島由紀夫の日蝕』だ。

その効用

スキよりもイヤのほうが強い感情である。自分にとって嫌なことほど、自分の価値観のスイートスポットについての理解が深まる、ここに特殊読書の愉悦がある。「ああ、こういうのが心の底からイヤ……」という思いをするほど、人間の本質がわかる。自分がわかる。特殊読書のもうひとつの意味合いは、自分自身で見て見ぬ振りをしているイヤな部分をやんわりと見せてくれることにある。僕の特殊読書癖について知人と話していたら、「イヤになるというのは、どこかにひっかかりがあるからだよ。自分自身の奥底に触れる何かがあるんじゃないの」と言われたことがある。

なるほど、と思った。イヤな気分になるということは、どこかで自分に深く関わっている。まったく何も関心がなく、自分と考え方が違うだけなら、イヤになる以前に、ただの「つまらないもの」としてスルーされるはずだ。

そう考えると僕にも「自分の中の慎太郎」というものが確かにあるわけで寒心に堪えないが、これはこれでまたオツなものだ。不断の自戒を心がけたい。いずれにせよ、特殊読書、お勧めである。

……という話をしていたら、ある人から「特殊読書を超えて、自分の嫌いなタイプの人と生身で接する『特殊交際』はどうよ？」とナイスな提案をいただいた。それもアリかな？　と思って試してみたのだが、果たして現実はナイス過ぎた。生身はさすがにキツい。

やはり読書はすばらしい。石原慎太郎だろうと本多勝一だろうといつでも好きなときに会える（この2人が現実に同席することはありえない）。しかも、実際に会わなくてもいい。最高である。

3号室

さまざまな書籍解説

3―1

女の肖像

塩野七生『男の肖像』――解説

ペリクレス、アレクサンダー大王から織田信長を経てチャーチルまで、古今東西の14人の男の肖像。順に読み進めていくと、最後に15人目の肖像が浮かび上がってくる。それは「女の肖像」――塩野七生その人である。

僕は歴史家でも作家でも文芸評論家でもない。競争戦略論という分野で商売と経営について考えるという仕事をしている。競争があるなかで、なぜ商売は儲かったり儲からなかったりするのか、その背後にある論理を考えるという、やたらに世俗的な学問である。

競争の戦略とは何か。一言でいえば、他者との「違い」をつくるということになる。ただし、違いをつくるには二つの異なるアプローチがある。この区別が戦略思考のカギとなる。

一つは他者よりも「ベター」であるという違い、つまり特定の物差しを当てたときに認識される違いである。人間でいえば足の速さとか視力とか身長のように、特定の基準で比較したときに現れる差である。

この種の違いは本質的な差別化にはなりえない。競争の中で大勢がベターになろうとする。ベストを目指してしのぎを削る。一時的にベターになれたとしても、いたちごっこになってしまう。違いの賞味期限が短くなる。顧客もはっきりと違いを認識しにくい。

もう一つはベターではなく「ディファレント」、ここに戦略の本質がある。人間で言えば、男と女。両者の違いは程度問題ではない。「私はあなたよりも70%より男性です」、普通はこういうことはない（たまにはあるかもしれないが）。ディファレントであってこそ、競争の中で独自のポジション（立ち位置）をとることができる。

ディファレントな作家

塩野七生はまことにもってディファレントな作家である。

出版業界の中でも歴史小説はもっとも多くの読者を抱えるジャンルのひとつだろう。需要があるところに供給があるのが世の常。次々に歴史小説の書き手が現れる。それだけ競争も熾烈になる。そうした中にあって、塩野七生という作家は多くの愛読者を惹きつけて離さない。僕もその一人である。なぜか。彼女が単にベターな作家だからではない。はっきりとディファレントであり、余人をもって代えがたい存在を確立しているからである。

僕は最初の10ページを読んで面白くなければ、そこで読むのをやめてしまう。本という商品は時間の流れから逃れられない。読者は最初から最後へと読み進める。よっぽどの変人は別にして、どんな作家もなるべく多くの人に自分の作品を読んでもらいたいと願っている。読者を惹きつけるため、最初の部分に全力を傾注するはずだ。そこが面白くなければ、後を読んでも面白いわけがない。

その点、本書の劈頭（へきとう）を飾るペリクレスの章は最高の見本といってもよい。のっけから著者の独自性が色濃く現れており、読者を楽しませてくれる。

> ペリクレスの顔をはじめて観たのは、高校の西洋史の教科書でだった。それは、胸像をななめ右前方からとらえた写真で、高校の教科書だから、その胸像がどこにあるかまでは書かれていない。ただ、この写真が十六歳の少女に与えた印象は鮮烈だった。
> なんと端正な美貌であろう、と思ったのだ。そして、そのページに書かれている説明、それはペリクレスについてというよりもアテネの民主政治についての説明だったが、それも端正な美貌をかたわらにして読むと、実に「端正」に思えたのであった。ペリクレスの顔は、民主主義の広告としては大いなる貢献をしているのではないかと、今でも思う。

歴史小説や本書のような歴史的人物についての随筆は研究書とは異なる。正確なファクトを記述するだけでは作品になりえない。ファクトに作家の解釈やイマジネーションを加えてはじめて小説や随筆になる。客観的なファクトか主観的なイマジネーションか、どちらに軸足を置くかで歴史小説の書き手は特徴づけられる。

塩野七生ははっきりとイマジネーションの作家である。16歳のとき、たまたま歴史の教科書でペリクレスの胸像の写真を眼にする。その端正な美貌に瞠目し、政治家としての「端正さ」を直覚する。そこからアテネの民主政治の輪郭を描き、その黄金期をリードした指導者の器量を論じる。

こうしたスタイルは、例えば、同じように多くの読者を獲得した人気歴史小説家、吉村昭の対極にある。史実と証言の徹底的な取材と検証にこだわり、ファクトの淡々とした記述を貫くことによって、吉村は「戦記文学」というジャンルを確立した。

もちろん著者にしても広範にして膨大なファクトに目を通した上で書いているに違いない。しかし、それにしても作品に表れる記述は主観的で感覚的である。どちらが良いという話ではない。はっきりと違うのである。

対象への徹底的なコミット

先に引用したように、著者が歴史教科書で見たペリクレスの胸像の写真は「ななめ右前方から」のものだった。当時の教科書が手元に残っていたわけではあるまい。彼女は何十年も前にみた写真をありありと記憶しているのである。いかに感覚が鋭敏で、対象に入れ込んでいるかを物語るエピソードだ。

もちろん作家は誰しも対象にのめり込む。国民的歴史小説家である司馬遼太郎の一連の作品があれほど多くの人を魅了したのも、司馬が対象に徹底的にコミットしたからこそである。

しかし、塩野七生はのめりこみ方が違う。これにしても程度問題としての違いではない。対象へと入っていくスタイルが違うのである。

司馬は対象をありとあらゆる角度から俯瞰し、全体像をつかみ、歴史を「見てきたように」書く。『坂の上の雲』を読んでいると、まるでその時代に居合わせて、特等席で日本海海戦の大パノラマを観ている気分にさせられる。

歴史の現場に読者を連れて行ってくれるところまでは塩野七生も同じだが、彼女の場合は対象を客観的に俯瞰しているというよりも、彼女自身が同時代人で、対象と同じ世間を共有し、そのすぐ傍らにいる感じがする。「見てきたように」というよりも、日常的に「つき合っている」ように書く。ここに著者の独自のスタイルがある。読者からしてみれば著者に友人を紹介されるようなもので、登場する歴史的人物と自然とおつき合いができる。

ペリクレスの章で先に引用した部分の続きである。

それからほぼ十年して、彼と再会した。イタリアへ行った私は、ローマのヴァティカン美術館を観てまわっていて、部屋のひとすみに置かれている大理石の胸像の前で、ふと足が止まったのだ。どこかで見た顔だ、と思った。胸像の下にきざまれたギリシア名は、ギリシア語の不得手な私にも読める。あら、お久しぶり、というのが正直な感想だった。

大カトーについての章の書き出し。

こんな男を亭主にもったら、毎日が息がつまるような生活ではないかと思う。また、隣り近所にいられるだけでも、神経が休まらないにちがいない。

ペリクレスも大カトーも紀元前の地中海世界に生きた歴史的大人物だが、著者にしてみれば「あら、お久しぶり」と再会する相手であったり、どうにも気が合わない隣人なのである。

歴史上の人物と時空間を共有

本書を読んで、この独特のスタイルの起源が芥川龍之介の慧眼にあったことを知った。地中海の歴史世界にのめり込む以前、著者が夢中になったのは芥川だったという。彼はこう言う。例えば作者自身が和泉式部の友達であるかのようにその時代を虚心平気に書き上げる。こうしたタイプの歴史小説は読者が現代の人間や社会に引きつけて読み取りやすく、示唆的であるはずだ。ところがそういう歴史小説が日本にはない。この新機軸に挑戦する若手はいないものか――。

これに呼応したのが若き日の塩野七生その人だった。芥川が著者を夢中にさせてくれなければ、著者の独特なスタイルによる歴史小説はありえなかったかもしれない。だとすれば、芥川龍之介に謝意を表したい。

歴史上の人物と時空間を共有しているかのように向き合い、虚心平気につき合う。その結果、「歴史上の人物は皆、私の知り合いになってしまった。いや、イイ男だったら、皆、愛人にしてしまった」。

塩野七生のスタイルの真骨頂は、ユリウス・カエサルについての章だろう。カエサルは地中海世界の歴史のなかで、もっとも著者を魅了した人物の一人である。この章はカエサルが愛人であるクレオパトラに宛てて書いた手紙の形式をとる。著者は自分をクレオパトラに仮託して、カエサルと対話している。ようするに、著者一流のイマジネーションでカエサルと「ひとり脳内文通」をしているのである。

恋文であるだけにその内容は徹底的に主観的で感覚的で情緒的でパーソナル。歴史教科書的なファクトの記述はほとんどない。それなのに、いや、だからこそ、ごく短い文章でカエサルの類稀な指導者の資質と力量、人間的魅力、さらには時代を超えた成熟した男女のあるべき関係の姿まで鮮烈に描き出すことに成功している。

ペリクレスの章にしても、その端正な美貌と不恰好な「玉ねぎ頭」のアンバランスに思わず笑ったという極私的な経験を基点に置き、そこから都市国家アテネの政治体制と政治指導力の本質を鮮やかに浮かび上がらせる。パーソナルで感覚的な断片から、古今東西変わらない人と人の世についての普遍的な洞察を引き出す。この辺が著者の独擅場。余人をもって代えがたい味わいがある。

これと反対に、個人的に好きでなかったり、関心を持てない人物――アレクサンダー大王やナポレオンや毛沢東――が相手になると記述のトーンもとたんにあっさりとしてくる。はっきりと態度が異なり、それが文章にも表れる。このギャップが面白い。しかも、対象と距離を置いた文章がまたその人の本質を見事に切り取ってみせてくれる。

歴史に対してストレートに主観的・感覚的な構えを取る。対象に対する好き嫌いを全開にする。そうした書き手を塩野七生以外に知らない。ファクトの集積であり、ある種の

「公共財」である歴史に対してそのような姿勢を取るのは一般に憚られる。下手をすれば独善に陥り、読者が背をむけるというリスクがある。だから多くの作家は多少なりとも客観的で距離を置いたスタンスを取る。

しかし、そこはさすがに塩野七生。この人がすぱっと言えば、なぜか自然と腑に落ちる。文章を通じて伝わってくる著者の人間的魅力のなせる技としか言いようがない。凡百の書き手が著者のスタイルを模倣しても決して上手くいかないだろう。仮に同じことを言ったとしても、塩野七生が言うからこそ読者の心に響くという面がある。

西郷隆盛の章にこういう一節がある。

男には、その生涯にどれほどの仕事をしたかによって存在理由を獲得する型の人物がいる。また別に、彼が存在すること自体に意味があり、それがその男の存在理由の最たるものになっている型の人物がいる。

西郷隆盛は後者の典型であった。塩野七生は男ではないし、これまでになした仕事も錚々たるものがある。しかし、彼女も西郷と同じように後者のタイプであるように思う。そのキャラクターと存在感がものを言う数少ない作家である。

何が書かれていないかを読む

他者とディファレントになりうるのは、そこにトレードオフがあるからである。男であれば女ではない。北に向かえば南には行けない。トレードオフにこそ独自性の基盤がある。どちらかに軸足をはっきりと置くからこそ独自性も際立つ。

「何をするか」を決めるのが戦略ではない。「何をしないか」を決める、ここに戦略的意思決定の正体がある。北に行こうというのではなく、南には「行かない」。このトレードオフの選択があってこそディファレントになり得る。

作家のオリジナリティは、そこに何が書いてあるかよりも、何が書かれていないかに如実に現れる。本書にある14人の男について何が書かれていないか、改めて味わってほしい。時代背景やその人物のなしたことについてのファクトの記述は最小限に抑えられている。塩野七生とその人物との「おつき合い」の成り行きとその印象、そこで触発された自由な思考に大半のページが割かれている。

塩野七生の代表作である『海の都の物語』『ローマ人の物語』のような大長編が長く読み継がれる歴史小説の傑作であることは言うまでもない。しかし、量的制約が厳しいほどトレードオフも明確になり、したがって作者の独自性も鮮明に出てくる。本書のような短い随筆には、著者ならではの滋味が溢れている。塩野七生という女の肖像を鑑賞するに格好の一冊だ。

3―2

「バカなる」の学恩

吉原英樹『「バカな」と「なるほど」』――解説

27歳で大学講師の職に就いたときは「しめしめ……」という気分だった。

もともと読んだり考えたりするのが好き。一人でいるのが好きで、チームワークが苦手。仕事のスケールは小さくても全然気にならないが、時間の使い方やペース配分はできるだけ自由なほうがいい。こういう好き嫌いの僕にしてみれば、大学教師の仕事は願ったり叶ったり。「しめしめ、これからは自分の好きなことを好きなようにやるぞ……」という志(?)でこの仕事を始めたのでありました。

ありていに言えば、「自由で楽(ラク)で楽しそう」。これが仕事に就いた動機だった。それなりに興味がある研究テーマはあるにはあったが、「よし、こういう研究をやるぞ!」という学問的な使命感とか内発的なモチベーションはまるでなし。研究や教育の中身よりも、自分の好きなことが自由にやり放題という「様式」の方が大切だったのでありました。

研究室を与えられて、自分が持っていた本を本棚にぶち込み、論文のファイルを整理し、鉛筆や消しゴムをデスクにしまい、一通り引っ越しを終えるやいなや、「さーて、何をしようかな」とひとしきり考えた。切実にやりたいこともなかったので、学生のときとまったく同じ調子で、自分の興味の赴くままに日がな一日ユルユルと本や論文を読んでいたのでありました。

やり始めると、想像通りというか、想像以上に「自由で楽(ラク)で楽し」かった。しかし、難点もあった。あまりにも自由過ぎるのである。これには参った。人間は上手くできているもので、はじめは「しめしめ……」でも、3か月も経つうちに「これってそもそも『仕事』なのかな？」という疑念が、はじめは小さく、そのうちにむくむくと心の中で湧き上がってきた。とりあえず、エーリッヒ・フロムの『自由からの逃走』を読んでみたりした。状況が状況だったので、言わんとすることはわりとよく理解できた。だからといって問題は一向に解決されないのでありました。

趣味と仕事の違い

趣味と仕事は異なる。趣味であれば自分を向いて自分のためだけにやっていればよい。しかし、仕事は自分以外の誰かのためになってナンボである。そもそも研究という仕事、自然科学ならまだしも、僕の選んだ経営学というような分野は世の中の超間接部門、虚業中の虚業である。仕事としてやるべきことが自然と目の前に出てくるわけではない。

研究である以上、自分のアタマで何かを考える。それは好きなことなのでいくらでも考えるのだが、自分のアタマの中にある考えごとを誰かに伝え、どんな形でもいいので少しでも誰かの役に立たなければ仕事とはいえないのでは……。

半年ぐらいもやもやしているうちに、自分が担当する講義が始まった。僕が当時所属していたところ（一橋大学商学部）は、入社1年目の新人は講義をしなくてもよいことになっていたのだが、とある事情があって、すぐに講義を受け持たなければならないことになった。

これがありがたかった。学生が半強制的に「お客」になってくれる。研究室で考えているだけでなく、考えごとを自分以外の誰かに伝えるという「仕事」が始まった。毎回の講義が嬉しかった。

ところが、教育はいいにしても、研究となるとなかなか仕事にならない。当たり前の話だが、僕の考えごとに興味を持ってくれる人など、誰もいないのである。普通の商品やサービスと違って営業も難しい。その辺を歩いている人に「僕はこういうことを考えているのですが、ちょっと聞いてくださいませんか」。これは相当に怪しい。

ということで、誰もがするように、学術雑誌に論文を投稿したり、学会で発表し始めた。雑誌に論文が掲載されても、僕の論文ごときを読んでくれる人など世界に3人ぐらいしかいない（うち2人は友人。あとの1人はもちろん自分）。それでも当時の僕としては「仕事をしている！」という気がして嬉しかった。

学会発表にしても、こちらからお願いしてやらせてもらっているだけの話なのだが、毎回必要以上に力を入れて発表した。勝って喜ばず、負けて嘆かず——これがプロの条件の一つだということは今になってみれば身に染みて分かるが、当時のド素人の僕はちょっとでも褒められれば必要以上に喜び、批判をされれば必要以上に「チキショー！」と思った。ようするに、自分の評判が気になって仕方がないのである。自分以外の誰かのためにやるはずの仕事が、いつの間にか自分を向いた趣味にすり替わっていた。いまから考えれば恥ずかしい限りだが、一部のまともな人を別にすれば、駆け出しの研究者というのはだいたいこんなもの。

はじめの1年間程度は発表して一喜一憂するだけで仕事気分になれたのだが、もちろんそんなことでは続かない。成り行きで研究者になったけれど、どうも研究が面白くない。やる気にならない。研究を仕事にするということがいまひとつ腑に落ちない。同じ一橋大学（当時）の伊丹敬之先生にそうした疑問をぶつけてみたところ、「バカ！（伊丹さんは何を聞いても、まずこの一言から入るのだった）そもそも自分の研究の評価を同業の研究者に求めるのが間違っている。オマエは何のために研究しているんだ。実際に経営をしている人のためになってこその経営学だろ。お客の設定からして間違っている。話にならない」。

「好きなようにやればよろしい」

神戸大学(当時)の吉原英樹先生から一通のお手紙をいただいたのはその頃のことだった。神戸大学で定期的にやっているセミナーに来てお前の研究を発表しろ、という依頼だった。学会以外でも研究集会やセミナーの経験はあったけれども、それは多くの人が発表する中に混ぜてもらうというものだった。単独のスピーカーとして発表できる場をいただくのは初めてのことだった。喜び勇んでお引き受けしたのは言うまでもない。

ところが、神戸大学に行ってみるともっといいことが二つあった。

ひとつは、吉原先生とゆっくり話をする機会を得たこと。セミナーの後で吉原先生に食事に誘っていただいた。四半世紀以上前のことなので記憶が定かではないが、確か神戸新聞社のビルの中にあるレストランだった。学会や研究集会以外の場で、先生と話をするのはそれが初めてだった。

吉原先生に「どうも研究という仕事の意味が分からず、スカッとしないのですが……」と聞いてみた。するとこういう答えだった。「あー、この仕事はね、そもそも明確な目的などなく、思い込みで始めるものであってね、僕なんかね、子供のころに六甲台の神戸大学の校舎を見上げてね、『よし、大人になったら神戸大学の先生になろう！』と、その場で決めたからね。大学の先生が何をやっているかなんて知らなかった。……だいたいキミね、自分の好きなことを好きなように考えて書く。こんなにいい仕事はない。僕はそうやってきたし、これからもそうやっていく。研究なんて慌てず騒がず好きなようにやればよろしい」。

吉原先生は当時神戸大学の経済経営研究所の所長をしていて、すでに今の僕の年齢を超えていたはずだ。偉い先生からこのように言われて、「そうか……、僕もそのうち研究が面白くなるだろう。自分の好きなことを好きなようにやるときが来るだろう。きっとそうに違いない。とくに根拠はないけれど……」――帰りの新幹線の中ですーっと楽な気分になった。客観的に見れば問題を先送りしただけだったのだが、吉原先生の言葉に救われたのは間違いない。

もう一つの「いいこと」は本書『「バカな」と「なるほど」』との出会いである。吉原先生の研究で僕が熟読したのは、なんといっても先生が共著者である『日本企業の多角化戦略』だった。この本は日本の経営学の初期の本格的な実証研究として重要な成果であり、僕は大学院生のころから、とくにその分析手法を中心に繰り返し精読していた。

神戸から東京に戻った僕は、吉原先生が「好きなことを好きなように書いている」というのがどういうものかを知りたくて、大学の近くの書店にたまたま置いてあった『「バカな」と「なるほど」』（以下、カギかっこが多くて面倒なので『バカなる』と略す）を買ってみたのである。読んでみると、確かに面白い。吉原先生が自分で面白いと思うことを面白がって書いていることがよく分かった。しかし、そのときはそれだけだった。『日本企業の多角化戦略』のような本格的な研究書でもなかった。読み終わって仕事場の本棚に置くと、しばらくは触れることもなかった。

神戸大学のセミナーから10年ほど経たのちの僕は、かつての研究テーマを離れ、競争戦略の分野で仕事をするようになっていた。アカデミックなフォーマットに則った研究も向いてないのできっぱりやめた。10年間の滑った転んだを経て、自分なりに面白いと思えるテーマに向き合えるようになっていた。

競争戦略のジレンマ

そんなとき、ある日突然、目から鱗をむしり取られる思いをさせてくれたのが、本棚の隅にあった『バカなる』である。

競争戦略について考えれば考えるほど、その本質部分で強いフラストレーションを感じる問題があった。あっさり言ってしまえば、競争戦略とは「他社と違った良いことをしろ」に尽きる。他社と同じでは完全競争に近づいてしまい、遅かれ早かれ儲からなくなる。だから違いをつくる。納得だ。と同時に、その「違ったこと」は成果（長期利益）を出すうえで「良いこと」でなくてはならない。これも当たり前のように納得がいく。

ところが二つ合わせるとどうも納得がいかない。「違ったこと」と「良いこと」はどうにも折り合いが悪い。「他社と違った良いことをしろ」といった瞬間にジレンマに突き当たる。もしそんなに「良い」ことだったらとっくに誰か気づいてやっているはず。「良いこと」ほど「違い」になりにくい。世の中バカばかりではないのである。よしんばだれも思いついていないことであっても、その「良いこと」をして儲けている企業があれば、他社も同じことをやろうとするはずだ。すぐに違いが違いでなくなってしまう。

競争優位を構築することとそれを持続することは違う。戦略の目標は長期利益である。今のうちだけ儲けましょう、という話ではない。だから競争優位を構築しようとする以上、それは持続的でなくてはならない。構築よりも持続のほうが何倍も難しい。だから、戦略論の行き着くところは常に「模倣障壁」の問題になる。他社が追いかけてきても真似できない障壁をいかにつくるかという話だ。

規模の経済、特許、重要な資源の占有、ノウハウの密度……といくらでも模倣障壁をリストアップできるのだが、僕はこのロジックがどうも好きになれなかった。いくら模倣障壁をつくっても、競合他社も儲けようとしてそれなりに必死になって追いかけてくる。模倣されるのが遅いか早いかの違いはあっても、「模倣障壁の構築が重要」といった瞬間、持続的競争優位というのは論理的にはずいぶん窮屈な話になる。

従来の「模倣障壁」系の話に代わる持続的な競争優位の論理はないものか。僕はこのことをずっと考えていたのだが、そこに突然降ってきた恵みの雨が『バカなる』だった。「非合理の理」、これだ！「バカなる」の論理こそが持続的競争優位の本命だ！と唐突に興奮した。その興奮を数年かけて本にしたのが、拙著『ストーリーとしての競争戦略』である。

20年前に『バカなる』を初めて読んだときは、不覚にも論理の面白さ、深さをやりすごしていた。人を食ったようなタイトルは、成功している企業の多くが、一見して非常識（＝バカな）だが、よくよくみると合理的（＝なるほど）な戦略を実行しているという意味合いである。競合他社にとって非合理に映る要素が含まれている戦略であれば、やろうとする企業がなかなか出てこないのも自然な話。「理にかなわないこと」であれば周りの人もすぐには真似しない。「他社と違った良いこと」が維持される。つまり競争優位が持続する。かいつまんで言えばこれが「バカなる」の論理である。「バカなる」のほうが従来の模倣障壁論よりも、戦略をつくる人にとってよほど自由で面白い論理ではないか。

合理性の時間差攻撃

本書はさまざまな事例を使って「バカなる」の論理を説明している。ただし、吉原先生は「バカなる」の「バカ」が「なる」に転化する（面倒なので、以下「なる転」と略す）ロジックについてはそれほど突っ込んだ議論をしていない（というか、そもそもこの本はそういうスタンスの書ではない）。「なる転」の論理は事例によって微妙に異なるが、吉原先生は暗黙の裡に「先見の明」に依拠しているように思える。この辺は「答えをみながら答案を書く」の章や「べき論より予測論を」の章に色濃く出ている。

ある人が何かを始めた。その時点では「バカ」なことに見える。しかしその人には先見の明があった。5年経ってみると、その人に時代が遅ればせながら追いついてきた。振り返ってみると、「あの人には先見の明があった」。初期の時点では競合他社は「バカ」なことをしようとは思わない。違いがつくれる。しかも、先見の明のあるその人が本格的にパフォーマンスを叩き出すようになるまで、だれも真似をしない。「自分がやっているのに、他の人はやっていない」という状態が一定期間続く。多くの人が「先見の明」に気づくときには、その人はすでに先行者優位を構築してしまっている。ようするに「合理性の時間差攻撃」、これが「なる転」の論理である。

しかし、もし「バカなる」がこの種の時間差攻撃だけであれば、僕にとっては物足りない。もちろん先見の明で成功している企業は多い。例えば、孫正義さんなどは「先見の明大魔王」かもしれない。しかし、先見の明といってしまえば、戦略は限りなくギャンブルに近づく。先見の明で成功した人一人の背後には死屍累々。孫さんだって数多くの空振りをしている。「先見の明」は後から振り返るべきもので、これから戦略を構想しようとする人にとっては頼りない面がある。

合理性の時間差攻撃を持ち出さずとも「なる転」できる論理は何か。これを提示しようとしたのが『ストーリーとしての競争戦略』だった。詳細についてはぜひ拙書を読んでいただきたいが、僕バージョンの「バカなる」は、部分と全体の合理性のギャップをつくことによる「なる転」になっている。いわば「合理性の空間差攻撃」である。

いずれにせよ、『ストーリーとしての競争戦略』の核となる概念の着想は、吉原先生がずいぶん昔に（おそらく何の気なしに出した）『バカなる』に多くを負っている。持続的な競争優位の根幹部分を支える論理として、僕は依然として「バカなる」が最強だと考えている。

本書の初版が出版されたのは1988年。事例は古い。業界事情も企業をとりまく環境も、四半世紀を経てわりと変わっている（もちろん変わらないことも多いが）。だから文字面を追うのでなく、事例をもう一段抽象化して、読者のオリジナルな「バカなる」の論理を考えてみてほしい。先見の明（時間差攻撃）や僕のバージョン（空間差攻撃）以外にも、「なる転」の論理やメカニズムにはまだいくつか面白いのがありそうだ。

ある日突然何の前触れもなく、僕の目を開かせてくれた『バカなる』の復刊を心から嬉しく思う。はじめは本棚の隅にあった『バカなる』だが、この10年間は僕の仕事場の机のすぐ近く、いちばんとりやすい場所にいつも置いてある。繰り返し読み込んだため、ボロボロである。新装なった『バカなる』を改めて読むのを楽しみにしている。

僕の思考に多大な影響を与えてくださった吉原英樹先生に感謝いたします。

3—3

戦略は「順列」にあり

原田泳幸『日経ビジネス経営教室　成功を決める「順序」の経営』——解説

拙著『ストーリーとしての競争戦略』で、筆者は競争戦略の原理原則について論じた。ブルーオーシャン戦略、ホワイトスペース戦略、オープンイノベーション、リバースイノベーション……、次から次へと「新しい戦略」が提案されるが、どういうラベルをつけようとも、それが競争戦略である以上、「ストーリー」になっていなければならない。製造業からサービス業まで、大企業でも中小企業でも、成熟した老舗企業でも新興のベンチャー企業でも、B to BでもB to Cでも、あらゆるビジネスに共通の原理原則である。

さまざまな企業の競争戦略を見聞きする。10年、15年とその経験を重ねるうちに、優れた企業の競争戦略ほど聞いていて面白く、知的好奇心をかき立てられ、思わず話に引き込まれるということに気づいた。優れた戦略の基準について考えているうちに浮かんだのが、「そこにストーリーがあるかどうか」ということだ。

競争戦略は、さまざまな「打ち手」によって競合他社との違いをつくろうとする。しかし、個別の違いをバラバラに打ち出すだけではストーリーにならない。個々の打ち手がつながり、相互作用をするなかで初めて長期利益を実現することができる。

ストーリーとは個々の打ち手の間にある因果関係や相互作用を重視する視点である。個々の打ち手を静止画だとすれば、ストーリーは何枚もの静止画が淀みなくつながった動画というイメージで考えるとわかりやすい。

優れたストーリーは、さまざまな戦略の構成要素を一貫した因果論理でつなげる。因果論理の一貫性には「強さ」「太さ」「長さ」の三つの要素がある。ストーリーの強さとは因果関係の蓋然性の高さ、太さとは構成要素の間をつなぐ因果関係の数の多さ、長さとはストーリーの拡張性をそれぞれ意味している。「強くて太くて長い」ほど、筋の良いストーリーだといえる。

江戸時代の文筆家井原西鶴は、当時の大ベストセラー『日本永代蔵』で商売の成功と失敗、その背後にある論理について論考している。面白いことに、江戸時代から今に至るまで商売の原理原則はまったく変わっていない。普通の人が普通の人に対して普通にやっているのが商売。商売ごとには誰も知らない大発見や大発明などあり得ない、というのが筆者の見解だ。

商売において重要なことは、言われてみれば当たり前というものばかりのはず。戦略がストーリーでなければならないという筆者の主張にしてもその例外ではない。井原西鶴が『日本永代蔵』を書いた当時、日本語には「戦略」という言葉がなかった。彼がそれに相当する言葉として使っていたのは「儲け話」。「戦略はストーリー」というのは今も昔も当たり前の話だ。

戦略は「組み合わせ」ではなく「順列」

昨今は「ビジネスモデル」という言葉がよく使われる。ほとんどの場合、ビジネスモデルという言葉は活動の空間的配置をイメージする言葉として使われている。「取引見取り図」といってもよい。マクドナルドでいえば、本部を中心に直営店、フランチャイジー、サプライヤー、顧客が、物や金や情報の流れという線で結ばれる図を想像してほしい。取引見取り図としてのビジネスモデルでは戦略的にはほとんど意味がない。たとえばソーシャルネットワーキングサービス（SNS）の「ビジネスモデル」。プラットフォームとしてスマートフォン、タブレット端末、パソコンがあり、顧客を会員として登録させて囲い込む――。誰が考えても大同小異の形になる。

戦略とは、そもそも競合他社との違いをつくることである。取引見取り図としてのビジネスモデルでは、違いをつくるのは難しい。そこで順列としてのストーリーが必要になる。

ポイントは順列と組み合わせの違いにある。一言でいうと、両者の違いは時間軸の有無にある。組み合わせＡＢをひっくり返してＢＡにしても同じことだ。ＡＢとＢＡは等号で結ばれる。ところが順列ＡＢをひっくり返して順列ＢＡにすると、意味が変わってくる。順列には時間軸が入っている。

今の時代、誰もが同じ情報を同じコストと同じスピードで手に入れることができる。真剣に商売をしているということではみんな同じだ。こうした状況で他社との違いをつくろうとしても、組み合わせだけではほとんど差別化の可能性はない。ところが、そこに時間軸を入れて順列を考えればより攻め手のバリエーションが広がる。一見同じような持ち駒しか持ち合わせていなくても、違いをつくる可能性が広がる。

ものごとが起こる順番をストーリーとして考える。これは戦略思考としてごく自然な話である。野球でピッチャーがバッターを打ち取る戦略を考えるとしよう。このピッチャーが投げられる球種は１４０キロのストレートと、シュートとカーブの3種類しかない。１４０キロそこそこのストレートでは、強打者になると打ち取れない。シュートもカーブも目新しい球種ではない。それ自体では勝負球にはならない。

こうした状況で順列の発想がないとどうなるか。頑張って球速を１６０キロにしなさいという話になる。個々の要素を強化することによって競争に勝とうとする。しかし、いくらがんばっても普通の人には１６０キロは投げられない。すると、「新たにフォークボールも覚えなさい」。勝負する要素を増やそうとする考え方だ。そして最後には「消える魔球を投げなさい」という話になる。

「消える魔球」には問題がふたつある。ひとつは、大リーグ養成ギプスを装着して過酷なトレーニングをするので、必ず肩を壊す。もうひとつ、元も子もない話だが、そもそも消える魔球など本当はどこにもないのである。

だから順列としての「ストーリー」が必要になる。球種は手持ちの三つでいい。ストレートも140キロで十分。その代わり、効果的な配球を考える。初球は内角をえぐるシュートで入り、2球目に外に逃げるスローカーブ、その上で3球目に140キロのストレートを内角低めに投げ込んで内野ゴロで打ち取る。ここでいう「配球」、これがストーリーを考えるということだ。140キロのストレートそれ自体に価値があるわけではない。一つひとつのアクションの意味と価値はストーリー全体の文脈の中でしか決まらない。

矛盾を矛盾なく扱うシークエンス

原田さんがとった戦略や経営手法の詳細を不覚にも拙著を出版した後で知った。本の中では事例として言及することができなかったのが残念でならない。原田さんほどストーリーとしての戦略を体現している経営者はそうそういないからだ。この「経営教室」はストーリーとしての競争戦略の完璧な例示になっている。

本文中に「偶然の原田」という話がある。確かに商売においては出会い頭でぶつかる偶然は数多くある。しかし、「ただの偶然」と「必然がとらえた偶然」を区別して考える必要がある。「偶然の原田」という言葉を真に受けてはいけない。正しくはむしろ「必然の原田」。背後には偶然をきちんとつかまえる必然がある。その必然をつくっているのが、原田さんの戦略ストーリーだ。

麻雀にたとえて、「商売はリーチ一発カンチャンツモだ」と原田さんは言う。勢いに乗ったときは、それで押していくのも商売のひとつの極意だろう。ただ、あくまでもそれは勢いに乗っているときの話だ。原田さんが社長に就任したころの日本マクドナルドはどん底の状態にあった。ゼロどころかマイナスの状況から勢いをつくっていかなければならない。最初から「リーチ一発カンチャンツモ」を狙っていても何も起こらない。

原田さんは、実は「サンメンチャン（上がり牌が三つある状態）」になるまでリーチをしないタイプだというのが筆者の見解だ。しっかりと手を仕込んで、堅実に勝ちを拾いながら勢いをつけていく。勢いがついてしまえば、リーチ一発カンチャンツモという「当たり」も出てくる。

原田さんの戦略構想はものごとの順番、つまりストーリーに徹底的にこだわっている。言われてみれば当たり前のことなのだが、これが実際のビジネスでは貫徹できない。時間という概念ほどとらえどころがなくやっかいなものはないからだ。時間軸が入ったとたん、思考停止になってしまう経営者が少なくない。

原田さんの戦略ストーリーの妙味が最も色濃く出ているのは、第2回で言及されている「シークエンス」の部分だろう。２００４年に原田さんが社長に就任したとき、日本マクドナルドは7年連続の既存店減収という状態だった。外食産業として瀕死の重体だ。当然、売り上げを増やさなければならない。売り上げは客数と客単価の乗数だ。客数を増やし、客単価を上げなければならない。そんなことは誰でもわかる。

しかし、この当たり前のことが現実にはきわめて難しい。事実、２００４年以前にもマクドナルドはしばしば高価格商品を売って客単価を上げようとしてきた。しかし、客単価が上がると、必然的に客数は減る。そこで値下げをする。値下げによって客数が戻る。しかし、当然のことながら今度は客単価が減少してしまう。こうしてストーリー不在の右往左往をするうちに、だんだんと客数と客単価がどちらも下がっていく。原田さんが就任する前のマクドナルドはこの悪循環に陥っていた。

就任間もない原田さんが下した重要な決断は、マクドナルドの商売の基礎に当たる「ＱＳＣ以外は手をつけない」だった。その分、ＱＳＣ（Quality Service Cleanliness）については徹底的にやる。たとえば「メイド・フォー・ユー」（作り置きをもたない店舗調理）への投資。当時のマクドナルドの体力からすればかなり負担の大きい投資だったであろう。しかも、それを徐々に切り替えるのではなく、即刻全店に導入するように原田さんは厳命した。作り置きがなくなり、商品の味は明らかによくなった。

そのうえで100円マックを導入する。「そのうえで」がここでのポイントだ。ピッチャーでいえば初球にQSCで品質やサービスの質を高め、2球目で誰もが関心を持つような大幅な値下げをやる。ストーリー全体に目を向けない素人は、100円というプライシングだけをみて原田さんの戦略を云々する。「デフレをとらえたいい戦略だ」という人もいれば「価格競争に巻き込まれて自滅してしまう」という人もいる。どちらにしても素人談義だ。

100円というプライシングだけをみていては、原田さんの戦略の本領はわからない。ストーリーのなかに位置づけて、はじめて100円マックの意味がある。100円に値下げすると、マックからしばらく足が遠のいていたお客が一度ぐらいは来る。明らかにおいしくなっているし、店もきれいになっている。サービスも改善されている。そこでお客は「マックもわりといいじゃない……」と感じる。安くておいしくてきれいであれば、リピートがかかる。

ところが、この段階でのお客は派手な値引きをした商品を目当てにやって来る人が多い。客数が戻ってきても客単価が下がるから、6か月間は売り上げが落ちる。これにしても原田さんの戦略構想に織り込み済みなのだが、時間軸に沿ったストーリーがない経営者は一時の売り上げ減に耐えられない。右往左往してしまう。右往左往すればするほどストーリーが壊れていく。

客数が戻ってきた後も、原田さんは着実に一つひとつの手を打っていく。たとえばメガマックやえびフィレオ、クオーターパウンダーといった食事を重視した新メニューの導入だ。こうした段階的な新メニューの導入が、結果的に徐々に客単価を上げていった。戦略ストーリーを着実に実行することで黒字に転換させただけでなく、財務的な余力もできた。原田さんはことここに至ってはじめて一気に戦略的な店舗閉鎖に踏み込む。繰り出す打ち手のシークエンスの妙である。

そもそも、客数と客単価は矛盾する。原田さんは、ストーリーを描いて正しくステップを踏んでいくことで、7年間で客数と客単価という矛盾した指標をどちらも上げることに成功した。時間軸に沿ったシークエンスの中で矛盾を矛盾なく扱う。ここにストーリーの本領がある。

基準は「そこにストーリーがあるか」

凡庸な経営者ほど「とりあえずの選択と集中」に走る。マクドナルドのような業界でいえば、不採算店舗の閉鎖である。確かに、不採算店舗を閉めればアセットが縮小して自己資本比率の改善や総資本売上総利益率が改善する。しかし、それをやった次にどうなるかという答えを持っている経営者は少ない。ストーリーが次へ次へと展開せず、話がそこで終わってしまう。

やみくもなコストカットも同様だ。コスト削減は、具体的な打ち手とそれがもたらす成果との因果関係がほとんど自明のため、すぐに手をつけたくなる。たとえば、電気をこまめに消せば間違いなくコストは下がる。人を減らせばコストは下がる。しかし、その先のストーリーがなければ、当座のコスト削減にしても、企業の再生や成長にとって、根本的な問題解決にならない。

第1回にあるように、原田さんは「コストをカットするな。もっとお金の使い方の提案を持ってこい」と指示した。ストーリーで戦略を構想する経営者は、部下にもいちいちストーリーを求める。逆にいえば、ストーリーが組み立てられないことには決して手を出さない。

原田さんは、マクドナルドの経営において一球も消える魔球を使っていない。そもそも原田さんには魔球の類を投げる意思がない。新メニューにも独自に開発した商品はない。基本的にはアメリカで研究開発されたものばかりだ。原田さんが構想したストーリー全体を注意深く読み取らなければ、経営者としての原田さんのどこがすごいのか、容易には分からない。当たり前のことをやっているだけなのになぜこのような結果が出たのか、という疑問に駆られることだろう。しかし、そこにストーリーという補助線を引けば、誰でも論理で理解できる筋が一本通っている。原田さんの戦略がそれだけストーリーとして秀逸だということがよく分かる。

以前、原田さんと話していたときに、重要業績評価指標（KPI）の話が出た。KPIは、目標達成に向けたプロセスが適切に実行されているか否かを測る指標である。もちろん、KPIそれ自体は悪くはない。ただ、KPIを達成しなさいと言われると、KPIの向こう側にあるストーリーの成り行きがないがしろにされ、どうしても「今、そこにあるもの」だけに目がいってしまう。手段が目的にすり替わる。太くて強い因果論理に基づいたストーリーが静止画へと分断されてしまう。

にもかかわらず、なぜ多くの人々がKPIの設定を必要とするのか。それは、KPIが与えられると安心して仕事に取り組めるからだ。人間は「時間的に遠いもの」に弱い。KPIが与えられれば、ストーリー全体を考えずに済む。気分よく思考停止できるのである。担当者だったらそれでよいが、これでは経営はできない。「KPIなんかにこだわるようじゃダメだ。でも、そういうとすぐにKPIを全部引っこめようとする人が出てくる。それはもっとダメ。自分の頭を使ってシークエンスを組み立てなければ経営にならない」というのが原田さんの弁だ。

時間軸を扱いきれず、ストーリーを構想できない人の典型的な傾向として、とにかく外部環境のオポチュニティで動くということがある。どんな商売にも、そのときの旬のオポチュニティがある。マクドナルドの場合でいうと「健康志向」「オーガニック」「少子高齢化」。「エコフレンドリーなビジネス」「シルバーマーケット」などはほとんどすべての業界に共通のオポチュニティであろう。

もちろん、外部環境や市場のトレンドを無視していいわけではない。しかし、より根本的な問題は全員がこのオポチュニティを見ているということだ。繰り返しになるが、戦略は違いを生み出すこと。ほかの多くの人と同じものを見て、同じことを考えて、同じことをやっていたら戦略にならない。原田さんは簡単にはオポチュニティに飛びつかない。常に自分のストーリーを優先させる。原田さんの因果論理へのこだわりは、第1回に記載された「離職率」「売上高」「ＱＳＣ」の関係でも明らかだ。ストーリーに沿って論理的な確信を持てることしかやらない。

第3回にも「リサーチデータで経営戦略を立てるな」という話が出てくる。リサーチから戦略を立てる。因果論理の時間展開が頭にない人がはまりがちな落とし穴だ。マクドナルドが顧客の基本的な嗜好を調査したら、おそらく「低カロリー化」というキーワードが出てくるだろう。そのデータを商品開発や販売戦略に反映させるのは難しいことではない。しかし、個別のオポチュニティに場当たり的に反射してしまうと、ストーリーの一貫性が崩れていく。

原田さんは『『らしさ』から逸脱する取り組みをすべきではありません」と言う。この「らしさ」とは、原田さんが持っている、もしくはマクドナルドが従来から持っている戦略ストーリーに他ならない。「低カロリー」とか「ヘルシー」が市場のトレンドであり、それが顧客のニーズの中にあることは間違いない。しかし、マクドナルドにとってもっとも利益が出るのは依然としてビッグマックであり、女性の客数を大きく伸ばしたのはクオーターパウンダーだったのである。戦略を構想する人にとっては、外部環境についてのリサーチよりも、自分の頭で組み立てたストーリーの方が常に優先していなければならない。

「逆境なら任せておけ」

筆者が『ストーリーとしての競争戦略』を執筆していたころ、原田さんとの接点は同じジムに通っているということだけだった。お目にかかるとご挨拶をするぐらいで、お仕事の話を伺うことはなかった。

筆者はストレス解消（しかも実はあまりストレスもたまっていない）を目的とした軽めの筋トレしかジムではしないのだが、原田さんは違っていた。トレーナーをつけた本格的なトレーニングを黙々としているのをしょっちゅう見かけた。やたらとストイックな人、というのが当時の筆者の印象だった。

本文中にサラダの賞味期限を貼り替えて販売したという話が出てくる。こうしたミスに対して、原田さんは毎日記者会見をやり、あえて赤いネクタイで臨んだ。この辺が原田さんの真骨頂だという気がする。このエピソードは、逆境なら任せておけという原田さんの資質を表している。原田さんは、瀬戸際や厳しい状況でこそ本領を発揮するタイプ。ジムでトレーナーをつけ、高い負荷をかけてトレーニングをしているのも、単にストイックなだけではなく、普通の人にとっては苦しいと感じる状態が、原田さんにとっては最も楽しく、活き活きとしてくるのではないだろうか。ゴルフをしていても雹が降ってくると調子が上がってくると原田さんは言っていた。逆境に直面すると自然に頭と体が活性化するという。

最後のほうに「情熱には冷静を、冷静には情熱を」という言葉が出てくる。原田さんはこれこそが経営者の役割だと書いているが、ご本人は「こりゃヤバい」「緊急事態だ」というときほど妙に頭が冴えて落ち着く性分らしい。これは戦略というより経営者のパーソナリティの範疇だが、いかにも経営者に向いている。

マクドナルドに限らず、厳しい競争環境にさらされつつも長期利益をものにしている会社の戦略をじっくりと読み解いていくと、そこには必ずストーリーがある。拙著を読んだ方から「これはオーナー経営者や創業者、ベンチャー企業などをゼロからつくった人の話で、サラリーマン経営者には当てはまらないのでは」というコメントをしばしばいただく。

確かに、事業そのものにオーナーシップを持っている人でなければストーリーは描けない。しかし、ここでいうオーナーシップは、創業者であるとか株を自分で持っているというような資本の物理的な所有を必ずしも意味しない。「俺がこの事業を動かしている」というマインドセットの問題だ。

原田さんにしてもサラリーマン経営者。しかも、日本マクドナルドの経営者として手かせ足かせがはめられている。成熟している日本の外食業界、しかも国内市場を相手に成果を出さなければならない。これは経営者にとって大変厳しい制約だ。そのなかで成長を実現してきた原田さんの経営論は、多くの日本企業の手本になるはずだ。

「能ある鷹は爪を隠す」という。しかし、戦略に限って言えば、もともとすごい爪などない。原田さんの実績を前提にこの「経営教室」を読めば、何か凄いことをやった経営者だという印象を受けるかもしれない。だが、よくよく読み解くと、原田さんは何ら特殊なことはやっていないことが分かる。原田さんの本当の凄さはそこにある。戦略に飛び道具はない。優れた戦略に組み込まれたシークエンスの妙味をじっくり味わっていただきたい。

3—4

「三角形の経営者」の悲哀

城山三郎『緊急重役会』——解説

経営者には大別して二つのタイプがある。「三角形の経営者」と「矢印の経営者」だ。

企業でも役所でも、あらゆる組織には階層的な権限配置の構造がある。どんなにフラットで自由闊達な組織であっても、そこには依然としてヒエラルキーがある。権限の階層性はいつの時代も変わらない組織の本質のひとつだ。

まるで登山のようにヒエラルキーを上へ上へと昇っていく。山頂にある社長のポストへの到達を最終目標として、キャリアを重ねていく。ついに社長になり、一件落着、めでたしめでたし——。これが三角形の経営者だ。

三角形の経営者は本当のリーダーではない。商売の基を創り、戦略ストーリーを構想し、商売丸ごとを動かして成果を出す。商売が向かっていく先を切り拓き、外に向かって動きと流れを生み出す。矢印の経営者こそが本来のリーダーだ。

学校の物理の時間に習った「エネルギー保存の法則」を覚えているだろう。ボールをある高さに持ち上げる。そのボールは位置エネルギーを得る。ボールが落下するにしたがって、位置エネルギーの量は減り、運動エネルギーが大きくなる。逆もまた真なり。

この比喩でいえば、三角形の経営者は一義的に位置エネルギーを求める。「代表取締役社長」とか「CEO」のポジションは、予算や人事の権限、社内外での権威など経営者に大きな位置エネルギーをもたらす。組織が大きいほど、経営者の位置エネルギーもまた大きくなる。

一方、矢印の経営者の生命線は運動エネルギーにある。本来の経営という仕事は、いずれも「何をするのか」「何を達成したいのか」という行動を問うものであり、経営者の運動エネルギーにかかっている。三角形の経営者には代わりがいくらでもいる。しかし、矢印の経営者は、その人がいないと始まらない。昔も今もこれからも、経営者の運動エネルギーはビジネスの成果を最も大きく左右する要因の一つである。

三角形の頂点をめざして偉くなりたい人はたくさんいる。三角形の経営者はいつの時代も供給過剰だ。だから限られたポストをめぐり組織の中で熾烈な競争が起こる。しかし、矢印の経営者は実に少ない。企業経営の停滞や迷走の背景には、決まって三角形の経営者の跳梁跋扈と矢印の経営者の不在がある。

なぜそうなるのか。多くの人が人間の本能的習性から「エネルギー保存の法則」に嵌るからである。

組織の頂点に立てば、大きな力が手に入る。力とは「動員できる資源の大きさ」。自分が一声かければ1000人が動く。ひとつの判断で100億円が動く。より大きな資源動員力を求めるのは人間に埋め込まれた動物的本能の一つだ。

社長のポジションは一つしかない。必然的に厳しい競争を勝ち抜かなければならない。組織のヒエラルキーを一つ一つ昇っていくのには多大なエネルギーを要する。経営者の位置エネルギーは、そのポジションに到達するまでにその人が費やしたありとあらゆる運動エネルギーが転化したものなのかもしれない。

エネルギー保存の法則の産物

さて、ここからが問題である。三角形の経営者はエネルギー保存の法則の産物である。彼らも若い頃は運動エネルギーに溢れていたのかもしれない。しかし、それが次第に位置エネルギーに転化する。位置エネルギーが増えるほど、運動エネルギーは低下する。役員、社長に上り詰め、位置エネルギー満載となったときには、「こういう商売をしたい！」「これで稼いでいくぞ！」という運動エネルギーがすっからかんになっている。

考えてみれば、経営者にとって位置エネルギーはあくまでも手段にすぎない。大きな位置エネルギーを再び矢印の運動エネルギーに転化できてこその経営者である。ところが、三角形の経営者にとっては、社長のポジションにあるという状態それ自体が一義的な目的になってしまう。手段の目的化だ。

何も実質的な仕事はしていなくても、みんなが頭を下げる。社内外での名望を毎日肌で感じることができる。だから現在の位置エネルギーを維持するのに汲々とする。こうなってしまっては、もはや本当の意味での経営者ではない。実にさびしい話だ――という話をしていたら、ある経営者から「それはキミが偉くなったことがないからわからないんだよ!」と叱られたことがある。確かにその通り。うまいことを言う。それほど位置エネルギーは人間にとって魅力がある(らしい)。多くの人はこの本能的宿痾から逃れられない。

本書に収められた四つの短編は、いずれも三角形の経営者の悲哀と寂寥の物語である。それが証拠に、ジャンルとしては「ビジネス小説」なのだが、ビジネスの中身の話はほとんどまったく出てこない。組織の中でのポストを巡る「仁義なき戦い」と、それにまつわる恨み妬み嫉みの話に終始する。実に暗い。そして苦い。

「緊急重役会」の主人公である恩地は、位置エネルギーに取り憑かれた男である。人間ドックを受診した際、過去の入院者の署名簿を見ても、肩書ばかりに目が行ってしまう。名も知らぬ会社の社長が「××会社社長」と記しているのを見て恩地は思う。

「社長」であれば、たとえ無名の会社であっても、肩書を記すにはおかしくない。だが、どんな大会社にせよ、「専務」や「常務」では、坐りが悪い。事実、署名簿の中に、「社長」は三つ四つあったが、「専務」「常務」を附記したものはなかった。「社長」——それこそが、勤め人として世間に誇らしげに名乗れる唯一の肩書なのだ。

恩地は紡績会社の専務で、次期社長と目されている。ところが、現社長は一向に退く気配がない。やきもきする中で恩地は自分が癌に冒されていることを知る。病院に閉じ込められていた恩地は緊急重役会の噂を聞いて社に駆けつける。しかし、すでに自分の降格の議事は済んでいた。追い詰められた恩地は、それが生きている証であるかのように、なおのこと社長の椅子への執念をたぎらせる。

タイトルから連想されるような重役会での激しい応酬や駆け引きは、物語の中に出てこない。カメラは病院にいる主人公の心の動きを静かに追い続ける。このプロットが実に巧い。生死をも超越した位置エネルギーへの妄執がいっそう鮮明に浮かび上がる。

格別の渋味と苦味

「ある倒産」。大手重工会社部長の原口は真面目さと慎重さだけがとりえの平凡な男。名前だけは部長だが、社内でいちばんの閑職に甘んじて就き、2年先の定年を待つだけの身だった。ところが、ひょんなことから子会社の専務へと「栄転」したのがきっかけで、原口は自分でもそれまで気づかなかった社長の座への欲望に目覚め、破滅への迷路に入り込んでいく。

「形式の中の男」。一代で不動産会社を興したワンマン経営者の米原は、副社長の菊井が社内で力を増していくのが内心面白くない。菊井が率いる事業部の業績は好調で、会社全体にとっても貢献は大きい。にもかかわらず、優秀な部下である菊井への憎悪は日増しに強まる。

挙句の果てに、「どんな形でもいいから菊井に打撃を加えたい」とまで思いつめた米原は、自分の会社を大手総合商社に売却するというプランを思いつく。巨大商社の一部門になれば、菊井はもはや一介の部長に過ぎない。これまでのように好き勝手は許されない。将来もその部門担当の平取締役止まりで終わるだろう──。病に冒されながらも、米原はこの「名案」の実現に命を懸けて動き回る。

せっかく自分が興した会社を、好業績事業を含めて丸ごと売り飛ばしてしまうのだから、「名案」どころか本末転倒もいいところだ。しかし、この矛盾に満ちた思考と行動が三角形の中での権力闘争と嫉妬の凄まじさを浮き彫りにしている。

「前々夜祭」は位置エネルギーを求めた権力闘争に勝ち残った2人の経営者の邂逅を描

く。ともに上場企業の社長の座にある大曾根と狭山は大学の同期会で久しぶりに顔を合わす。ところが、旧交を温めるどころか、ちょっとした言葉の端をとらえて、互いに張り合う。2人の間には何も争うものがないはずなのに、「こいつが早く死んでくれればいい」とさえ思う。その孤独と空虚に暗澹たる気持ちになる。

それぞれに格別の渋味と苦味がある。昭和の高度成長期という時代背景も本書のこの味わいに影響しているだろう。「緊急重役会」は昭和37年、最も新しい「形式の中の男」でも47年の作品である。ここそこに昭和の匂いが濃く出ている。恩地も原口も兵隊として出征を経験している。勤め先が紡績会社や重工会社というのも昭和らしい。脇役として登場する女性も、主人公の妻や愛人（決まってバーのホステス）ばかり。「男に寄り添う昭和の女」を生きている。大曾根と狭山が再会した同期会では、まだ69歳なのに卒業生の6割が物故者になっている。時代を感じる。

高度成長期の日本、すべてを会社に捧げて仕事に明け暮れたモーレツ社員。出世への道を上り詰めたところに待ち受けている空疎な暗闇。このコントラストが登場人物の悲哀をいっそう色濃くしている。

裏を返せば、昭和日本の高度成長こそが三角形の経営者を量産する土壌だったともいえる。企業経営に追い風が吹きまくっていた中で、企業の進むべき方向は決まっていた。自らの「矢印」がない三角形の経営者が本能の赴くままに組織の中の権力闘争に明け暮れていても、会社はなんとか回り、それなりに成長して行く時代だったのである。

成熟期に入って久しい今日の日本。企業経営を取り巻く環境や経営者に求められる資質は大きく変わった。逆風の中、三角形の経営者ではもはやどうにもならない。いよいよ本来の矢印の経営者がリーダーとして求められている。

いまの時代を生きる読者にとって、三角形の経営者の物語は格好の反面教師を提供している。

3—5

思考の手本

井上達彦『模倣の経営学』——解説

「模倣の経営学」というタイトル。一見して奇異に感じる人が少なくないかもしれません。独自性や差別化が何よりも大切になるのが商売であり経営の世界です。僕は競争戦略という分野で仕事をしていますが、競争戦略の本質を一言で言えば「競合他社との違いをつくる」。模倣は戦略とは正反対を向いているようにみえます。

ところが、本書のメッセージは「模倣は独創性の源泉となりうる」「イノベーションは模倣から生まれる」。矛盾しているように聞こえます。しかし、模倣を「良い模倣」と「悪い模倣」とに区別して考えれば、この矛盾はきれいに解けます。本書の英題は“Good Imitation to Great Innovation”。創造的で革新的な経営を生み出すのはあくまでも良い模倣であって、悪い模倣であれば他社との差別化を破壊するという意味で戦略の自殺的になります。

良い模倣と悪い模倣はどのように区別できるのか。ここに問題の核心があります。本書はこの問題をさまざまな視点から論じています。僕なりの結論は、「良い模倣が垂直的な動きであるのに対して、悪い模倣は水平的な横滑り」ということになります。

良い模倣は具体をいったん抽象のレベルに引き上げて、そこに特定の論理を見出します。抽象レベルに引き上げてはじめて見つかる論理、著者の言葉で言えば、それが「ビジネスモデル」です。ビジネスモデルとは、「ある商売がなぜ収益を継続的に獲得できるのか」を説明する論理の体系です。

ビジネスモデルはこれまで「仕組み」という日本語に訳されるのが普通でしたが、模倣のメカニズムに注目した本書では、「手本」という言葉が頻繁に出てきます。この「手本」という言葉、ビジネスモデルに相当する日本語としてじつにしっくりきます。個別のビジネスが埋め込まれている文脈を超えて応用可能な「商売の手本」。これがビジネスモデルの「モデル」たる所以です。

良い模倣では真似する対象は具体的な製品やサービスや施策ではありません。手本になるのはあくまでも「なぜそれが収益をもたらすのか」という論理です。模倣する側は、論理を手本にして、それを自らの具体的なビジネスの文脈に落とし込む。ですから、模倣をしているのですが、具体のレベルでは、真似する側が実際にやることは元となったビジネスとは似ても似つかぬものになることが珍しくありません。

これに対して、成功している他社の具体的なアクションを直接的に真似しようとする、これが悪い模倣です。良い模倣が具体と抽象の垂直的な往復運動を伴うのに対して、水平的な横滑りに終始するのが悪い模倣というわけです。

良い模倣について、本書は数多くの興味深い例を教えてくれます。たとえば、「バナナ」「半導体」「コンビニ弁当」「ファッションアパレル」の四つのビジネスの共通点は何か、という謎かけ。具体的なレベルではまるでばらばらな商売です。しかし、抽象レベルに引き上げてその背後にある論理を考えてみると、いずれも「腐りやすい」(半導体やファッションは物理的には腐らないけれども、機能の向上や変化が激しいのですぐに陳腐化する)、したがって「賞味期限が短いため鮮度が命」であり、「価値があるうちに売り切る」がカギになるということが見えてきます。

だとしたら、価値があるうちに売り切ることを可能にする仕組みなり経営が真似すべき「手本」として浮上してきます。たとえば、本書で紹介されているインドの露天商の経営です。当たり前の話ですが、だからといって、半導体メーカーが具体のレベルでインドの露天商の一挙手一投足を模倣しても意味はありません(もちろんそんなことはしないでしょうが)。具体のレベルでは商売がまるで違うからです。

「後出しジャンケン」の論理

本書のこの部分を読んでいて、僕は以前に興味を持って調べたことがある二つの優れた戦略の事例を思い出しました。ひとつは「ファストファッション」の元祖となったスペインのZARA、もうひとつは中古車流通に「買い取り専門」という新しい戦略を持ち込んで急成長した日本のガリバー・インターナショナルです。両社は具体レベルでは国も業界も商売の中身もまるで違います。しかし、収益獲得の論理に注目してみればきわめて似た論理に立脚していることに気づきます。

この二つの商売では、「鮮度が命」(中古車も時間とともに価値が下がる。とくに日本ではその傾向が強い)に加えて、顧客の趣味嗜好が多様であり、マッチングが難しいという特徴があります。ZARAが創造したファストファッションというやり口は、「このシーズンに何が流行るかわからない。予想するのが難しい」というファッション業界の宿命を逆手に取ったもので、「予想しない」ことを機軸にしています。「何が売れるか予想して、売れるものをつくる」から「実際に売れているものをつくれば売れるはずだ」への転換。ここにZARAの起こしたイノベーションの本質がありました。競馬にたとえれば、レースが始まる前にどの馬が勝つかを予想して賭けるのではなく、第3コーナーで馬券を買う。これがZARAの戦略です。

マッチングが難しい中古車業界にあって、ガリバーは消費者への小売を商売の軸足とせず、買い取った車をすぐにＢ　to　Ｂのオークションで売却するという戦略イノベーションを起こしました。これが「買い取り専門」の中身です。中古車業界では毎週大規模な業者間のオークションが開かれます。今までの消費者への小売では3か月程度の在庫を持つのが普通でしたが、ガリバーのやり方をすれば在庫は1週間に短縮できます。なぜかというと、次のオークションで確実に売却できるからです。

さらに重要なことは、Ｂ　to　Ｂのオークションはプロ同士の取引ですから、落札価格の相場が決まっているということです。つまり、これまでの「売れるか売れないかわからない」という中古車商売と異なり、先に（次のオークションで）いくらで売れるということをわかった上で買い取り価格を決められる。ここにガリバーの戦略の妙味がありました。

こうして抽象レベルに引き上げて二つの事例を考察すると、いずれの商売も「後出しジャンケン」という論理に立脚していることがわかります。従来のファッション業界や中古車業界では、ジャンケンに強い会社が勝者でした。しかし、どんなに先が読める人でも、後出しジャンケンにはかないません。そこにこの2社の躍進に共通の理由があったのです。

本書にあるトヨタ生産システムの手本がアメリカのスーパーマーケットにあったというエピソード、これなどは「具体と抽象の垂直的往復運動」の最たるものだといえるでしょう。トヨタ生産システムを構想した大野耐一は、「後工程が必要な商品を必要なときに必要なだけ前工程に引き取りにいく」という従来の自動車生産の常識を逆転させたシステムを、スーパーに顧客がものを買いにいくという行動をヒントにして思いついたといいます。具体レベルではまるで違う商売ですが、抽象化することによって見出された論理が、文脈を超えた模倣を可能にし、それがイノベーションとして結実したという好例です。さらにいえば、その後トヨタ生産システムは、「ダイレクトモデル」で一世を風靡したデルや、先述のZARAのイノベーションにおいても手本となったことがよく知られています。

具体と抽象の往復運動

本書はこのような「遠い世界のお手本」、すなわち異業種や過去の成功事例から倣うことの重要性を強調しています。しかし、異業種から学ぶことそれ自体が重要なのではありません。遠い世界であるほど、具体的な事象をいったん抽象化しなければ、自社のビジネスと関連づけることができません。つまり、遠い世界のお手本は、具体と抽象の往復運動を強制するわけです。逆に、近い世界のお手本ほど、具体レベルの「ベストプラクティス」の水平的な横滑りに陥りやすくなります。この意味で、商売の中身、地理、時間において遠いところを対象とした模倣が大切になるわけです。

他社事例からの模倣に限らず、良い模倣を支えている具体と抽象の往復運動は、ビジネスにとって決定的に重要な知的能力だというのが僕の見解です。

ビジネスを勉強しようという人は、「具体的で実践的な知識を習得したい」と思いがちです。ビジネスの世界では、「具体」は実践的で役に立つ、「抽象」は机上の空論で役に立たない、と決めつけてしまうような風潮がありますが、とんでもない思い違いです。良い模倣に典型的にみられるように、抽象化の思考がなければ具体についての深い理解や具体的なアクションは生まれません。抽象と具体との往復運動を繰り返す。この思考様式がもっとも「実践的」で「役に立つ」のです。

しばしば「あの人は地アタマがいい」というような言い方をします。抽象と具体を行ったり来たりする振幅の幅の大きさと往復運動の頻度の高さ、そして脳内往復運動のスピード。僕に言わせれば、これが「地アタマの良さ」の定義です。先に触れた大野耐一さんは、とんでもなく地アタマの優れた人物だったのでしょう。

もちろん抽象的な論理だけでは仕事になりません。ビジネスは常に具体的なものです。しかし、抽象化なり論理化の力がないと、思考が具体ベタベタ、バラバラになり、目線が低く、視界が狭くなり、すぐに行き詰ってしまいます。具体の地平の上をひたすら横滑りしているだけの人からは、結局のところ平凡な発想しか生まれません。

「この人はデキルな」と感じさせる人は、決まって思考において具体と抽象の振れ幅が大きいものです。学生を教えていても、優秀な学生ほど物事を抽象化して理解しようとします。十数年ほど前まで、僕は大学の学部で20歳前後の学生に教えていました。あるとき学生から「先生、話が具体的すぎてわかりません。もっと抽象的に説明してください」と言われたことがあります。こういう学生は大変に筋がよいのです。

学部生ですから高校を卒業したばかりの18歳もいます。実務経験のない若い彼らに、ビジネスの具体的、実践的な話をしてもピンと来ないのは当たり前です。それでは経営の本質が摑めません。本質を摑んでもらうためには、抽象化・論理化したほうがずっと効果的な場合もあります。

実務経験がある人でも、具体的な経験はしょせんある仕事や業界の範囲に限定されています。抽象と具体の往復運動ができない人は、いまそこにある具体に縛られるあまり、ちょっと違った世界に行くとさっぱり力が発揮できなくなってしまいます。

模倣は独創の母

同じ業界や企業で仕事を続けていても、抽象化や論理化ができない人は、同じような失敗を繰り返す。ごく具体的な詳細のレベルでは、一つとして同じ仕事はありません。必ず少しずつ違ってくる。抽象化で問題の本質を押さえておかないと、似たような問題に直面したときでも、せっかくの具体的な経験をいかすことができなくなります。

もちろんビジネスの現場で抽象的なことばかりでは、「じゃあ結局どうするんだ」。どんな仕事も最後は具体的な行動や成果での勝負です。ただし、具体のレベルを右往左往しているだけでは具体的なアクションは出てこない。これが面白いところです。

抽象度の高いレベルで物事の本質を考え、それを具体のレベルに降ろしたとき、はじめてとるべきアクションが見えてきます。具体的な現象や結果がどんな意味を持つのかをいつも意識的に抽象レベルに引き上げて考えることが大切です。本書が明らかにしている「良い模倣」はその典型です。

抽象レベルの論理において、スーパーとトヨタとデルとZARAのようなまるで違うように見えるビジネスがつながっている。このように考えると、「純粋な独自性」、すなわち模倣を一切含まない発想などというものは、商売の世界には実はほとんどありません。いつの時代もどの業界であっても、普通の人が普通の人に対してやっているのが商売です。利益獲得の論理についていえば、「日の下に新しいものなし」、これが本当のところだと思います。「模倣は独創の母」という成り行きです。

「模倣」という言葉をタイトルに掲げた本書は、商売のもっとも創造的な部分を描くことに成功しています。読者にとって、またとない思考の手本となるでしょう。

好き嫌い読書論

棺桶に入れてほしい本

スポーツが好きな人は「じっとしているとイライラする。あー、体を動かしたい!」というようなことを言う。僕は運動が嫌いなので、その辺の爽快感がよく分からない。ただ、そういう気分は類推できなくもない。僕は頭を動かしていないとイライラする。頭を動かしたいという欲求が湧き上がってくる。で、頭を動かすとスカッとする。ようするに理屈っぽいだけなのだが、こうした性分は理屈ではない。気分というか生理の問題だ。自分の頭に引っかかることについて、「これはようするにどういうことなのかな」と考えずにいられない。論理で本質がつかめないとどうも落ち着かない。「ようするにこういうことか」と、自分なりに得心するとスカッとする。モヤモヤが解けて腑に落ちる。いったん腑に落ちると、俄然そのことについて考えるのが面白くなる。さらに思考が触発される。

僕にとって、この生理的欲求に正面から応えてくれるのが読書なのである。

はじめは普通に小説から

子供のころ、しばしば軽井沢で夏を過ごした。隣が北杜夫さんの別荘だった。北さんのお嬢さんが由香ちゃんという僕の少し上のお姉さん（現在はエッセイストの斎藤由香さん）で、ときどき遊んでもらっていた。で、お父さまが小説家だということを知り、『どくとるマンボウ小辞典』を読んでみた。自分で買った初めてのハードカバーの本だ。北さんにサインしていただいた。次に読んだのが名作『船乗りクプクプの冒険』。こっちは文庫で読んだ。

当時の中学生に人気があったのが筒井康隆。例に洩れず僕も好きだった。『バブリング創世記』を本屋で立ち読みして、その言葉遊びのあまりの面白さにゲラゲラ笑っていたら、本屋さんに叱られた。40年以上も前の話だが、いまだにありありと思い出す。

中学、高校時代はそんな感じで、読むのはほとんどが日本の小説だった。夏目漱石とか、芥川龍之介とか、三島由紀夫とか、太宰治とか、石原慎太郎（前にも話したけれど、この人のエンターテイメント小説は滅法面白い）とか、ようするに当時の普通の中高生の読書傾向だった。

とくに好きだったのが武者小路実篤の一連の作品だ。文章、とくに話し言葉が綺麗で、読んではうっとりしていた。話はとんでもなく単純、というかある意味で狂気の世界なのだが、当時の僕にとってはちょうどよかった。大人になってから、高橋源一郎が『文学なんかこわくない』の中で武者小路実篤について本質的な評論をしているのを読んだ。抱腹絶倒の名文で、実篤ファンとしてはホントに面白かった。

フィクションからノンフィクションへ

大学に入るともう少しアタマを使うものを読むようになった。大きな影響を受けたのはゼミで友達になった青島矢一君（現一橋大学大学院教授）だ。青島君の下宿に遊びにいくと、クロード・レヴィ＝ストロースの『野生の思考』とか西部邁の『ソシオエコノミックス』とか、それまで僕が読んだことがないようなムツカシイ本が本棚に並んでいた。なにせこっちは武者小路実篤の『若き日の思い出』とか『幸福な家族』である。こういう読書世界があるのか、とびっくりした。

二十歳の頃になると読書のほとんどがノンフィクションになってきた。大学の講義の影響で、デュルケームの『自殺論』とかトクヴィルの『アメリカのデモクラシー』、バークの『フランス革命の省察』といった古典も読むようになった。ウェーバーの『プロテスタンティズムの倫理と資本主義の精神』を読んだときは、その論理構成の面白さに感動した。本を読みながらアタマを回すことの快感がわかってきた。

以来30年、フィクションよりもノンフィクション、とくに人間と社会についてのノンフィクション、という好みは変わっていない。

フィクションはハマると最高、完璧にトリップできる。いつだったか、年末年始に宮部みゆき『模倣犯』に手をつけたときは、あまりの面白さに2日間ベッドから離れられず（僕は必ず横になって読む）、初詣にも行けなかった。

ところが、フィクションには難点がある。面白ければ面白いほどその世界に没頭してアタマを使えなくなってしまうのである。しかも、小説などのフィクションは自由度が高すぎる。ロジック抜きのやりたい放題になってしまう。当然のことながらロジックを追うのには適していない。ノンフィクションであればいくら面白くても頭が働く。面白ければ面白いほどアタマが回る。

知識よりも論理

ノンフィクションを読む動機は、ありていに言えば好奇心なのだが、僕の場合、それは「知識欲」というのとはだいぶ違う。「森羅万象について知らないことを知りたい」という意味での知識欲はむしろ乏しいほうだと思う。僕にとっての読書の愉しみは知識の獲得よりも、その背後にある論理なり因果を自分なりに追っていくことにある。

したがって、ノンフィクションでもサイエンス系は苦手である。ブラックホールが大きくなっているとか、超ひも理論とか、その手の話もときたま読むのだけれど、科学的な知識に制約があるので、自分できっちりと論理を追っていくことができない。アタマがついていかない。だから、アタマを動かす快感が得られない。

好きなジャンルでいえば、歴史モノや社会評論、人物論。とくに評伝や自伝を好む。たまらなく面白かったものをぱっと挙げると、白川静『回思九十年』とか吉田茂『回想十年』、李志綏（リチスイ）『毛沢東の私生活』、ロバート・マクナマラ『マクナマラ回顧録』、カート・ジエントリー『フーヴァー長官のファイル』、ギュンター・グラス『玉ねぎの皮をむきながら』、エリック・ホッファー『エリック・ホッファー自伝：構想された真実』、この手の「面白い人物についての面白い話」に目がない。

仕事とも重なってくるが、経営者の評伝や自伝もよく読む。最近読んだ中では、馬場マコト・土屋洋『江副浩正』が抜群に面白かった。これ以上ないほどの事業構想力だけを武器に、ゼロからリクルートを創った稀代の経営者がなぜあのような危機と迷走に陥ったのか。読んでは考え、考えては読む。僕のいちばんスキな読書スタイルにぴったり。経営者の本格評伝としては、佐野眞一『カリスマ　中内㓛とダイエーの「戦後」』と双璧を成す傑作だと思う。

芸論が大スキ

こだわって読みつづけているジャンルに芸論がある。そもそも広い意味での芸事全般が好きで、音楽、随筆、評論、映画、落語、文楽、歌舞伎などを味わうのがスキということもあるのだが、それ以上に、芸論にこだわる理由がある。それは、自分の仕事のありようと深く関わっている。

自分の考えを書いたり話したりして人さまに提供し、願わくはいくばくかの役に立てていただく。これが僕の仕事である。分野は経営、もう少し特定していえば競争戦略だが、自分で商売や経営をやっているわけではない。ただ考えているだけ。提供できる商品は自分の考えオンリーである。やたらとフワフワした仕事。舌先三寸、口舌の徒、机上の空論といわれても仕方がない。普遍の法則を探求する自然科学のような「学問」というよりも、「学芸」といったほうがしっくりくる。学芸大学に移籍したほうがいいかもしれない。

僕の仕事は広い意味での「芸事」に他ならない。芸論は芸能人やアーティストに限らない。「人間の芸」全般についての論として読むことができる。仕事に対する自分の構えを固める上で、先人の「芸」を論じた本はまたとない洞察を提供してくれる。

芸論傑作選

芸論として誰もが認める最高傑作の一つに世阿弥の『風姿花伝』がある。芸は特定の人に体化されるものなので、芸論は必然的に評伝や自伝になる。人物論の部分集合としての芸論、といってもよい。『風姿花伝』にしても、本質的には自伝である。

芸論の傑作はたくさんある。音楽の分野で言えば、『ローリング・ストーン』誌上のロングインタビューをまとめた『グレン・グールドは語る』。不世出のピアニストの芸風が、ストイックに練り上げられた思想と行動の原理原則として余すところなく語られている。

とくに興味がある人物については、裏を取るというわけではないが、同じ対象について異なる人が書いたものを読む。これを僕は基本動作にしている。その人の芸の本質についての理解が格段に深まる。グールドに関する本はたくさんあるが、なかでもミシェル・シュネデール『グレン・グールド　孤独のアリア』を読むと、なぜグールドが多くのものを失ってまであのようなスタイルに突き進んでいったのかがよく分かる。

ネルソン・ジョージの『モータウン・ミュージック』。芸の美しさ、爆発力、哀しさ、はかなさは、洋の東西を問わず普遍的なものだと痛感する。モータウンの歴史は芸の群像劇として興味が尽きないのだが、これにしても、創業者で社長だったベリー・ゴーディーの『モータウン、わが愛と夢』を合わせて読むと理解が立体的になる。

本人による『ウォーホル日記』は滅多やたらと面白いが、これにフレッド・ガイルズ『伝記 ウォーホル：パーティのあとの孤独』を合わせると一段とコクが出る。

当然のことながら、芸論はその人の芸が濃いほうが面白い。キティ・ケリーが書いたフランク・シナトラの評伝『ヒズ・ウェイ』はクラクラするほど面白かった。モータウンものではマーヴィン・ゲイもはずせない。シャロン・デイヴィス『マーヴィン・ゲイ 悲しいうわさ』とデイヴィッド・リッツ『マーヴィン・ゲイ物語 引き裂かれたソウル』はどちらも秀作。この人に固有の「マーヴィン芸」はもちろん最高なのだが、背後に非常に複雑な人格形成のプロセスがある。知れば知るほど不思議な人だ。

芸が濃いといえばエルヴィス・プレスリー。評伝も無数に出ている。エルヴィスは僕にとっての「トータル・メディア」といっていいほど大好物なので、20冊以上読んだ。本格評伝の決定版、ピーター・グラルニックの『エルヴィス登場！』と『エルヴィス伝：復活後の軌跡』の2冊はもちろん、アラナ・ナッシュ『エルヴィス・プレスリー：メンフィス・マフィアの証言』も邪道を行くエルヴィス評伝として最高に面白い。

日本を代表する芸論の名手に小林信彦がいる。芸論の天才といってもよい。初期の傑作『日本の喜劇人』をはじめ、『名人 志ん生、そして志ん朝』『世界の喜劇人』『笑学百科』『森繁さんの長い影』『喜劇人に花束を』『天才伝説 横山やすし』『テレビの黄金時代』『おかしな男 渥美清』などなど、多くの傑作芸論がある。僕はそれぞれ何回も繰り返し読んでいるのだが、その中でも『日本の喜劇人』にはとりわけ深い影響と感動を受けた。

「芸人への讃嘆は、その芸人（の人間性）への幻滅の果てにくるものではないだろうか」と小林は言う。芸で生きる人たちの中でも、喜劇人はとりわけアクが強く、芸が濃い人ばかりだ。人間性がそのまま芸に出る職業の最たるものだろう。芸論のまたとない素材である。

小林芸論の迫力は、著者の喜劇と喜劇人に対する思い入れと洞察はもちろんだが、「自分の目で見たものしか信じない」という一貫したスタンスによるところが大きい。『日本の喜劇人』は、著者が小学生のころから見てきた古川ロッパをはじめとする喜劇人たちの芸風を、直接的な経験や観察のみに基づいて考察する。その考察と洞察は、書かれている芸人の舞台を一度もみたことがない人にも「なにがどうすごいのか」がヴィヴィッドに伝わってくるほど深い。

生命線は芸風にあり

ギリシャ人のジャーナリスト、タキ・テオドラコプロス（通称タキ）に『ハイ・ライフ』という随筆集がある。これがまた大変に面白い。そのなかに「スタイルとは何か」という名文がある。

タキに言わせれば、スタイルとはこういうことだ。第一次世界大戦の直前に、ある晩餐会があった。その席でさるフランスの貴婦人が気分が悪くなり、もうこのまま死ぬのではないかという予感がした。そこで彼女はウェイターを呼んで囁いた。「急いでデザートを持ってきてちょうだい」。

もちろん死ぬ前にデザートが食べたかったからではない。自分がここで死んでしまうと、晩餐会が台無しになる。そこで食事の進行を急がせる。これぞスタイル、とタキは言う。

彼の本から直接引用すると、「誰も知らない。が、見ればそれと分かるのがスタイルだ」「とらえどころのない抽象的な資質で、持っている人は持っているし、持っていない人は持っていない」「見せかけの反対で、人格が知らず知らずのうちににじみ出たもの」「本物たらんと意識的に努力しなくとも本物たりえている人間がもっているもの」である。オスカー・ワイルドはさすがにうまいことを言う。「初対面で人を判断できないのは底の浅い人間だけである」。これもスタイルを問題にしている。

高峰秀子の『わたしの渡世日記』。文章芸の達人の手による言わずと知れた名著だ。これまた極上の芸論である。といっても、女優という職業がイヤでイヤでたまらなかった高峰は「女優の芸」は一切論じない。自分の主演作品を観ることもほとんどなかったという。彼女がとっくりと論じるのは「生活の芸」。自ら長い時間をかけて練り上げた原理原則に忠実に生きる。動じない。求めない。期待しない。振り返らない。迷わない。甘えない。変わらない。日常生活の隅々まで洗練された美意識が行き渡っている。天才的な人間というより、「人間の天才」。仕事のプロとしても生活者としても、僕にとってこれ以上の手本はない。

その死まで近くにいた斎藤明美は高峰秀子の観察者として『高峰秀子の捨てられない荷物』『女優にあるまじき高峰秀子』などいくつもの素晴らしい本を書いている。司馬遼太郎が高峰秀子を評して「どのような教育を受けたらこのような人間ができるのか」と感嘆したそうだが、彼女を教育したのは彼女自身であることがよくわかる。想像を絶する不幸な境遇を逆手にとって大女優に上り詰めた高峰秀子。女優として50年に渡り第一級の仕事を続けただけではない。小学校の教育も受けておらず、算数の小数点も計算できなかった高峰は、最高度の教養を身につけ、一流の随筆家としていくつもの名著を遺した。セルフメイドの生活哲学者にして日常生活の天才。一挙手一投足、言葉のひとつひとつが心と体に染み渡る。

『二十四の瞳』や『浮雲』の演技も素晴らしいが、高峰秀子の最高傑作は高峰秀子という人間そのものであり、夫であり脚本家の松山善三との二人三脚の生活の総体である。高峰秀子こそ日本最高のスタイリストの一人だと確信する。

スタイルとはようするに「芸風」である。芸風というのはまことにつかみどころがない。タキが言うように「とらえどころのない抽象的な資質」としかいいようがない。ところが、これこそが芸事稼業の死活を決める絶対の生命線なのである。芸風とは、生まれ育ち、キャリア、発想、技能、才能、信念、美意識などなどを全部ひっくるめた総体であり、これこそが芸を仕事にする人にとっての拠りどころになる。自分の芸風を意識的に育て、それが活きる仕事（だけ）をする。ぼちぼちと学芸の道を歩んできた僕にとって、芸風は死活問題なのである。

僕にしても、「芸風探して三千里」というか、ま、それはちょっと言いすぎだが、自身の芸風をつかむのにはわりと長い時間がかかった。最初の10年間は試行錯誤の連続だった。自分の芸風に若干なりとも確信が持てるようになったときには40歳を超えていた。

自分のセンスはどこにあるのか。自分のスタイルとは何か。自問自答の日々を過ごしていたころ、行き詰まると必ず開いたのが『日本の喜劇人』と『わたしの渡世日記』だった。僕にとって目からうろこが何枚も音を立てて落ちるような記述の連続。この本に繰り返し励まされてきた。もうカバーがとれて、しわくちゃのヨレヨレになるまで読みこんでいる。これからも読み続けていくだろう。

死んだらこの2冊を棺桶に入れて一緒に焼いて欲しい。そういう本があるということは、確かに幸せなことだと思う。

4号室

さまざまな書評

4—1

「桁外れのつまらなさ」の凄み

石原邦夫「私の履歴書」

日本経済新聞文化面の連載読み物「私の履歴書」を習慣的に読んでいる人は多い。僕もその一人だ。大きな事を成した人々が自らの仕事と人生を振り返る。1人で1ヶ月連載が続くのがいい。その波瀾万丈の人生をゆっくりじっくりと追体験できる。

経営者が登場することも少なくない。学者という仕事柄、経営者の自伝が勉強になるということもあるのだが、僕が「私の履歴書」を読む動機は、それ以上に功成り名を遂げた人々の「センス」や「スタイル」を知ることにある。

スキルが「どれだけできるのか」という程度問題であるのに対して、センスやスタイルは「あるか、ないか」。ある人にはあるけれどない人にはない、としか言いようがないものだ。しかも、センスは千差万別だ。特定分野のスキルを持っている人は、みな同じように「できる」が、センスの中身は人によって大きく異なる。スタイルとはその人をその人たらしめているものの正体であり、これこそがプロの仕事の絶対にして最後の拠り所となる。

こうした僕の興味関心からして、経営者よりも広義のアーティスト（芸術家、作家、俳優、学者などの「私の履歴書」のほうがむしろ面白い。何らかの「芸」でその道を切り拓いてきた人々なだけに、センスにもコクがある。

例えば横尾忠則氏。ご本人の紆余曲折ももちろん読ませるのだが、それ以上に横尾氏が出会った人々の描写が抜群に面白い。スタイルのある人は他者のスタイルについても感度が高い。とりわけサルバドール・ダリとその夫人のガラとの邂逅のエピソードには痺れた。この一心同体にして特異なカップル（ダリには存命中に「私の履歴書」に登場してほしかった）は「センスとは何か」を考えるうえでまたとない素材を提供してくれる。僕もこれまでダリについていろいろな本を読んでみたが、横尾氏による短い回想ほどダリ＆ガラの本質を浮き彫りにした文章を他に知らない。連載されたのはずいぶん昔（1995年）だが、今でも細部まで覚えている。

同じ分野で活躍した人のコントラストも面白い。野依良治氏と益川敏英氏。いずれもノーベル賞を受賞した偉大な科学者だが、野依先生が研究成果に向けて邁進し、強烈なリーダーシップを発揮するのに対して、益川先生は初期の大きな業績を成した後、研究に対するモチベーションが下がり、趣味のオーディオに走ったりする。こういうところが面白い。ビジネスの分野でいえば、面白いのは何といっても創業経営者だ。最近の「私の履歴書」でいえば、高田明氏（ジャパネットたかた創業者）と横川竟氏（すかいらーく創業者）の回を面白く読んだ。いずれも強烈なスタイルの持ち主。その独自のセンスの上に商売が開花する。経営が何よりも経営者の自由な意思にかかっているということをまざまざと教えてくれた。

ここからが本題である。僕の長い「私の履歴書」歴の中でも、「事件」というべき連載に遭遇した。これを書いている時点で連載中の石原邦夫氏（東京海上日動火災元社長）の「私の履歴書」である。

創業経営者と比べると、大企業の経営者による「私の履歴書」はいったいに面白くない。とくに金融系はつまらないという傾向がある。それにしても、石原氏の連載には刮目させられた。桁外れにつまらないのである。他の大企業経営者と比べても、つまらなさの次元が違う。それがたまらなく面白い。

読んでいない方のために内容をかいつまんで紹介する（ある意味で読みどころ満載なので、要約するのが心苦しい。ぜひ原文に当たることをお薦めする）。日比谷高校から東京大学法学部に進学。東京海上に就職する。新人の使い走り時代を経て、商品開発部門に配属。専門書で勉強し、世の中の変化に合わせて保険商品をつくる楽しさを知る。仕事が終わると先輩と2時3時まで飲み歩く日々。しかし、非常事態に対応するのが損害保険会社。翌日の仕事に差し障るのはプロとしてよろしくないと、日付が変わるまでに酒席を終えるようになる。

顧客対応の難しさ。人が行きかう駅での土下座。代理店から出禁をくらっても、粘り強く何度も足を運び、ようやく納得してもらう。丁寧に意図を説明して誤解を解き、信頼を勝ち得るために努力を惜しまないことが大切と知る。

部下と上司の板挟みに苦しんだ課長時代。ストレスで十二指腸潰瘍を患う。職場の雰囲気がギスギスしていて、3人の女性社員が辞めたいと言い出す。ムードを和らげることに努めた結果、「まだ続けます」といってもらったときの嬉しさ。

畑違いのシステム部門に異動に。勤務先は国立市のコンピューター・センター。初対面の人ばかり。打ち解けるために週末を除いて56日間連続で部下と飲み、本店からの無理難題で疲弊しているシステム部門の現場の悩みを知る。本店との風通りをよくしようと努力を重ねる。丸の内OLになりたくて入社した女子社員が国立に行くのがイヤだと駄々をこねることもある。本店まで自ら迎えに行って、国立勤務を受け入れてもらう。

取締役に昇進し北海道本部長に。当時、取引先の拓銀は破綻の危機。正月、拓銀の守り神の神社にお参りし、「拓銀さん、今年もどうか頑張ってください」と祈る。支援に奔走するが、拓銀はあえなく破綻。「いろいろご支援いただきましたが、こういう結果になりました。本当に申し訳ありません」という副頭取にかける言葉もなかった——。

こういう調子で、淡々とした仕事生活の回想が延々と続く。ヤマはない。オチもない。波瀾も万丈もない。強いて言えば、連載17日目（これを書いている時点で最新の回）の次期社長を打診されたときの話がヤマといえばヤマだ。前社長に「後任は君だ」と言われ、予想もしなかった話に呆然とする。「考えさせてください」とだけ答え、帰宅してから仏壇の両親に「大変なことになりました」と語りかける。それをひそかに見ていた夫人（またこの奥さまが石原氏にお似合いの「古風でしっかりした」女性。女子大を出たばかりのときに高校時代の美術の先生の紹介でお見合い結婚。内助の功をいかんなく発揮。もちろん美人）が「お受けしたら……」。で、受けることにした――と、これだけなのである。

経営者の「私の履歴書」にお決まりの「のるかそるかの大勝負」とか「修羅場での決断」がまるでない。目の前の仕事に誠実かつ真摯に向き合う。こつこつと着実に小さな成果を積み重ねていく。「週末を除いて56日間連続で部下と飲む」ということは、ちゃんと日数を数えていたわけで、この辺真面目としか言いようがない。

大企業の経営者が書き手の場合、月の半ばから後半に入るころに、「次期社長は君だ」のエピソードが出てくるのがお決まりのパターンとなっている。社長のポストを打診されて「青天の霹靂だった」とか「思ってもみないことであった」というのがこれまたお約束なのだが、読んでいる僕にしてみれば「よく言うよ。絶対自分が次の社長になる、それだけ考えてやってきたんじゃないの……」と思わせる人が多い。ところが、石原氏の場合、本当に「予想もしなかった話に呆然」としたのではないかという気がする。それだけ筆致が率直なのだ。

はじめは単に「面白くないなあ……」と流し読みしていたのだが、そのうちぐいぐいと引き込まれ、連載10日目を過ぎたころからは襟を正して読むようになった。その桁違いのつまらなさに、むしろ損害保険の大会社の経営者としての凄みを感じたからだ。

昨今の論調では、優れた経営者とかリーダーというと、「創造的破壊」とか「革新」とか「挑戦」とか「大胆にリスクを取って……」とか、そういう言葉がついて回る。確かにイーロン・マスク氏の書く「私の履歴書」は波瀾万丈、修羅場の連続、ジェットコースターのような展開で面白いに違いない（いずれ書いてもらいたい。もっともマスク氏の場合、本当に実業家として成功するかはまだ分からない）。しかし、そればかりが経営者ではない。

要するに、「種目が違う」のである。面白く読ませるような波瀾万丈の人生、マスク氏に代表される特異な個性全開の起業家タイプの人だったとしたらどうか。規制ガチガチ、ルール堅牢な損害保険の業界で、伝統ある大会社をうまく経営できるわけがない。石原氏のように、淡々と誠実、真摯かつ真面目、周囲に配慮をしつつ、調和を重んじながらひとつひとつの仕事にきちんと向き合える人だからこそ、社長を託され、大任を果たせたのである。

経営は詰まるところ実績である。ひとつの指標に過ぎないが、石原氏が社長を務めていた期間に、東京海上ホールディングス（旧ミレアホールディングス）の株価はおよそ2・5倍に伸びている。毎朝コーヒーを飲みながら「私の履歴書」を読んでいる外野席の僕にとって面白かろうが面白くなかろうが、そんなことはどうでもいい話だ。

連載が始まったころ、そのつまらなさに驚いて、これはメモしておかなければと、ツイッターに「桁外れにつまらない」と書いた。すると、東京海上の社員や石原氏を知る方々から、「実際はとても面白い人」「肝の据わった、豪快な人」「人情味のある無私の人」というコメントが即座に寄せられた。もちろん僕は石原氏と面識がないが（あったらこんな失礼な文章は書けない）、実際にそういう人なのだと推測する。これまた推測だが、実際にヤマ場や修羅場を踏んできたとしても、石原氏のような人物はそういうことをこれみよがしに自伝に書かないのだろう。あくまでも淡々とした筆致であっさりと流す。そう考えて読むと、石原氏の文章は実に味わい深い。つまらなさの背後に、一貫して流れる美学を感じる。行間から強烈な矜持が伝わってくる。確固としたスタイルがある。

繰り返すが、この文章を書いている時点では、石原氏の「私の履歴書」は連載の途中である。まだ社長になったばかりで、東京海上日動火災という会社も発足していない。もしかしたら、ここから急転直下、ハラハラドキドキの波瀾万丈、ヤマ場の連続ということになる可能性もないではない。

しかし、きっとそうはならないだろう。僕はもはや石原氏に全幅の信頼を置いている。

4―2

空想と理想と理念

松下幸之助『道をひらく』

去年と今年、2年連続して「日中経営者ラウンドテーブル」に出席し、中国企業の経営者と対話する機会を得た。主催は北京の長江商学院。経営者向けの教育プログラムで中国でも最も高い評価を得ているビジネススクールである。彼らのプログラムの参加者および卒業生の経営者を日本に派遣し、日本企業の経営者とラウンドテーブル形式で面と向かって議論しようという趣旨の会議だった。

日中間には政治や世論で緊張が続いているものの、経営者同士の対話では率直かつ建設的な議論が続いた。中国側の参加者のほとんどは創業経営者。いよいよ「成熟」の2文字が近未来の問題としてうっすらと見えてきたせいか、彼らの日本と日本企業に対する関心は以前よりも増しているような印象を受けた。

日本の企業や経営から学ぼうという意志をもつ中国企業の経営者は日本人が想像するよりもずっと多い。日本の企業経営の良いところ、悪いところを実によく勉強している。印象深いこととして、圧倒的多数の中国人経営者が、日本から学んだこととして、松下幸之助の経営理念を挙げていた。例えば『道をひらく』。多くの中国企業の経営者がこの本を熟読し、強い影響を受けていることに改めて驚きを覚えた。

松下幸之助の構想した独自の経営システムや経営戦略が卓越したものであったことは言うまでもない（その本質については、加護野忠男『松下幸之助に学ぶ経営学』という秀逸な本がある）。しかし、現在の中国企業の経営者に強いインパクトを与えたのは、経営の具体的な中身よりも、松下幸之助という天才経営者の残した「言葉」であった。

松下幸之助の『道をひらく』は時代や国境を越えて、人々の仕事と人生に大変な影響を与えた名著である。僕も影響を受けた一人で、この本は自分自身の仕事生活の指針となっている。

『道をひらく』を再読してみる。実に平易な言葉で自らのよって立つ思想と哲学が書かれている。その中身にしても、特別なことや独創的なことがあるわけではない。僕がとりわけ素晴らしいと思う節を取り上げても、冒頭の「道」に始まり、「素直に生きる」「さまざま」「是非善悪以前」「本領を生かす」「断を下す」「自分の仕事」……ときりがないが、いずれも言葉にしてしまえばごく普通のことを言っている。ちょっと気が利いた小学校の先生なら生徒に言って聞かすような話だ。あっさりいえば、「言われてみれば当たり前」のことばかりである。

にもかかわらず、松下幸之助の言葉がここまで大きな影響をもつに至ったのはなぜか。

もちろん経営者としての並外れた実績もあるだろう。しかし、偉大な実績を残した経営者は他にもいる。松下幸之助は、言葉において強烈なのだ。

松下幸之助の言葉が強いのは、それが腹の底から出ているからである。一言一言に実体験に根差したリアリティがある。フワフワしたところが一切ない。余計なことは言わない。本質だけを抉り出す。経験のなかで自らの血となり肉となった真実だけを直言する。だから言葉が深く、重い。

松下幸之助と同時代を生きた評論家の小林秀雄が味わい深いことを言っている。「僕は、理想なんて抱いたことはありません。たいへん貧乏でしたからね。女を養うためもあって、大学の時から僕は自活していました。原稿を書いては、金にかえていた。もちろん僕の名前を出しての原稿なんか買ってくれるところはないから、匿名の埋め草原稿ばかりでした。……僕には理想などなかった。僕が原稿を売らなきゃ、二人は暮らしていけなかった。その頃の時代は、左翼が盛んなときでした。いっぱい左翼がいました。……そして、左翼は空想していたな。日本を共産主義にしようという空想に燃えていた。だけど、彼らは生活に困らなかった。……僕には理想がなかった、それが君への答えだ。そんな生活をしているうちに、だんだんと僕の中から理想が育ってきたんだ。埋め草原稿を書いているうちに、もう少しうまく書こうと思うようになったんだ。そんなふうに僕はやってきた。」

松下幸之助の言葉は常に理想を語る。表面的な言葉だけを追えば、「きれいごと」に聞こえる面もある。しかし、そうした「言われてみれば当たり前」の言葉に尋常ならざる迫力があるのは、経営という日々のリアルな仕事と生活の中で、繰り返し困難に直面し、どうしようかと考え、考え抜いた先に立ち現れた人間と仕事の本当を凝縮しているからである。彼が長年に渡る経営者としての経験の中で摑み取った、ありとあらゆる滋養にあふれた素材をすべてぶち込んで煮詰め、すべてを濾過した果てに残った無色透明の出汁のようなものだ。

小林秀雄は空想をしなかった。現実の世の中での生活者としての経験を積み重ねる中で理想を創った。しかし、松下幸之助は評論家や思想家ではない。企業経営者であり、実務家である。彼は自らが摑み取った言葉で人を動かし、組織を動かし、事業を動かし、企業を動かした。言葉にそれだけの力がなくては、経営者である彼にとっては無意味だった。松下幸之助の言葉は絵空事の「空想」でないのはもちろん、「理想」でもなかった。それは文字通りの「理念」だった。それが言葉の正確な意味での理念であったからこそ、国境と時代を超越して人々の道標になり得たのである。

4―3

競争戦略の醍醐味

ジーナ・キーティング『NETFLIX　コンテンツ帝国の野望』

副題に「GAFAを超える最強IT企業」というそれらしい言葉が躍っているが、これは売るためにとってつけたもの。内容とは無関係なので注意されたい。とはいえ、そこに本書が傑作たる所以があるのでますます注意されたい。

「GAFAを超える」かどうかは別にして（商売の中身が相当に異なる）、現在のネットフリックスは確かに「最強IT企業」の一角を占めている。「グローバルインターネットテレビ」のパイオニア。2018年時点での契約者は全世界で約1億4000万人。コンテンツ配信のみならず、独自コンテンツの制作費でも他社を圧倒している。エンターテイメント業界の競争構造を一変させ、ウォルト・ディズニーを脅かす存在にまでなった。

その優位は資金力ではない。膨大な顧客の利用データに強みの正体がある。誰が、どこで、何時に、何時間、どういう映画を観ているのか。どのシーンを早送りし、どの俳優を贔屓にしているのか。ビッグデータとアルゴリズムを駆使することによって契約者の行動を驚くほどの精度で予測する。従来の映画制作が出たとこ勝負のジャンケンとすれば、ネットフリックスは後出しジャンケンをしているに等しい――というのは現在の姿。本書は1997年の創業からのネット配信前夜を対象としている。

創業以来10年近くにわたり、ネットフリックスは「郵便DVDレンタル屋」だった。この事実を忘れてはならない。当時の業界を支配していたのは実店舗のネットワークを全米に張り巡らしたブロックバスター。ディフェンディング・チャンピオンとチャレンジャーとの丁々発止の競争の成り行きが最高に面白い。事実の詳細だけでなく、両サイドの経営陣の心情心理にまで深く踏み込んだ記述にコクがある。競争戦略の事例として、これ以上ない示唆に富んでいる。

ブロックバスターにしても防戦一方だったわけではない。果敢な対抗策で何度となく挑戦者をダウン寸前まで追い詰める。その都度、ネットフリックスは自分の得意技に磨きをかけ、巻き返す。ブロックバスターこそがネットフリックスをストリーミング配信の王者へと鍛え上げた「影のトレーナー」だったといってよい。競争の面白さと不思議を鮮やかに描いている。

刻々と技術が進歩し競争環境が変化する中で、ネットフリックスは痺れるような意思決定で戦術的な後退や転進を繰り返し、ついに業界王者の地位についた。しかし、戦略のコンセプト――いつでもどこでも好みのコンテンツを簡便に観ることができる――とそのための基本戦略はまったくブレていない。ただのレンタル屋だった当初から社名は「ネットフリックス」だったのである。

本書が描くネット配信前夜にネットフリックスの戦略と競争優位のすべてがある。裏を返せば、この時期を知らなければネットフリックスの本当の姿は分からない。いま読むことに価値がある。原書の出版は2012年。翻訳が遅れたことを喜びたい。

4―4 ROE経営の本丸に切り込む

「山を動かす」研究会編『ROE最貧国日本を変える』

「日本型スチュワードシップ・コード」や「日本版コーポレートガバナンス・コード」が相次いで提示され、ROE（自己資本収益率）という言葉がここにきて俄然注目されるようになった。

本書を貫く問題意識は、著者たちの研究会の名前にもある「山を動かす」。このところ日本企業の株価は大きく上昇したが、欧米諸国と比べて株式市場の長期パフォーマンスの低迷ぶりは依然として際立っている。

この背景にあるのが、「世界最貧国」水準の日本の上場企業のＲＯＥだ。ＲＯＥの長期分布をみると、分布の山の頂点にある最頻値はＲＯＥ４－５％でしかない。このことがマクロにもミクロにもさまざまな問題の温床となってきた。最頻値を世界標準の12－13％まで10ポイント近く右に動かす。本書はその原因に遡ったうえで、将来に向けた骨太の指針と方策を提示している。

ＲＯＥは「資本効率」として語られることが多いが、本書は「資本生産性」という言葉にこだわる。運用パフォーマンスの向上という投資家目線で見ればＲＯＥは「資本効率」に過ぎない。ＲＯＥは株主にとって重要である以上に、企業経営と国民経済にとって重要な生産性指標である。品質や労働生産性の高さがかつての日本企業の競争力を支えたように、これからは資本生産性を高めることでグローバルな資金獲得競争に伍し、事業基盤を強固にしなければならない。これが本書の認識だ。従来の株主・金融サイドに立った議論は、「じゃあ、どうしたらよいのか」というアクションについては「何とかしろ」で終わってしまう。自社株買いや配当などの手っ取り早い株主還元策ばかりが注目されるという成り行きだ。

ＲＯＥを事業マージン、総資産回転率、財務レバレッジに3分解して日米欧を比較した議論が興味深い。日本の上場企業の回転率は欧米よりもむしろ高く、レバレッジにもそれほど大きな格差はない。ようするに「儲かっていない」のである。資本構成や株主還元といった財務的工夫、社外取締役などの体制整備、法人税やのれん償却といった制度上の対処は根本的な解決にならない。資本生産性向上の焦点は、個別事業の稼ぐ力という事業経営そのものにある。

このところROEに関する論説や書籍は枚挙にいとまがない。世の中が注目するほど「玉」よりも「石」がずっと多い玉石混交状態になるのが世の常である。手っ取り早くROEを改善させるための方策やROEに注目した投資術を説く指南書が溢れる中で、本書はもっとも地に足の着いた議論を展開している。問題の本丸に切り込んでいる。迫力あるメッセージに満ちている。

ROEはR（儲け）を分子に、E（自己資本）を分母とした分数である。自社株買いやレバレッジといった「分母操作」に躍起になる前に、まずは本書を読んでほしい。

4—5 シリコンバレー発、原点行き

リード・ホフマン他『ALLIANCE』

シリコンバレーの起業家である著者たちが、新しい雇用のモデルを示す。「アライアンス」という言葉に込められた本書の主張を一言でいうと、雇用を「取引」でなく「関係」として再定義するということだ。それは自立したプレイヤー同士がお互いにメリットを得ようと、期間を明確に定めて結ぶ提携関係である。会社と個人が互恵的でフラットな関係を結び、双方から時間と労力を投入し、結果的に雇用者は強いビジネスを、社員は優れたキャリアを手に入れる。そこでは相互信頼と相互投資が欠かせない。

そう言うと、いかにも「シリコンバレー発の先端的で革新的な経営モデル！」という威勢のよい話、もしくは「日本の会社は遅れている！」といういつもの単純進歩主義的かけ声に聞こえるが、実際はまったくそうではない。そこに本書の深みと味わいがある。

かつてはアメリカでも終身雇用が当たり前だった。それが80年代以降、急速に雇用が「短期取引」になる。むき出しの労働市場の商品と化した個人は、少しでも良い条件を求めて目先のオファーに飛びつく。会社はコストとベネフィットをその都度天秤にかけた取

引で経営を最適化しようとする。両者の信頼は損なわれる。それでも、「ビジネスってこんなもんだろ……」で納得してしまう。

著者たちの問題意識は現在のアメリカの雇用に対する懐疑にある。アライアンスの関係は、新奇な経営モデルというよりは、これまでの行き過ぎた「取引」をあるべき姿へと揺り戻す試みである。「終身雇用の時代は終わった。これからはもっと柔軟で流動的な雇用へ移行しなければ……」という類の今の日本の論調と逆を向いているのが面白い。

科学や技術の世界では物事が一方向的に進歩する。しかし、企業や経営という人間を相手にした世界はそれほど単純ではない。過去より現在が全面的に「良い」わけではない。「進歩」するにしても、それは行ったり来たりしながらの話で、ジグザグの軌跡を描く。

経営という「人の世の営み」では、大切なことほど「言われてみれば当たり前」のことが多い。本書にしても、一見新しい提案のようにみえるが、その実、古今東西の人間にとって最も自然な「仕事の姿」をストレートに描いている。子供のころにやった「お店屋さんごっこ」を思い出してほしい。そこで（暗黙のうちに）想定されていた「雇用」はここに描かれていたアライアンスの関係そのものではなかっただろうか。

人間の本性を直視する原点回帰の書である。

4—6

対比説明の妙を味わう

野口真人『あれか、これか「本当の値打ち」を見抜くファイナンス理論入門』

二流の人の「分かりやすい説明」は要点の箇条書きに明け暮れる。肝心の論理の本質部分には踏み込まない。表面的には分かりやすいように見えるが、実のところ表層をなでているに過ぎない。

本書はファイナンスという複雑な思考の本質（だけ）を誰にでも分かるように説明する。いくつかの著作を読んで、著者の優れた解説能力を知ってはいたが、それにしても本書には恐れ入った。

ノーベル賞を受賞した四つの代表的なファイナンス理論（MM理論、モダンポートフォリオ理論、CAPM、オプション価格評価モデル）が分かる、というのが出版社の売り文句。その通り、これらの理論の説明は確かに分かりやすい。

しかし、著者が本領を発揮するのは、理論の中身よりもその前提の部分だ。ファイナンスに固有の（それゆえ相当に癖がある）思考様式の本質、ここを押さえておかなければ理論の理解もまた意味を持たない。僕もそれなりに分かっているつもりだったが、本書を読んで改めて気づくことが多かった。

著者の説明が秀逸な最大の理由は、Xが何かを説明するときに、一見似ているけれども本質的には異なるYを持ち出すところにある。XとYを対置し、「YでないのがXだ」だというアプローチでXの本質を浮き彫りにする。

その白眉が本書の2章にあるファイナンス(X)と会計(Y)を対比した議論だ。この二つは一見兄弟というか、ご近所同士のような関係にあるように見える。ところが、思考の本質においては真逆を向いている。会計的思考でもっとも価値があるのは現金だ。だから流動性比率は高いほうがいい。ところが、ファイナンス思考では現金はもっとも価値が低い資産となる。こうした視点の設定を通じて、価格と価値の違い、キャッシュとキャッシュフローの違いといったファイナンスの核心にある思考が次々に明らかになる。

ファイナンスは価格と価値を峻別する。現時点での価格ではなく、将来に渡ってお金を生み出す価値こそが選択基準になる。しかし、最後のところでは全ての価値を価格に換算してしまうファイナンスは根本的な「矛盾」を抱えている。これは人間が本来的に抱える矛盾でもある。本書は単なる解説書ではない。ファイナンスという思考の「底の浅さの奥深さ」を見据えることによって、人と人の世の本質を垣間見せてくれる。

4—7

日常生活の中にある「ファイナンス」

野口真人『お金はサルを進化させたか　良き人生のための日常経済学』

著者は複数の金融機関での経験の後に、企業価値評価に特化したコンサルティング会社を創業したファイナンスのプロ。プロフィールを一見すると、投資の指南書やファイナンスの分析手法を伝授する実用書をイメージするが、本書は趣を異にする。ファイナンス理論のもっとも基礎となる、それゆえ重要な概念を「読者の腑に落ちる」ように説明する。そこに本書の目的がある。

お金の理論の基礎概念をごく日常の生活や行動の文脈で説明する。この説明が抜群にうまい。だから理解が腹落ちする。たとえば、第1章では世界一の投資家ともいわれるウォーレン・バフェットの意思決定を家庭の主婦の買い物や商社に勤める30代女性の日常の行動と比較して、経済的な意思決定が共通の原理原則でなされていることを説明する。そこから「価格」と「価値」の違い、「消費」と「投資」と「投機」の区別、キャッシュフロー、不確実性と確率、リスクとリターン……、このような基礎概念が自然な流れの中で理解できる。

ファイナンスの入門書は数あまたあるが、無味乾燥な数字の例で説明するから分かったようで分からない話が多い。これに対してタイトルにある通り「日常経済学」のスタンスを取る本書の説明は、ごく普通の生活者に腹落ちする。ひと通り分かったつもりになっている読者にとっても改めてファイナンスの概念の本質を理解する助けになるだろう。

本書は実用性においても優れている。従来のファイナンスの解説書は投資や財務分析をする人でなければ活用できないものがほとんどだった。しかし本書は、仕事としてファイナンスに関わることがまったくない人にこそ価値がある。現実の生活や仕事で十全に応用できる。日々の生活でのお金の使い方をお金の理論に当てはめて振り返れば、それまでの自分のお金に対する考え方にあった無意識のクセや歪みを知らされるはずだ。

なんてことはない日常生活の断片からファイナンスの概念を理解し、その概念の意味合いを日常の経済行動に当てはめて考えてみる。こうしたお金に関わる思考の往復運動をしているうちに、しみじみと気づかされるのが「お金は手段に過ぎない」という当たり前の真実である。ここに本書の裏テーマがある。「お金は便利な道具であると同時に危険なものであり、取り扱いに注意しなければならない」と著者は強調する。

とかくお金に振り回されがちな世の中にあって、お金に対するぶれない構えを与えてくれる一冊としてお薦めする。

4―8

「稼ぐ手口」の変遷を追いかける

三谷宏治『ビジネスモデル全史』

ビジネスモデル、すなわち「稼ぐ手口」。本書は、それぞれの時代で革新をもたらした商売の手口を歴史的に概観する。商売の基本となる決済から話は始まる。少し前のペイパルや今のスクウェアといった最近の事例だけではない。15世紀にメディチ家が開発した国際決済システムにまで遡り、19世紀末のトーマス・クックとアメックスによるトラベラーズ・チェック、1950年代に生まれたクレジット・カード……、と連綿と続くビジネスモデルの変遷を追いかける。

次から次へと「新しいビジネスモデル」が生まれる。ところが、その手口を支える論理の本質部分は時代にかかわらずほとんど変わらない。ここが実に面白い。それもそのはず、普通の人間が普通の人間に対して普通にやっているのが商売。人間の本質が変わらない限り、商売の本質もまた変わらない。

近代的小売業の世界的パイオニアの三井越後屋に始まり、チェーンストアの始祖のA&P、百貨店のメイシーズ、GMSのシアーズを経て、ディスカウントストアのウォルマート、さらにはセブン－イレブンに至る小売業の稼ぐ手口とその背後にある論理の変遷がとりわけ興味深い。それぞれに革新的なビジネスモデルだが、いずれも満たそうとしている顧客のニーズは、「利便性」や「信頼性」「安価」など、言葉にしてしまえばありきたりのものばかり。いつの時代も変わらない。

にもかかわらず、ビジネスモデルの革新と進化には終わりがない。ある商売の手口がそれまで顧客が抱えていた問題を解決し、それが支配的なビジネスモデルとして定着する。しかし、今度はその商売のやり方それ自身が新しい問題や矛盾を生み出す。そうなると、ほとんどの人は「この商売はそういうものだ」と思い込んでしまう。問題は直視されず、矛盾が矛盾のまま放置される。そしてある時、思い込みから解放され、新しい手口を思いつく革新者が登場し、新しいビジネスモデルが生まれる。この繰り返しで小売業が進化してきたことがよく分かる。

いつの時代もやたらにバタバタ忙しいのが商売。「いま・ここ」にばかり目が向き、時間軸での奥行きをもった視点や理解が希薄になる。そこに「全史」の価値がある。

文章は過剰なまでに平易。それぞれのビジネスモデルについての記述もごくあっさりしている。個人的な好みでいえば、対象の数を絞ってでも、もう少しこってりと論じてもらいたかったが、それは著者の意図ではないのだろう。幅広い層の読者にお薦めする。ビジネスに対する興味と関心をそそること請け合いだ。

4—9

上品な会社の闊達な経営

フェルディナント・ヤマグチ『仕事がうまくいく7つの鉄則 マツダのクルマはなぜ売れる?』

世界の自動車市場でのシェアはたったの2%。にもかかわらず、ファンの心をがっちりつかみ、好業績を叩き出す。特異な自動車メーカー、マツダの商品企画・開発・製造の第一線にいるリーダーへのインタビュー集。著者のアツく率直な姿勢がいい。ぐいぐいと核心に迫るインタビューがマツダに独自な美点を浮き彫りにしていく。

かつてのマツダはあるモデルがヒットするとなりふり構わぬ販売攻勢に出たり、闇雲に販売チャネルを拡大するなど「売る」ことに汲々としていた。しかし、ヒット車も熱が冷めてしまうと、在庫の山が残るばかり。ディーラーへの押し付けとそれが招く大安売に明け暮れた。

復活したマツダは「売る」ではなく顧客に「選び続けてもらう」ことを優先する。「クルマは決してシェアじゃない。お客さまとの関係の深さですよ」「シェア2%ぐらいの会社は好きなことをやっていれば大丈夫」。小さいことを恥じず、むしろ強みとしている。

コンセプトが明確である。言葉にすれば当たり前のように聞こえるが、「運転する楽しさ」こそをクルマの価値と定義し、すべてに優先させる。性能や乗り心地からデザインまで、大手メーカーとは一味違う。ここに差別化の根本がある。燃費よりも楽しさを優先する。本当に環境負荷を低減したいのであれば、電車に乗ったほうがいい。そもそもクルマに乗るのはナンセンス――。コンマ何キロの燃費の数値競争から距離を置く姿勢が清々しい。

「あのクルマは本当にいい!」競合他社のクルマでもそれが本当に優れていれば素直に認める。認めるだけでなくベタ褒めする。実に品がいい。爽やかである。これにしてもクルマ造りに明確な価値の基準があるからだ。

走る歓びの重視は嘘ではない。それが証拠に、日本カー・オブ・ザ・イヤーを受賞した現行の「ロードスター」は前のモデルよりも馬力は小さく、サーキットでのタイムも遅くなっている。運転したときの気持ちよさや伸びの良さといった数値化できない「乗り味」を追求した結果だ。業界のだれもできなかった画期的な成果だと思う。

こうした成功の背後には、規模のハンディを乗り越える超フレキシブルな生産革新がある。低コストの汎用機を使って設備コストを低減し、さまざまな工夫によって稼働率を上げていく「変種変量方式」の生産ラインを取材した章は圧巻だ。

長期低迷に苦しむ日本の家電メーカーの人々にこの本を読んでもらいたい。「クルマとエレキは違うよ……」と言うかもしれない。しかし、マツダの思想と戦略から学ぶべきことは大きいはずだ。本書には、日本のもの造りが忘れていたこと、そしてますます成熟していくこれからの製造業が忘れてはいけないことが全部詰まっている。

4—10

アナロジーの有用性

井上達彦『ブラックスワンの経営学』

経営学研究の方法は主として2つに大別できる。ひとつは統計分析を用いた仮説検証型の研究で、もうひとつが事例研究（ケーススタディ）。アカデミズムの主流は前者で、主要な学術雑誌に掲載された論文の9割が統計分析だ。事例研究は量的には存在感が薄い。しかし、面白いことに、アメリカ経営学会（AOM）が毎年選出するその年の最優秀論文賞の研究の半分以上が事例研究となっている。

本書は事例研究という方法論の魅力を鮮明に描く。タイトルがうまい。ブラックスワン（黒い白鳥）とは「ありえないこと」の喩え。経営現象におけるブラックスワンを見出す。ここに事例研究の強みがある。事例研究はコンテキスト（ある事象を取り巻く状況や脈絡）を含んだ考察を可能にする。ある相関関係が一般的に成り立つことが統計分析で確認できたとしても、「なぜそうなるのか」という論理に立ち入るのは難しい。事例研究は複雑な現象の背後にある因果メカニズムを解明するうえで優れている。

最優秀論文賞を受賞した五つの研究が紹介されている。「急進的な組織変化が、そのプロセスで創発的にゆっくりと進行するのはなぜか」「なぜ効果が認められているイノベーションが普及しないのか」、といった通説に反する現象のメカニズムを探る研究の中身が面白いのはもちろんだが、事例研究という思考様式が実務家にとって有用であることに本書の力点が置かれている。

経営者は重要な意思決定をしばしば迫られる。しかし、そこでの事象は特殊なコンテキストのもとでの一回性の出来事である。まったく同じ前例はない。こうやったらうまくいくという法則はもとよりない。しかし、過去に起きた事例の中から論理的に類似したパターンを選び、それを当該の意思決定の状況に適用することで、よりよい行動が可能になる。これがアナロジーという方法だ。

優れた経営者は決まって優れたアナロジーの使い手である。過去の自分の経験を「事例研究」し、そこから「ようするにこういうことだ」という論理を引き出し、個別の意思決定に適応する。自らの経営経験が事例として最も強力なのは間違いない。しかし優れた事例研究を知ることは、またとない経営疑似体験となる。実務家にとっての事例研究の最大の意義は、アナロジーのベースとそれを現実に適用する論理の力を豊かにしてくれることにある。

経営のもっとも深淵なアートの部分への扉を開く一冊である。

4―11

「型稽古」の書

今枝昌宏『ビジネスモデルの教科書』

成功する戦略を31のビジネスモデルに分けて解説する。一見すると、よくある戦略コンサルタントの書いた指南書のように見える。タイトルもそっけない。ところがどっこい、本書は類書とは一線を画す。

「ビジネスモデル」について書かれた経営書は数多いのだが、玉石混交。この手の本は安直な「戦略テンプレート集」になりがちだ。率直に言って、玉よりも石のほうがずっと多い。

空欄を箇条書きで埋めていけば一丁上がり、という類のテンプレートに対するニーズは根強い。しかし、テンプレートの穴埋めでは優れた戦略はつくれない。拙著『ストーリーとしての競争戦略』でも強調したことだが、個別のアクションをつなぐ因果論理にこそ戦略の妙味がある。二流の「戦略スタッフ」がフレームワークやテンプレートを使って安直に戦略をつくると、肝心のロジックが骨抜きにされて、無味乾燥なアクションリストが出てくる。

ビジネスモデルというのは、映画に喩えれば、「ジャンル」にすぎない。「コメディ」「ラブロマンス」「アクション」「シリアスドラマ」といったジャンルを挙げるのは容易である。しかし、あるジャンルが他のそれよりも優れているわけではない。アクション大作のヒットが続いているからといって、「じゃあアクションものでいこう」と決めても、成功を約束しないのは言うまでもない。同じアクション映画でも、厳然として面白いものとつまらないものがある。ジャンルを網羅的に知っても、面白いストーリーがつくれなければ意味がない。戦略ストーリーが「面白い」かどうかは、収益や価値創造の背後にある論理にかかっている。

成功する戦略の「パターン認識」は有用で大切なのだが、それぞれが相互に異なった収益獲得の論理を持つように分類するという作業は、実際にやってみると非常に難しい（評者も一度やろうとして挫折した経験あり）。

31のパターンを網羅的に識別した後で、それぞれについて「なぜ」を突き詰める。ここに著者の本領がある。各パターンの概要と事例が示された後で、そこでなぜ価値が創造されるのか、有効に機能する条件は何か、落とし穴はどこにあるのか、こうした論点についての論理が簡潔に示される。実務経験の中で磨き抜かれた著者の論理のキレと洞察の深みを感じさせる。コンパクトであっさりした記述にかえって凄みがある。

これこそ最良の「戦略型稽古」の書。戦略の基盤を支える論理のショーケース。実践的な戦略論として秀逸極まりない。脱帽の一言。

4―12

「会社」が死んでも「事業」は生きる

冨山和彦『選択と捨象』

カネボウ、三井鉱山、ダイエー、JAL……。数多くの企業再生を手がけた著者が自らの高濃度の経験から搾り出した経営の本質が綴られている。凡百の経営書とは迫力と重みが違う。

「選択と集中」という言葉が人口に膾炙しているからか、それに合わせて『選択と捨象』

というタイトルになっている。しかし、「選択は捨象」という方が本書のメッセージをより正確に表している。

戦略の眼目は「何をしないか」にある。「何をするか」ではない。経営は常に資源制約の下で行われる。だとすれば「何をしないか」は「何をするか」と表裏一体だ。「何をしないか」を決めて、はじめて何かにコミットできる。捨象こそが選択であり、戦略的意思決定の本質である。「集中」は結果に過ぎない。

逆に言えば、資源制約がなければ戦略は不要になる。すべてを全力でやればいいだけの話だ。高度成長期は経営にのしかかる資源制約が緩かった。過去の緩い資源制約の下で発達したムラ型共同体の経営が、捨象という本来の意思決定をひたすら先延ばしにする。「あれもこれも」の多角化の中で、経営の目的が会社全体の存続にすり替わる。ここにカネボウをはじめとする一連の経営破綻の淵源がある。

「何をするか」の決定は、極論すれば誰にでもできる。しかし、一方の捨象ははるかにタフな仕事だ。捨象は現場から自然と出てくるものではない。だからこそ捨象の担い手としてのリーダーが必要になる。リーダーの存在理由は捨象にある。何も捨てられないリーダーはリーダーではない。

本書の議論でもっとも意義深いのは、「会社」と「事業」を分けて考えるという視点である。通俗的議論はソニーや日立といった「会社」を対象としがちだ。しかし、会社は株式会社という制度を機能させるためのフィクションに過ぎない。商売の実体はあくまでも「事業」にある。カネボウという「会社」が潰れても化粧品という事業は（その器を「花王」という会社に移すことによって）残る。利益と雇用を創出するのは個別の事業である。「見るべきは会社ではなく事業の質」にあるという主張を繰り返してきた評者としては、本書を貫くこの視点に全面的に賛同する。

当代きっての論客の一人である著者。その魅力は「体幹」の強さにある。軸がまったくぶれない。時流に乗った派手なことは言わないが、フワフワした話は一切しない。強い体幹から繰り出されるハードパンチ。スピードよりも重さに主張の価値がある。著者の本領発揮の快作だ。

4—13

淡麗辛口の仕事論

山田清機『東京湾岸畸人伝』

市井の人々の仕事と人生を静かに鮮やかに描くノンフィクション。著者の前作の『東京タクシードライバー』もそうだったが、人間ドラマの書き手として著者の力量は並大抵ではない。

素材がいい。築地のマグロの仲卸、横浜港の沖仲仕、馬堀海岸の能面師、木更津の寺の住職、久里浜のアル中病棟の広告アートディレクター、羽田の老漁師。職種こそ一風変わっているけれど、本書に登場する6人の男は表面的にはいずれも普通の人々。しかし、それぞれに濃密でコクのあるストーリーを隠し持っている。これだけの素材をごく自然に見つけてくるところに著者の芸がある。

文章がいい。「欲望に対する速度が遅いこと」。これが「品格」という言葉の最上の定義だと思うのだが、筆者の文章にはまことに品がある。淡々とした筆致。人間ドラマにありがちな臭みやあざとさがまったくない。住職の話では、最大のヤマ場であるはずのエピソードが暗示されるが、筆者はそこには踏み込まない。沈黙で終わる能面師の章は著者の文章芸の真骨頂。これには痺れた。この辺は実際に読んで味わってもらうしかない。

映画的な文章構成がいい。対象をとらえる著者のカメラが移り動いていくリズムがいい。読者を登場人物の世界に自然と引き込んでいく。どの章もゆっくりとその人物にアプローチするところから始まる。徐々に「凄み」の正体が明らかになる。読み手をワクワクさせる。

なによりも視点がいい。6話にうっすらと共通するテーマは「人間にとって仕事とは何か」。第一級の仕事論になっている。

のっけの「築地のヒール」の章はその白眉だ。マグロの仲卸という一見単純そうに見える仕事。しかしその実とんでもない深みがある。必然と偶然の織りなす成り行きでその世界に入る。試行錯誤を重ねて腕を磨く。練り上げられた戦略でその世界での卓越さを追い求める。稼ぎへのこだわりと利他への目配せが渾然一体となったバランス感覚。プロとしてのプライド。何よりもそれが好きだということ。ここに上質上等な仕事の本質が全部あるといってもよい。

若い世代が読めば、仕事の本当を教えてくれる教科書になる。中年以降の世代が読めば、ともすれば同じことの繰り返しに流れがちな日常の中で、改めて仕事への姿勢の背筋を正してくれる。

この本をそのままオムニバス映画にしてくれる人はいないだろうか。いまとなっては叶わないが、6話とも主演は高倉健でやってほしかった。間違いなく稀代の名作になったと思う。

本当に良い本を読んだ。読後感として、それに尽きる。

4─14

「能力構築」による競争優位の神髄を説く

藤本隆宏『現場主義の競争戦略』

円高、高い法人税率、自由貿易協定の遅れ、労働規制、環境規制、電力のコストとリスク。少し前まで喧伝されていた「六重苦」である。もともと土地も人件費も高い日本。輸出型の製造業企業にとってはこれ以上ないほどの逆境だ。

さてどうするか。ごく合理的な戦略的選択として、新興国に生産拠点を移転する手がある。こうした戦略思考を「ポジショニング」（位置取り）という。企業の外部に広がる競争環境におけるスマートな位置取りが高い業績をもたらすという発想だ。

これに対して、もう一つの戦略思考が、環境が逆風であっても、慌てず騒がず不断に現場の生産性に磨きをかけるという「能力構築」である。著者は一貫して能力構築に軸足を置く当代随一の実証経営学者である。現場に対する観察の量と洞察の質が尋常一様ではない。

ポジショニングの戦略は至極合理的にみえる。しかし、時間軸での変化を十分にとらえきれないという決定的な弱点がある。かつての中国は低賃金を武器に「世界の工場」を謳歌してきたが、5年で賃金は倍以上になり、そうも言っていられなくなった。六重苦にしても、円安に転じて以降はあまり耳にしなくなった。

もちろん近い将来に再度円高となる可能性もある。ようするに、競争環境は常に変化する。だから、環境変化に一喜一憂し、短期の損得勘定にとらわれると、せっかくの競争力の芽を摘むことになる。粛々と現場の能力構築に取り組んだ方が理にかなうという場合も多い。

為替が5倍の幅で変化することは滅多にない。しかし、現場の労働生産性が5年で5倍になるのはそう稀ではない。例えばトヨタ。超円高のさなかでも能力構築を諦めなかった。負わされたハンディキャップがかえって能力構築を後押しし、逆風が止むとたちまち業績が吹き上がるという成り行きだ。

もとより著者は「ものづくり国粋原理主義者」ではない。何を輸入し何を輸出すべきかという比較優位論に忠実に議論している。お客の機能要求や社会の課す制約条件が厳しい分野であれば、軽々に現場を切り捨てず、腰の据わった能力構築で勝負すべし、というのが著者の主張だ。

評者は著者の本をすべて読んできた。『日本のもの造り哲学』『生産システムの進化論』など名著は数々ある。いずれも議論が広範で主張が非常に濃いため、どれもかなり分厚い。「藤本初心者」は著者の骨太でぶれない主張を凝縮した本書から入るのが正しい。豊かな現場を持つ日本に生きる企業人必読である。

4─15

不動点としての論理

鈴木敏文『売る力 心をつかむ仕事術』

タイトルにあるように、売上規模9兆円のセブン&アイ・ホールディングスの舵取りをする著者が「ビジネスの秘訣」を開陳する。しかし、それは表面に過ぎない。本書は徹頭徹尾「論理の書」である。

なぜ論理が大切なのか。それが「変わらないもの」だからだ。商売を取り巻く現象や環境は刻々と変化する。「おいしいものほどすぐ飽きる」「真の競争相手は競合他社ではなく、絶えず変化する顧客ニーズ」と言い切る著者にとってはとりわけそうだ。しかし、だからこそ、不動の軸足としての論理が必要になる。論理は「視点」といってもよい。視点を固定せずに変化し続ける現象を追いかけてしまえば、目が回るだけだ。有効なアクションは打てない。

著者は「視点」と「ネタ」という言葉を使って説明する。その年の流行語になるような「ギャグ」を生み出しても、それはひとつの「ネタ」でしかない。すぐに飽きられる。なぜビートたけしが飽きられないのか。その時点で話題になっていることを「ネタ」にするにしても、ビートたけしは必ずそれを自分の「視点」を通して表現する。本当に面白いのは彼の「視点」で「ネタ」ではない。ここに「芸」の正体がある。「ネタ」は真似できても、「芸」は真似できない。

著者の経営の根幹にある論理を一言でいえば、「すべてをお客様の立場で考える」、これに尽きる。本書を一読して気づくのは、40年前のセブン-イレブンの設立以来、著者がこのこと「だけ」をやってきた、ということだ。そこに凄みを感じる。

顧客の立場で考える。言葉にすれば当たり前の話だ。ところが、これがやたらに難しい。売り手の視点と顧客の視点は往々にして正反対になる。売り手の立場で「合理性」を追求すればするほど、顧客の視点から離れることになる。

例えば、「完売」。商品が完売すると、売り手は自分たちに「売る力」があると考える。しかし、顧客の立場に立てば、完売は「欠品」。売り手の立場に立てば、とりあえず廃棄ロスをなくそうとするのが人情だ。これに対して、著者は機会ロスを小さくすることこそが顧客視点の経営だと考える。この論理が「単品管理」「仮説検証型発注」を生み出し、セブン-イレブン成長の原動力となった。

論理あっての「ネタ」なので、本書に盛り込まれた「ビジネスの秘訣」をそのまま取り入れても成功するとは限らない。しかし、論理の大切さはいやというほどよくわかる。自分の仕事を貫く不動点としての論理は何か。自問自答しながら読むことをお勧めする。

4―16

近代日本の「創造的対応」の奇跡的軌跡

米倉誠一郎『イノベーターたちの日本史』

VUCA（Volatility＝不安定性、Uncertainty＝不確実性、Complexity＝複雑性、Ambiguity＝曖昧性）の時代という。ちょっと待ってほしい。いくら現在の日本が先の見えない曲がり角にあるとしても、明治期の日本が直面したホンモノのVUCAと比べれば、「ベタ凪状況」といってもよい。本書が描くのは明治以降の日本の近代における「創造的対応」の軌跡と奇跡である。

本書の焦点は制度や政策や組織や機構ではなく、個人の営為にある。津波のように押し寄せる外生的・内生的挑戦に立ち向かったイノベーターたち、明治初期の砲術家にして貿易商の高島秋帆、維新官僚の大隈重信、旧下級藩士にして小野田セメント創業者の笠井順

八、三井三菱の両財閥を成すに至った益田孝と岩崎弥太郎、発明家にして企業家の高峰譲吉、こうした傑物が果たした創造的対応の過程を鮮やかに記述する。

どの章を読んでも面白いが、3章から4章が本書の白眉である。秩禄処分と士族授産という維新官僚の革新的な政策が小野田セメントという近代的産業資本を生み出していくという、政府と民間の「二重の創造的対応」を考察する。

財政基盤が脆弱な明治新政府は財政負担の抜本的な削減という課題に直面していた。最大の削減対象は、封建制度の瓦解によって不労所得者となった旧士族であった。ここで明治政府が繰り出したウルトラCが、「武士階級という身分を金禄公債で買い入れ、その公債を産業資本に転換する」という壮大な構想である。これに呼応して時代に鋭敏な一部士族たちがさらなる創造的対応に乗り出し、日本資本主義の担い手に自らを変身させていく。

つくづく思い知らされるのは、変革におけるリアリズムとプラグマティズムの重要性である。変革というと、よく言えば「理念」、悪く言えば「かけ声」が先行しがちだが、維新官僚と企業家たちは徹底して現実的で実際的であった。これが「身分の有償撤廃」という創造的な政策に結実し、産業近代化の波を生み出した。

マクロレベルの社会変革では既得権益の破壊は避けて通れない。ヨーロッパの市民革命と比較して、明治維新がはるかに血生臭くない革命になりえた背後には、「損得勘定」という人間の本性を見据えた明治日本のイノベーターたちの思考と行動があった。
歴史とは機械的な法則の上に繰り返される自然科学的な現象でもないし、規範的な先進性や後進性があるわけでもない。それは優れて人間的な営為であり、個性的な現象である。このような著者の歴史観が本書の記述のあらゆる部分に清々しいまでに行き渡っている。著者の面目躍如にして本領発揮の快作だ。

4―17

「日本発の最強商品」の誕生と進化

中部博『スーパーカブは、なぜ売れる』

知らない人も多いだろうが（僕もこの本を手に取るまで知らなかった）、ホンダの「スーパーカブ」は累計で最も多く売れているモビリティの工業製品である。その数、実に１億台以上。１９５８年の発売以来、59年をかけて１億台を突破している。フォードのモデルTが19年間で１５００万台、フォルクスワーゲンのビートルが58年間で２１５０万台。いくら低価格のバイクとはいえ、１億台という数字の凄さがわかる。しかもいまだ現役モデル。この記録は日々更新されている。日本発の最強商品といってよい。

スーパーカブには卓越した商品の特徴のすべてが詰まっている。ロングセラー。優れた基本性能。経済合理的で大衆向け。耐久性。快適性。楽しさ。シンプルで上品なデザイン。そして何よりも、骨太なコンセプトが商品の隅々まで浸透していること。

この超弩級の商品と商売にまつわる面白いエピソードが満載の本書だが、開発のプロセスを辿った前半にはとりわけ痺れる。開発総責任者は本田宗一郎。商品企画は右腕の藤澤武夫。創業直後から「世界一でなければ日本一ではない」というナイスな檄を飛ばしていた宗一郎が、創業10年目にして社運をかけて勝負に出たのがスーパーカブだった。

宗一郎の開発コンセプトは「手の内に入るモノ」。藤澤の商品コンセプトは「女性が乗りたくなるオートバイ」。それだけだった。設計から機能、性能、仕様からビジネスモデルに至るまで、この普遍的な価値を凝縮した骨太のコンセプトが着実に具現化されていった。

当時の未舗装の道路を走るためには、スクーターと違って17インチの大型タイヤでなくてはならない。快適な走行のためには、小型50ccでありながらスクーターの2ストロークではなく4ストローク・エンジンでなければならない。乗る人が跨ぎやすく乗り降りしやすいデザインでなければならない。片手が自由になるオートマチッククラッチでなければならない。服や靴が汚れないように、フルカバーのボディでなければならない。耐久性があるだけでなく、修理も簡単でなければならない。もちろん安全でなければならない。

これらの要件はことごとく開発上の難題となった。しかし、それらを一つひとつ克服することで、明快なコンセプトのもとに完全に統合された名車が生まれた。発売直後から日本で大ヒットしただけでなく、ホンダの本格的海外展開の第一歩であるアメリカ市場を切り拓いた先兵もこのスーパーカブだった。さらに、今世紀に入ってから、このコンセプトはアジアを中心とする新興国で開花し、生産台数の爆発的な成長をもたらした。

スーパーカブは日本をはじめとする多くの国で日常の風景に完全に溶け込んだ「自然な存在」になった。驚くべきことに、現在日本で売られているスーパーカブは、コンセプトはもちろん、メカニズムもレイアウトもシルエットも発売当時から変わっていない。生活と仕事のパートナーとしていまでも元気に走り回っている。

本書を読んで、久しぶりにバイクに乗りたくなった。

4—18

「エネルギー保存の法則」の悲劇

児玉博『テヘランからきた男』

相次ぐ不正会計の発覚、後継指名した社長との確執、原子力事業の莫大な特別損失、それを埋め合わせるための虎の子の半導体事業の売却——創業140年の名門企業、東芝の失墜の「戦犯」と呼ばれた男、西田厚聰元社長の不思議な人生を辿る。

会社はさまざまな事業の入れ物である。東芝という大きな会社の中にはさまざまな事業、すなわち「商売の塊」が入っている。企業経営を「会社の経営」と「事業の経営」に分けて考えると、事業経営者としての西田が稀有の能力の持ち主であったことは間違いない。

東京大学大学院で西洋政治思想史を研究していた西田は、留学生として日本に来ていたイラン人の才媛と結ばれ、学問を捨ててイランに渡る。なりゆきで妻が勤めていた東芝の現地法人に就職。イランのパース工場でモノ作りの現場に配属され、すぐに頭角を現す。その後、東芝本社に採用された西田は、世界初のラップトップ型パソコン事業の立ち上げと欧州での営業に剛腕をふるい、「Dynabook」を世界トップシェアのブランドに育て上げる。

ここまでの西田は東芝のスターだった。大胆な戦略と粘り強い実行、理路整然とした弁舌、博識と教養。余人をもって代えがたい事業経営者だった。その西田がなぜこのような結末を迎えなければならなかったのか。

本書から浮かび上がってくるひとつの答えは「エネルギー保存の法則」である。組織内での地位はその人に「位置エネルギー」をもたらす。例えば、予算や人事の権限、社内外での権威。組織が大きいほど、ポストの持つ位置エネルギーもまた大きくなる。

組織での地位は、本来は商売のための手段に過ぎない。商売を創り、戦略を構想し、人々を動かし、稼ぐ。この「運動エネルギー」あっての経営者のはずだ。ところが、次第に権力への執着と名声への意欲が手段の目的化を招く。位置エネルギーたっぷりの一方で、運動エネルギーを喪失する。東芝の社長を降りた後も「財界総理」を目指して醜い人事抗争にひた走る。トップに上り詰めてからの西田は完全に「エネルギー保存の法則」に支配されていた。

「偉い人がエライ」、これは二流の企業の特徴である。あらゆる企業の一義的な存在理由は顧客に対する価値提供にある。偉い人がエライ組織では、この原理原則がしばしば歪められる。組織上位者の利害やメンツ、内部の論理が優先する。その結果、組織が間違った方向に暴走する。

本書は東芝迷走の裏側を取材したビジネス書ではない。人間と組織が抱える負の本性を抉り取る悲劇の書である。

4—19

「社格」を創った「ヤマト魂」

日経ビジネス編『ヤマト正伝 小倉昌男が遺したもの』

社会インフラのイノベーション「宅配便」を生み出した稀代の経営者、小倉昌男。本書は小倉の退任以降、ヤマトグループの経営を担った5人の社長の経営の軌跡と、彼らからみた小倉像を描く。

小倉昌男は論理の人だった。彼が遺したもの、それは経営の骨格となる論理であった。本書で繰り返し出てくる「サービスが先、利益は後」という論理はその典型である。戦略的意思決定の要諦はトレードオフにある。サービスと利益はそれ自体では二律背反の関係にある。両方を追求すれば「二兎を追うもの一兎をも得ず」。小倉は常に優先順位をはっきりさせる。

小倉の経営の神髄は、トレードオフを単純な選択の問題としないことにある。サービスを取って利益を捨てるわけではない。目的はあくまでも両方を達成することにある。ここで論理の出番となる。論理とは「XがYをもたらす」という因果関係についての信念である。因果関係である以上、論理は必ず時間を背負っている。ようするに順番の問題である。ダントツのサービスを提供すれば利益は後からついてくる。荷物の受け手の満足を高めれば、やがて発送者はヤマトを選択する。

戦略の優劣は個別の打ち手そのもので決まるわけではない。戦略は箇条書きのアクションリストではない。打ち手が明確な論理でつながり、戦略が時間的な奥行きをもった「ストーリー」になる。ストーリーの中で表面的な二律背反が解け、好循環が生まれ、両方が実現される。ここに戦略の内実がある。

一人の経営者の求心力やカリスマと違って、論理には属人性がない。面白いことに、後任の5人は誰も「小倉昌男になろう」とは思っていない。彼らは「小倉さんだったらどうするだろう」と論理を辿ることによって変化に対応し、難局を打開してきた。経営者が何代も替わっても、小倉イズムが脈々と継承されているのは、それが論理の体系だからだ。

本書のヤマは、東日本大震災を受けての当時の社長、木川眞による「宅配便1個につき10円の寄付」——年間純利益の4割に相当する——という決断のエピソードだ。「サービスが先、利益は後」の真骨頂、「ヤマト魂」の本領発揮である。社会インフラを支える企業としての強烈な意志と矜持を表明した。「人に人格があるように、企業も『社格』というものを高めなければならない」と小倉は言っていたという。死後二十数年、小倉の遺した論理の骨格は確かに一流の社格として結実した。時代を超えて語り継がれるべき経営の本質を浮き彫りにする一冊である。

4—20

「非日常」より「異日常」

藻谷浩介・山田桂一郎『観光立国の正体』

現場志向のエコノミストと、スイスでの経験と知見を基に日本各地で観光地再生事業を手がける「観光カリスマ」。2人の著者が観光立国日本のあるべき姿とそれへの戦略を縦横に語る。

優れた戦略には必ずシンプルかつ骨太の論理がある。「非日常」より「異日常」。これが本書を貫く論理であり、そこに慧眼がある。

山田氏が住むスイスのツェルマットは地理的に不利な条件にある小さな村ながら、世界有数の山岳リゾートとして成功している。人口5700人の村に年間200万泊以上の旅行者が訪れる。しかも、その大半がリピーターで、毎年決まった季節に来て家族でバカンスを楽しむ。帰り際に翌年の宿を予約していく人も少なくない。

なぜツェルマットはリピーターを惹きつけ離さないのか。マッターホルンの眺望、スキーやトレッキングのコースなどの観光資源は言うまでもないが、それだけではリピーターは獲得できない。物見遊山の観光であれば、美しい景色であっても一度見れば十分なのである。

成功の最大の理由は「そこに住んでいる人々が地域に対して愛着と誇りを持ち、心から楽しく豊かに暮らしている」ことにある。住民の生活満足度が高く、日常の中に本質的な豊かさが溢れているからこそ、旅行客は「こんな場所なら自分も住んでみたい」と、何度も足を運んでくれる。それは画一化されたテーマパークのような「非日常」ではなく、自分たちとは異なる豊かな「異日常」のライフスタイル、ここに観光ブランドの本質がある。

日本初心者むけの定番メニューで訪日旅行客数を増やすのみならず、これからはリピーターの増加が何よりも大切になると著者たちは強調する。本当の観光立国の物差しは来訪者数よりも延べ宿泊数にある。ツェルマットのようなトップレベルの観光地は滞在期間の長いリピーターに支えられている。幸いなことに、ミクロでみれば北海道弟子屈町や飛驒、高野山など、日本にも成功例が生まれつつある。そこに共通するのは「行政主体、住民参加」から「住民主体、行政参加」への転換であるという。

「美しい国」「おもてなし」といったフワフワしたかけ声の下に、目先の利益と集客を追ったハコモノづくりとイベント、既存の観光資源のPRに終始する観光行政の現状を本書は鋭く批判する。さまざまな観光地の現場を深く知る著者たちの主張には迫力がある。

著者の山田氏に観光庁長官になってもらえないものだろうか。本書にある知見と経験を活かして観光立国への国家戦略に腕を振るってもらいたい。本書の主張にはそう思わせるだけの力がある。

4—21

タイトルに嘘はない

今枝昌宏『実務で使える戦略の教科書』

そっけないタイトル。オーソドックスな章立て。コンパクトな記述。豊富な図解。——一見するとごくフツーの解説書なのだが、ところがどうして奥が深い。

経営戦略や事業戦略についての実務家向けの解説書は世の中に溢れている。しかし、その手の本は「実務家向け」の「分かりやすい」「解説」を意図するがゆえに、結局のところ戦略とは何かが分からないまま終わってしまう。

多くの実務家向けの解説書はSWOTやファイブフォース・モデル、バリュー・チェーンなどのフレームワークを解説し、その使い方を伝授する。しかし、そこから導出される情報がどのような意味を持ち、それが全体としての戦略のどこに作用し、他のフレームワークとどのような関係にあるのかまでは踏み込まない。フレームワークの表層をなでるだけで、「ようするに戦略とは何であって、何のためにフレームワークを使うのか」という肝心のところが抜け落ちている。このような不満を一掃してくれるのが本書である。

のっけの戦略の定義を論じる章からして味わい深い。戦略とは目的に対する手段である。しかし、それは「選択された手段」でなければならないと著者は言う。一つしか有効な手段が存在しないのであれば、それは「追い込まれている」のであって、戦略ではない。複数の代案を優先順位づけした後に選び取られた何かが戦略であり、したがって戦略とは「何をやらないか」を決めることにある――。戦略の本質を鮮やかに突いた定義だ。

何を対象として事業を行うのか。市場の選択から戦略は始まる。市場セグメンテーションを論じる章の後に、成長マトリクス、製品ポートフォリオマネジメントといったお馴染みのフレームワークを扱う章が来る。こうしたフレームワークはいずれも個別市場間の資源配分に関わっている。だから市場セグメンテーションの章の後に来て初めて意味を持つ。議論の構成と流れがよく考えられている。だから、「実務で使える」のである。

製品・市場マトリクスを説明するところでも、その使用法にとどまらず、市場を細分化する軸としてなぜ製品（ないしサービス）を使うのか、といった「そもそも論」が出てくるのがいい。それはさまざまな取引特性のうち、製品が自社でもっともコントロール可能な軸だからである。このようにフレームワークの背後にあるロジックにまで目配りが利いている。

評者は「ストーリー」をカギ概念として競争戦略を考えることを仕事にしている。本書には戦略ストーリーについての章も用意されている。そのわずか十数ページの簡潔な記述のなかに、評者もこれまで思いつかなかったような新しい洞察が盛り込まれていて驚いた。

戦略に関わる重要なイシューを過不足なく網羅しているにもかかわらず、本としては驚くほどコンパクト。無駄なカタカナ言葉も少ない。比喩や実例が多く、読みやすい。「教科書」はこうありたい。

4―22

小林一三評伝の決定版

鹿島茂 『日本が生んだ偉大なる経営イノベーター 小林一三』

阪急電鉄をはじめ、不動産開発、デパートから宝塚歌劇団や東宝などのエンターテイメント事業まで、数々の独創的事業を一代でつくり上げた小林一三。彼こそは近代日本が生んだとてつもない経営者であり、その偉大さは松下幸之助に比肩する。

同時代を生きた小林と松下には共有点が多い。徹底して考える経営。人間の本性に対する洞察に基づいた大構想。そこから演繹的に出てくる事業展開。戦後の公職追放の経験。長寿を全うしたこと。何よりも、2人は日本人の生活を大きく変えたイノベーターだった。

一方で、違いもある。「水道哲学」に集約されるように、松下はモノの大量供給を通じて、不便や不足といった世の中のマイナスを解消しようとした。一方の小林は、ゼロからプラスを創ろうとした。アメニティ、快適さ、健全さ。宝塚のモットーである「清く正しく美しく」。モノよりもコト、人間生活の「意味」にこだわった。プロ経営者で「全身商売人」の松下に対して、小林は「商売だけでは生きられない」プロデューサーでありクリエイターだった。

本書を読むと、小林のやることなすことが完璧な「ストーリー」になっていたことに改めて気づかされる。個別のアクションやディシジョン以上に、それを繰り出す順番がよく考えられている。二流経営者は「シナジー」という言葉を連発する。戦略を単に組み合わせの問題として考えていて、時間的な奥行きがない。その点、小林は「こういうことをやると、こういうふうになる」と、いつもストーリーを考える。論理と思考が時間軸上でつながっている。

小林には常人とは違った景色が見えていた。鉄道事業にしても乗客の数ではなく、初めから住人の数とその生活に目が向いていた。鉄道が先にあって不動産開発が出てきたのではない。小林にとっての鉄道事業は小林が理想とする都市開発の手段に過ぎなかった。

デパート事業への参入。どのデパートもお客を集めるのにすごくコストをかけている。これは無駄だ。そもそもお客がいっぱいいるところにデパートを作ればいいと小林は考える。これが「ターミナル・デパート」というコンセプトになった。とくに面白いのが、「薄利多売」についての小林の論理だ。普通なら「薄利だから多売しなければならない」というロジックになる。ところが、小林の場合は、多売が初めからあって、だからこそ薄利でいいと考える。これが顧客にとっての魅力となり、好循環が生まれる。優れた戦略ストーリーの条件をことごとく満たしている。

松下について語る本は多い。しかし、これだけ傑出した経営者であるにもかかわらず、小林一三という偉大な経営者の評伝は少ない。とくに、その思考と行動の様式の解明にまで深く切り込んだ本はなかった。死後六十余年、ついに決定版が生まれたことを喜びたい。

4—23

考える経営者

鹿島茂『日本が生んだ偉大なる経営イノベーター 小林一三』著者との対談

逆からものを見る人

鹿島 小林一三(一八七三〜一九五七)という人物を、どうして21世紀のいま取りあげたかというと、小林一三の最大の特長は、社会がこれからどのように変わっていくのかを見据えた上で、そこから演繹して自分のやるべき事業を考えたことにあった、とみたからなんです。当時としては非常に珍しい考え方でしたが、先が見えないいまのような状況だからこそ、必要とされているのではないか、と。

たとえば、箕面有馬鉄道を作り沿線に住宅地を開発したのも、鉄道を敷いたらその沿線にたまたま良い土地があったのではなく、良い土地があったから、鉄道を敷くに値すると考えた。当時、大阪は環境汚染で良い住宅地への潜在的需要は大きかった。しかし、政府の優良住宅地は大衆――正確にはサラリーマン階級ですが――には手が届かない。しかし、そういう人たちが担い手になる社会がやってくると明治の時点で見据え、そこから自分のやるべき事業を考えていった。

楠木　小林一三は経営者としてものすごく面白い人物です。これまで何冊か評伝を読みましたが、今回の鹿島先生の本（『日本が生んだ偉大なる経営イノベーター 小林一三』）は決定版だと思いました。

僕は競争戦略という分野で仕事をしています。戦略とは何かというと、競争相手との違いを作る、この一点につきるんですよね。違いとはどういうことかというと、個別のアクションやディシジョンももちろんあるのですが、それを繰り出す順番が大きい。つまり、戦略の「ストーリー」です。

小林一三という人は、論理と思考の奥行きがある。鉄道を敷く時も乗客の数ではなく、住人の数に目が向いていたということからもわかるように、物事が違って見える。思考の順番が違うのです。

よく素人の経営者は、なにかすごいことをやろうとして、いまだったらAIとかIoTみたいな飛び道具に頼ろうとしてしまうのですが、そういうものに手を出せばいいことが起きるというわけではない。二流経営者はすぐに「シナジー」とかいう。戦略を組み合わせの問題として考えていて、時間的な奥行きがないのです。その点、小林一三はこういうことをやると、こういうふうになる、とストーリーで経営を考えている。大変に優れた経営者です。

鹿島　たしかに小林一三は、日本の経営者としては珍しいくらい、考えることを重視しました。小林一三の経営哲学とは何か、と聞かれたら、考えろ、の一言につきます。

楠木　自由主義・合理主義という抽象度の高いところにぶれない軸がある。そこから論理的に戦略を演繹していく。小林が昭和13年に東京の新橋に開業した第一ホテルが「考える」経営の象徴的な例です。常識を取り去って顧客を観察するところから、コンセプトが出てくるわけですよね。

鹿島　その通りです。まずサラリーマンが東京への出張費にいくら使えるのかを調べて、その範囲内で賄えるホテル代を設定した。都心にあって、風呂を完備する代わりにどこを削ったかといえば、部屋を狭くして、でも玄関は豪華にする。バブルのころはそういう狭いホテルは敬遠されましたが、いまはまた狭くても都心がいいという風潮になってきている。小林一三の考え方はすごく合理的で、求められる合理性は時代によって変わるけれど、必ず小林の考えたところに戻ってくる。

楠木　喫茶店やバーは館内にあるのだから、ルームサービスのような無駄なことはしない、チップは不公平だから全廃する、コックに食材の仕入れはさせないなど、それまでのシティホテルとは全く違う考えの上に第一ホテルは成り立っていた。大きな構想からの演繹で具体的な施策が出てくる。小林一三の真骨頂です。

鹿島　小林が設立した映画会社の東宝も、伝統芸能の歌舞伎を興行している松竹に、素人集団が挑んだ典型例ですね。つまり一流の役者、一流の劇場を使えば、これだけのお金がかかるから、それを払える人だけに来てもらうのが松竹。それに対して小林は、これから社会は大衆化していくのだから、間口を広くしなければ企業はやっていけないと考える。そして観客が払えるお金から逆算して映画や演劇を作る。

楠木　なるほど。お客さんがお金を払うというエンディングから逆算して、経営方針を決めるという方法は、いまの経営者でいうとユニクロの柳井正さんに非常に似ていますね。たとえばフリースという、山登りをする人が1万円以上出して買っていたものを皆が買えるようにするには、いくらにすればいいのか、と考える。洋服は生活を構成する部品であると捉え、機能的な提案をしながら、毎年、商品改良をしていく。これは大衆のほうを向き、エンディングからストーリーをつめていくという意味で、小林一三に似たタイプの経営です。

鹿島　柳井さんはいまの日本には珍しい「考える経営者」ですね。一度渋谷の丸善ジュンク堂で本をまとめ買いしているところをお見かけして、好奇心からカゴの中を覗いたら、歴史書と思想書ばかりでした。小林一三の「考えろ」を実践されているようでした。

楠木　デパート参入の時の話も面白いですよね。どのデパートもお客を集めるのにすごくコストをかけているけど、これは無駄だと。初めからお客がいっぱいいるところにデパートを作ればいいと考える。これが梅田駅の隣にできた「ターミナル・デパート」というコンセプト。とくに面白いのが、「薄利多売」についての小林の論理です。普通なら薄利だから多売しなければならないというロジックになる。ところが、小林の場合は、多売が初めからあって、だからこそ薄利でいいと考える。そうするとますます顧客が魅力を感じて好循環が生まれる。この好循環というのが、優れた戦略ストーリーの特徴です。

よくいるIT起業家のように、先行者利益を早く取りにいこうというせわしない経営ではない。自分が論理的に確信できるストーリーができあがるまで、じっくり待つんですよね。阪急の本社ビルの二階を食堂に、一階を白木屋にして、どのくらいお客さんが来て、どのくらい売り上げが立つか見ていく。すべてが時間的な奥行きをもってきれいに順番で並んでいるので、基本的な確信がある。リスクを取りにいっても揺らがない自信があったのだと思います。

鹿島　本当にじっくり時間をかけて経営を組み立てていますね。

松下幸之助との比較

楠木　同時代の大経営者である、松下幸之助と比べてみると、これがまた面白い。小林一三と松下幸之助の共通点はいろいろあって、まずふたりとも当時としてはかなり長寿。戦後に公職追放の経験もある。それから、ものすごい人口増で、マーケット自体が大きくなっていく時代背景のもとで経営していた。あとは、人間の本性に対する洞察に基づいた大構想があって、その結果として事業が出てくる。松下幸之助が「不景気よし、好景気なおよし」と言っているように、景気にあまり左右されない。このあたりはふたりの共通点だと思います。

鹿島　松下幸之助には、私も非常に興味を持っています。しかしふたりは、異なる部分もありますよね。

楠木　そこがとりわけ面白い。松下幸之助のマネジメントの本質は、HOWにある。事業部制とか、組織の管理の仕方が、HOWを起点にマネジメントされている。

それに対し小林一三は、プロデューサーでありクリエイターであって、何をするか、WHATの人。松下幸之助はいまでも経営者に対する影響力が強いですが、いまの日本では小林一三のほうがむしろ必要とされている経営者像なのかもしれません。

松下幸之助は叩き上げの、あらゆる不幸を背負った状態からスタートした人ですが、小林一三は生まれも悪くないし、最初、三井銀行に15年勤めて、大物たちの匂いをかいでいます。それに対して、松下幸之助が教えを乞うたのは、商売敵だったり問屋のおじさんだったりする。そしてがんがん攻めていく生まれながらの起業家の松下に対し、小林はわりと受動的。

鹿島　たしかに、大学で学び、銀行員を経験して……という小林の生き方は、われわれにも想像がつきます。

楠木　松下幸之助はマイナスをゼロに持っていく人で、不便や不足が世の中に鬱積しているから、それを解消してゼロにするという方針。「水道哲学」がいい例ですね。それに対し小林一三は、ゼロからプラスを作っていく。アメニティ、快適さ、健全さとか、宝塚のモットーである「清く正しく美しく」を目標とする。これも今日的なのかなと。

鹿島　小林一三はいろいろな運命にさらされたわりに、自分は非常に幸運な人間であるという認識があったようです。彼が一番つらかったのは、三井銀行時代だと思うのですが、その三井時代に地方の支店で会計監査のようなことをやって身につけた数字への強さは、その後の彼にとって、非常に役に立っていますね。

楠木　まさに、人生に回り道なし。それにしても、15年も銀行員をやったというのは、初めからどうしても自分の力で世に出て勝負してやろう、という人でもなかった、そこも面白いですよね。

鹿島　銀行勤めしながら小説家になりたかったと言っています。

楠木　あと、小林は自分の弱さとか欠点を人に対して隠さない人だったという気がするんです。

鹿島　それはありますね。

楠木　そのことがまた、リーダーとして非常に求心力を持てた理由ではないかと。

鹿島　よく部下を「バカヤロー」と怒鳴る人だったんですが、部下がそれを真に受けて「辞表を出します」と言ったら、「俺に怒られて辞めるバカがいるか」と（笑）。部下が皆、小林一三に怒られた快感を語り合うという、不思議な経営者ですね。人格を否定するような怒り方はしなかったのだと思います。

　彼は宝塚音楽学校の校長先生でもありました。小林一三が始めた宝塚ですから、私も見に行きました。今回の本でも、「宝塚歌劇団に男性がいないわけ」という一章を設けたのですが、そこで判明した小林の「考えろ」というのが面白い。男が男を演じても等身大の男のせいぜい2倍くらいしか素敵に見えないけど、女が男をやれば、10倍も20倍も素敵なスーパー男ができる。歌舞伎の女形の裏がえしなんですけど、そういう結論に至ったというのがすごいと思う。

楠木　なかなか思いつきませんよね。

鹿島　宝塚の少女歌劇は最初は男の観客が多かったのですが、だんだん女の客が多くなってきたので、これは成功すると確信したということも面白い。しかも小林一三がすごいのは、結果として阪急沿線の文化を作ったことです。

小林について調べて改めて分かったのですが、宝塚の本質は宝塚音楽学校にあるんですね。梅田から阪急に乗ってあのあたりに行くと、女子学生が話している関西弁が音楽的でとてもきれいなのです。あれは宝塚音楽学校の言葉です。あの言葉を話す女子学生たちがいる、阪急沿線というものがあるから、関西という地域は非常にバランスが取れているのでは、と感じます。阪急沿線文化というのは宝塚を核とした女系文化なんですね。

大衆に託した理想

楠木　小林一三がターゲットにしたブルジョワジーとは何かというのが鹿島さんの面白い論点で、ブルジョワジーの家庭というのは、父親は働いているけれど、母親は働いていない。これが当時新しく出てきた大衆なのですね。それが将来のマジョリティになる。この層では母親が隠れた主権者になってきて、食べるものに関心を持つようになる、このことが、小林には分かっていた。

鹿島　彼が阪急沿線に学校を誘致したと言われていますが、実はそうではなくて、甲南大学や甲南女子大学の前身校のほうが阪急より前にできている。小林はそれを取り込むために神戸線を通した。いったん鉄道が敷かれると、他の大学もできて沿線の格がどんどん上がっていった。箕面有馬鉄道の仕事を始めた時から、沿線にどういう人を住まわせるかをイメージしていたわけです。だから、階級を作った人なんですね。小林は大衆という言葉を使っているのですが、文化を牽引するのは上流階級でも下層階級でもなくて、真ん中より少し上の階級なんだという信念をずっと持っていた。

楠木　自分の価値基準に照らした、あるべき社会というビジョンがあって、その担い手としてのブルジョワ、彼の言葉でいう大衆を設定する。その構想力が素晴らしい。

鹿島　彼にとっての大衆というのは、民主主義社会の質のいい大衆というもの。そういうブルジョワの、自由な自己決定による選択に基づく経済を理想とするから、統制経済が出てきた時には、心の底から戦ってやろうという闘志がわいてきたみたいですね。

楠木　彼が面白いのは、宅地開発の時に普通なら資産家に家を売ろうとするんだけど、そうではなくて、これから収入が伸びていくサラリーマンにローンで家を買ってもらおうとした。鹿島さんの本だけではなくて、他の人が書いた小林の伝記でも必ず出てくるエピソードに、「ソーライス」がありますね。阪急食堂でライスカレーのライスだけを注文して、置いてあるソースをかけて食べている貧乏なお客も、やがて収入が上がって家族を連れてきてくれるのだから、と歓迎した。考えることにいちいち時間的な奥行きがあります。

鹿島　そうなんです。その観点から作ったのが阪急沿線で、これは階層であり、ひとつの文化。手塚治虫とか村上春樹とか、東京ではありえないような、独特の文化とメンタリティを持った人が出てきています。おそらくそれは男系ではなく女系です。

楠木 小林一三というのは、ビジネスを通じて、本当の意味で社会を変えた人といえると思います。しかもそこに無理がない。

人口減の時代に

鹿島 小林一三が生きた時代は、人口増という背景があって、そこから演繹してこういう事業ができる、と考えることができた。だけどいまは人口減の時代だから、そこから演繹して考えなければいけない。でも基本的には小林がやったのと同じで、人口減だからこそ、初めてできることもあるはずなのです。

楠木 経営というのは、何もしないでいたら起きなかったことを起こすもの。人間の意志に基づく行為です。もし、皆が明日はよくなると思っている時代でないとうまくビジネスができないというのであれば、経営者はいらない。いまのような時代だからこそ、意志的行為としての経営が必要になると思うのです。

小林の言動には「災いを転じて福となす」という意味のことが多い。どんな出来事でも、全面的に良いとか全面的に悪いということはない。いまノスタルジーとして人口増の時代はよかった、なんて言っていますけど、当時の新聞を見ると、受験戦争で住宅難で通勤地獄で大変だ、と言っている。それがいまでは、人口が減って右肩下がりで閉塞感――では、どうなりゃいいんだと。常に同時代人は不平不満を言っているものなのです。だからこそ、夏は暑い、冬は寒いじゃなくて、夏に「寒くないぞ」と考えられるのが、経営者だと思うのです。小林一三はまさにそれをやった人ですね。

鹿島　人口が減少したというのは、ある意味で、社会がうまく運営されたということでもあります。生活が豊かになれば必ず人口は減りますから。それは個人では制御できない集団の無意識の判断なのです。だから人口減少にマッチした豊かさを目指すというのが、これからの経営者がビジョンとするべきところではないでしょうか。

楠木　いまのペースで人口が減ったら日本人は数百年後には消滅するなんて極端なことを言う人がいますが、もちろんそんなことはない。どこかで人口減がストップする定常状態になります。何千万人の国になるのか分かりませんし、その過程で、もしかしたら社会保障システムの破綻みたいなことがあるかもしれませんが、少なくとも太平洋戦争よりは深刻ではない。

問題は、人口が定常状態になった時に、日本という国に対してわれわれはどういうビジョンを持つのか、ということ。そこには問題と同じぐらいチャンスがあるはずです。もしいまの時代に小林一三がいたら、そういう人口減の時代ならではのいいところをたくさん見つけて、面白い商売を興しているのではないでしょうか。

4―24

「大局観」を論理で読み解く

沼上幹『小倉昌男』

宅急便という社会インフラをゼロから創造した小倉昌男。この稀代の経営者についてこれまでに多くの書物で語られてきたが、本書こそ決定版である。

構成が素晴らしい。第1部「詳伝」で小倉の進化と成長の軌跡を振り返り、第2部「論考」でその戦略思考力、組織洞察力、学習・進化能力について突っ込んだ考察をする。

第1部では、評伝という方法の強みが十全に活かされている。小倉昌男といえども初めから完成された経営者だったわけではない。名経営者の「達成」「業績」を事後的に評価するのでなく、経営者として進化していく思考と行動の過程を描く。ここに本書の力点がある。宅急便事業に参入する前後の小倉の思考と行動の丹念な記述には経営と戦略の醍醐味が凝縮されている。

これだけでも第一級の仕事だが、本書の白眉は後半の小倉の経営能力の解読にある。第1部が評伝として抜群に面白いのも、第2部の解読を前提としているからだ。著者一流の読み解きを通じて、小倉の思考と行動を彼に固有の文脈から引き剝がし、その類稀な経営能力を抽象化する。こうした作業によって、小倉という一つの手本から、汎用的な知見を抽出する。ここに本書に独自の価値がある。小倉自身が『経営学』という名著を遺しているが、本書の有用性と解読の深さはそれを凌駕しているといってよい。

複雑な問題に直面したとき、凡百の経営者は物事の要因を箇条書き的に列挙して解を得ようとする。しかし、小倉に代表される優れた戦略家は、要因間の因果関係についての論理にまで踏み込み、全体が全体として作動するメカニズムを解明しようとする。あっさりいえば「大局観」ということになるが、それが実際のところ何であり、何ではないかを本書は明快に教えてくれる。

一例をあげると、宅急便の戦略のカギとなった「サービスが先、利益が後」という意思決定。サービスと利益は表面的にはトレードオフの関係にある。ここで両者の「バランス」を取ろうとするのは愚策である。一方を優先し、他方を劣後させても、背後のメカニズムについての深い洞察に基づき、ダイナミックな波及効果を意図すれば、結果的には両方が手に入る。むしろ、一方を捨てるようなアンバランスな意思決定をしないと、すべてを失うことになる。この辺の戦略思考のもっともコクがある部位について、マニアックなまでに精密な読み解きが繰り広げられる。

本書と同じアプローチで名経営者についての本があと10冊、20冊とできれば（実際には本書の水準で書ける人は滅多にいないのだが）、広く経営に携わる人々の戦略思考力の向上に大きく資するに違いない。もしかしたら、これがもっとも優れた経営の教科書のフォーマットなのかもしれない。そう思わせる傑作である。

4—25

この世はすべて右肩上がり

ヨハン・ノルベリ『進歩　人類の未来が明るい10の理由』

人間の状況評価には遠近の歪みがある。近いものほど粗が目立ち、遠いものほどよく見える。メディアは日本の状況がいかに悪いかを論じる記事を連日発信する。カネとエネルギーに溢れる中国はダイナミックに成長し、アメリカではシリコンバレーがイノベーションを次々に生み出している。それに比べて日本の閉塞感と体たらくは何だ——。

ま、それはそうなのだが、中国だろうとアメリカだろうと、どこの国でも近くで見てみれば問題山積というのが実際のところ。シリコンバレーにもヒドイ会社はいくつもあり、社会的な問題も満載なのだが、そういう話は滅多に出てこない。

以上は空間的な歪みの例だが、時間軸でみると遠近の歪みはさらに増幅する。「いまは最悪、昔は良かった……」に人びとの評価は流れる。

「そんなことはない！」と最初から最後まで全力で主張するのが本書である。食料、衛生、寿命、貧困、暴力、環境といった10の社会基盤を取り上げ、ありとあらゆる点で昔よりも今のほうが世の中は良くなっているとデータで論証する。

食料の例で紹介しよう。17世紀末のフィンランドの飢餓では全人口の3分の1が餓死した。18世紀になっても、英仏人の摂取カロリーは現在の最悪地域であるサブサハラアフリカの平均値よりも少なかった。カロリー不足のために人びとは働けず、これが食糧生産を妨げていた。２００年前の英仏の住民の2割はまったく働けなかった。アジアはもっと酷かった。インドでは不作になると国中が死体だらけとなった。人肉食は当たり前で、露天では人肉が売られていた。

19世紀後半から飢餓は減少し始め、20世紀に入ると事態は一気に改善した。工業的な窒素固定の技術は化学肥料をもたらした。コンバイン収穫は生産性を２５００倍に引き上げた。個人の自由とオープンな経済取引も進歩の原動力として欠かせない。共産主義国家や絶対君主国は20世紀に入ってからも飢餓に苦しんだが、民主主義国家は飢餓を撲滅した。

中国でも相対的な民主化が進み、個人の自由な創意と経済取引が農業生産を激増させることが分かると人民公社はすぐに姿を消した。その結果、生産性は飛躍的に増えた。

時間的な遠近の歪みはメディアによるところが大きい。しかし、これにしても人びとの需要の産物である。現状を悪く考えるのは人間の本性といってよい。「邪悪な時代がやってきて、世界は険悪となった。政治は腐敗した。子供たちはもはや親を尊敬しない」——本書で紹介されている紀元前3800年の碑文である。

人間の努力と英知が進歩をもたらした。さらなる人間社会の進歩に向けて、本書は大いにモチベーションをかき立ててくれる。と同時に、現代に暮らすわれわれの気持ちを和らげてくれる。目の前の不幸や理不尽を嘆く貴兄にお読みいただきたい。過去と比べて今がどれほど幸せな時代か。しみじみと思い知らされる。本書のもうひとつの効用だ。

4—26

日本最良のクオリティ企業

中川政七『日本の工芸を元気にする！』

企業の稼ぐ力の源泉には大別して二つある。ひとつは外部環境がもたらすオポチュニティ（機会）、もうひとつはその企業が自ら内部でつくる価値のクオリティ（質）である。どちらに軸足を置くかでオポチュニティ企業とクオリティ企業に分かれる。オポチュニティ企業は、外部環境から生まれる商機をいかに早く強い握力で捉えるかが勝負になる。高度成長を謳歌している新興国では、オポチュニティ企業が表舞台に出てくる。

しかし、いつまでも成長期が続くわけではない。経済が成熟するにつれて、稼ぐ力の源泉は、企業内部でつくり込む独自価値へとシフトしていく。立ち位置を明確に設定し、一貫した戦略ストーリーをもち、競合他社と差別化した独自の顧客価値を創出するクオリティ企業が主役となる。

中川政七商店は300年続いた奈良の老舗企業。長寿企業であること自体に価値があるわけではない。家業に就いて以来15年、著者はまったく新しいやり方を工芸業界に持ち込み、商売としてきちんと稼ぎ、成長を実現してきた。本書はその戦略とそれが生まれるまでの試行錯誤の成り行きから将来の構想までを明け透けに語る。

日本の工芸を元気にして、工芸大国日本をつくる。この「100年の計」を掲げる著者が行き着いた形は工芸のSPA（製造小売業）。川下に向かっては、直営店展開で顧客接点をつくり込み、顧客のニーズをくみ上げ、ブランド・マネジメントの能力を地道に蓄積していく。

それ以上に妙味があるのは、川上にある工芸メーカーとの連携である。その多くは零細家業で、流通販売はもちろん、マーケティングや経営管理の能力に欠ける。こうした製造業者にコンサルティングに入り込み、二人三脚でプロダクト・ブランドを構築していく。その結果として生まれたユニークな工芸品の価値を直営店で顧客にきっちり発信し、販売へつなげ、適正利益を獲得する。

こうした戦略ストーリー全体を動かすことによって、中川政七商店は消費者とメーカーをつなぐプラットフォームとなった。直営店だけではなく、「大日本市」などの展示会をデザインし運営することによって、工芸の他の小売店への流れも作り出している。工芸という小宇宙に局所的ではあるが、「産業革命」といってよい。

何をやるときでも商売の持続性と発展性にこだわる。ここに著者の戦略思考の最大の美点がある。一発モノの助成金やプロモーション、ハコづくりに終始しがちな行政の「伝統産業助成」では決してできない仕事だ。中川政七商店の達成と成果は商売の本懐である。日本最良のクオリティ企業の姿がここにある。成熟した日本にあって、経営環境の逆風を嘆いているばかりの経営者にこそ読んでもらいたい。できることは山ほどある。

4—27

動因に突き動かされた起業物語

フィル・ナイト『SHOE DOG』

ナイキ創業者の回想録。1962年に日本のオニツカの靴を米国で売る「ブルーリボン・シューズ」を創業してから、80年に株式公開を果たすまでの18年間の軌跡を描く。起業から株式公開に至るまでのファクトを事細かに記述する。こうしたドキュメンタリー・タッチの回想録は客観的に淡々と事実を語るものだが、本書の筆致はきわめて感情的。そのときどきの著者の内的な心情が吐露される。失敗と動揺と自分の弱さを明け透けに語る。叙事的にして叙情的。もはや「散文詩」といってもいい。

挑戦と困難が次から次へと押し寄せてくる。オニツカへの飛び込みの商談。サラリーマンとの二足の草鞋の会社経営。販路開拓の悪戦苦闘。保守的な銀行との駆け引き。徐々に大きくなるオニツカとの軋轢。自社ブランドへ切り替えようとし、ついにオニツカとの全面的な対決を迎える。ギリギリのところで裁判に勝ったものの、成長を追いかけるあまりキャッシュがショートする。

いっときは銀行からも見放されるが、捨てる神あれば拾う神あり。スメラギとイトーという日商岩井のサムライ商人が窮地を救う。最初はぎくしゃくした関係にあった「アイスマン」イトーが、ブルーリボンとの取引を停止した銀行家を前に啖呵を切る。「それならば、日商がブルーリボンの借金を返済します、全額」。「明日の朝真っ先に手続します」と驚く銀行家に、「今日一番でお願いします」とたたみかけるイトー。ヤマ場続きの本書の中でも、白眉のくだりである。こういう切れ味鋭く肝の据わった商売人が実在し、それが今日の世界的なシューズブランド、ナイキの基盤づくりに一役買ったことを思うと、同じ日本人としてイイ気分になる。

本書の最大のメッセージ、それは経営にとっての動因の大切さである。動因（ドライブ）と誘因（インセンティブ）は異なる。困難を乗り越えさせるのは、売上や利益や株価や個人的な富と名声といった外的な誘因ではない。いい時も悪い時もある。経営の拠り所は個人の腹の底から湧き上がってくる動因にしかない。

陸上競技の選手だった著者は朝のランニングをしながら、自分の人生もスポーツのようであありたいと願った。アスリートのように一心にゴールを追い求める。「アスリートになれなくても、アスリートと同じ気分を感じる方法はないだろうか。仕事ではなく、常にスポーツをプレーする気分を味わう方法はないだろうか」。著者にとってはその答えが起業であり、靴であった。

ナイキとともに文字通り駆け抜けた人生。読後感がひときわ爽快な一冊である。

4—28

経営芸術家たちの肖像

永野健二『経営者』

強烈な個性を放つ経営者たちの17の物語。日経メディアの記者として、また編集者として、長年に渡る著者のキャリアは伊達ではない。記述に時間的奥行きがある。それぞれの章がコンパクトな「会社史」にもなっている。時代と時間の流れの中で、経営者の人物像を彫琢する。

著者が最前線の記者として活躍したのは1973年から1993年の20年間。柳井正や孫正義といった現役の経営者も登場するが、それよりも武藤山治（カネボウ）、豊田英二（トヨタ）、伊藤雅俊（イトーヨーカドー）、藤田田（日本マクドナルド）といった昭和の経営者を描いた章のほうが面白い。

例えば、富士製鉄の永野重雄。1946年、前身の日本製鉄（戦前に複数の製鉄会社が合同してできた国策会社）の常務時代に「八幡集中生産」——八幡製鉄所以外の溶鉱炉の火をすべて落とすという決断——に踏み切る。戦前の大不況時代や戦時中にもありえなかったウルトラCで窮地を脱し、戦後復興の足場を固めた。

日本独自の経済復興政策として評価された「傾斜生産方式」が始まったのが翌47年。それは大蔵省や興銀が「計画的」に編み出した政策ではなかった。ギリギリの資金繰りに追い詰められた中で、一企業の経営者・永野の知恵と実行が傾斜生産方式を産み出したのである。

一読してつくづく思い知らされる。経営とはアートであり、経営者はアーティストである。部課のレベルであれば「科学的管理」もあり得るが、会社丸ごと全体の経営はサイエンスを超越したところにある。

ただし、である。経営はあくまでも「論理的なアート」でなければならない。論理に貫かれたアートでなければ人はついてこないし、会社は動かせない。永野や小倉昌男（ヤマト運輸）、稲盛和夫（京セラ）はいずれも既成の枠組みに収まらないアーティストだが、同時に徹底的に論理の人であった。これまであまり注目を集めることがなかった花房正義（日立クレジット）に光を当てた章はとりわけ味わい深い。その磨きぬかれた論理による捌きでバブルを乗り切り、日本最大のリース会社の基礎を創った。

「キャッシュレジスターの響きはこの世の最上の音楽である」と言い切った中内㓛（ダイエー）もまた稀代のアーティストであった。しかし、時代の変化や自身の変容で、アートが論理から逸脱してゆき、やがて経営者としての命脈は尽きる。超一流のアーティストが身中に抱える「業」といってもよい。

人並み外れた経営者の放つ光の明るさと闇の深さを知る。

4—29

江副一号・二号の断絶と連続

馬場マコト・土屋洋『江副浩正』

情報ビジネスの旗手としてゼロからリクルートを創り上げた稀代の経営者の本格評伝。とにかく面白い。500ページ近い大著だが、ページを繰る手が止まらない。

在学中の東大新聞での仕事を契機として、江副は起業を決意する。就職情報誌「企業への招待」（後の「リクルートブック」）を皮切りに、進学情報、転職情報、住宅情報と次から次へとこれまでになかった情報事業を立ち上げる。その奇跡的軌跡を丹念に辿る本書から、江副の類稀な事業構想力の本質が鮮やかに浮かび上がってくる。

爽快なまでの商業的合理性の追求。誰もやらないことをやるという独自性。ひとつの事業の成功が次の展開を生み出すという好循環。その思想と行動は「自ら機会を創り出し、機会によって自らを変えよ」という江副テーゼに凝縮されている。

成功と名声の頂点にあった江副は、その後不動産やノンバンク、通信回線リセールといった凡庸な事業へと傾斜していく。言動から愛嬌と謙虚さが消え、なりふり構わぬワンマンぶりで暴走する江副を社員たちはひそかに「江副二号」と呼ぶようになる。

この変容をどう見るか。江副一号と二号はまるで違うように見えて根底においては連続している。本書を読んでの僕の仮説だ。徹底した商業的合理性の追求、その一点ではまったく変わっていない。目的に対して極端なまでにストレート。かつての資源制約から解き放たれた江副は、目の前の商機に好きなように手を出せる状態にあった。「誰もやらないことをやる」という美学は商売人としてのストレートな欲望に勝てなかった。世を騒がせたリクルート事件は表層に過ぎない。経営者としての江副は早晩破綻する運命にあった。事件がなくても結果は変わらなかったと思う。

虎は死して皮を残すが、江副はリクルートという経営遺伝子を遺した。後継者たちは江副二号を反面教師とし、負の遺産の解消に粘り強く取り組んだ。江副一号の思想と仕組みを継承し、独自の事業創造とその進化に磨きをかけた。江副がリクルートに埋め込んだ遺伝子は日本発の新しいグローバル企業として結実した。今日のリクルートは若き日の江副が思い描いていた姿そのものである。

考えてみれば、経営者としてこれ以上ないほどの成功といってよい。錯誤と迷走と挫折を経て、死後にして江副浩正は勝ったのである。

極上の人間ドラマ。ビジネスや経営に関心がない人にもぜひ読んでもらいたい傑作だ。

4―30

川の流れに身を任せ

出口治明『50歳からの出直し大作戦』

(1)滑った転んだをさんざん重ねてきて、(2)自分の弱みをイヤというほど自覚し、つまりは(3)自分の強みを知り抜いており、(4)世の中がそうそう自分の思い通りにならないという諦観と、(5)ま、どうにかなるさと楽観を併せ持ち、だからこそ(6)自分の土俵に腰を据えて、(7)真摯に社会での役割を果たそうとし、(8)世事の知恵と(9)それなりの人脈も持っており、(10)体力はまだまだ十分で、(11)子供も親の手を離れているから、(12)リスクも取れるし、(13)たとえ失敗してもニヤリと笑って受け止められる。

考えてみると、こうした50代の傾向と特徴はやたらと起業をするのに向いている。出口治明『50歳からの出直し大作戦』は、60歳で起業した著者が50代で起業した6人と、人生と仕事について語った対話集。50代こそ最強、「人生の黄金期」と著者は言い切る。

上場企業の経営者からネットのコイン商まで、商売のスケールはさまざまだが、タイトルに反していずれも「出直し」という感じがない。自然体で無理がない。人生という川に流れに身を任せ、流れの中で起業に至る。

若者に対する中年の絶対的優位がひとつだけある。それは、中年はかつて若者だったが、若者はまだ中年を経験していないということだ。元気な若者のITベンチャーもいいが、本書は人生半ばを過ぎた起業ならではのコクのある味わいがある。

4—31

三者三様の妙

宇野維正『1998年の宇多田ヒカル』

いずれも1998年にデビューし21世紀のJポップを牽引してきた宇多田ヒカル、椎名林檎、aiko。この3人に焦点を合わせて、日本の大衆音楽と音楽業界の動態を論じる。テレビをまったく見ない生活を続けているので、Jポップといってもほとんど知らない。何となく動向を知っていたのは松田聖子全盛期の昭和時代までで、評者にとっての「最新アイドル」は中森明菜となっている。宇多田ヒカルは（名前は知っていても）聴いたことがない（ただし、東京事変がスキなので椎名林檎はよく聴く）。本書が付随的に論じている浜崎あゆみに至っては顔も知らなかった。そういうJポップ音痴のド中年が読んでも十分に面白い。ここに本書の美点がある。著者の音楽業界に対する深い愛情を感じる。

芸能。文字通り「芸」の「才能」を売る仕事である。「大勢の人々を一時的にだますことはできる。少数の人を長い間だますことはできる。しかし大勢の人を長期的にだまし続けることはできない」。政治についての至言だが、大衆音楽にも当てはまる。才能の正体は持続性にある。

3人は爆発的なヒット曲を持つだけではなく、その後長期に渡って特別な存在であり続けた。昨今のCDの凋落はメディアが変化しただけの話であり、この3人のような真の芸能者は表層的な変化を悠々と乗り越える。

三者三様が実に興味深い。スタジオワークに埋没する宇多田ヒカル、Jポップ職人の道を意識的に究める椎名林檎、何も変わらず淡々と作品を積み重ねるaiko。思い入れたっぷりの記述の中から芸能の本質が鮮やかに浮かび上がる。

4—32 「定番」とは何か

水野学・中川淳・鈴木啓太・米津雄介『デザインの誤解』

良いものを作れば売れる時代は終わった。一方で、消費者にとって「本当に欲しいもの」がない。供給と需要の双方が抱えている限界を突破するカギはデザインにある。ここまでは誰もが薄々感じている。しかし、現実にはデザインが小手先の「差別化」や パッと見の「装飾」「おしゃれ」にすり替わってしまう。本書はこの「デザインの誤解」を解き、実践的な解を示す。

著者たちが取り組んでいるのは、多くの人に本当にいいと思ってもらい、長く使われる「ど真ん中の商品」づくり。すなわち、定番である。定番商品においてこそ、デザインは真価を問われ、その本領を発揮する。

たとえば、著者たちがデザインした「THE醤油差し」。1961年に発売されたキッコーマンの卓上ボトルというデザインの名作を進化させたものだ。この商品の歴史や思想を徹底的に振り返り、「本当に良い、正しい醤油差し」を突き詰める。こうした実践の事例からデザインの本質を浮き彫りにする。

類書と比べて説得力と迫力が格段に違う。その理由は単純明快、デザインするだけでなく、著者たちがリスクをとって生産し、「THE SHOP」という店で売る「商売」をしているからだ。売ることに責任を持ったデザイン論になっている。

デザインとビジネスを論じる書として、本書はひとつの基準を画す。長く読み継がれるべき定番の書だ。

4—33

浅薄な秀才

春原剛『ヒラリー・クリントン—その政策・信条・人脈』

女性初の米国大統領になることに半生を捧げてきたヒラリー・クリントン。やる気満々なだけでなく、実に頭脳明晰。頭の回転は抜群。当意即妙な受け答え。華麗なキャリアで経験は十分。修羅場も踏んでいる。春原剛『ヒラリー・クリントン——その政策・信条・人脈』は、「暴走不動産屋」に対峙する大統領候補の来し方を振り返り、行く末を占う。

とても優秀な人には間違いない。しかし、その優秀さがどうにも浅薄なのである。確かに目的に対する手段の選択が的確で速い。しかし、肝心の政治目標がすぐに目先の個人的成功や栄達にすり替わってしまう。良く言えば「ニュートラル」だが、拠って立つ政治哲学が見えない。一言でいえば「優秀な弁護士」。

民事上の揉めごとの解決を依頼する弁護士としては最高だろう。実際に彼女は弁護士出身なのだが、弁護士そのままに政治家をやっているような感がある。政治指導者としてはいかにもスケールが小さい。同じ弁護士出身でもニクソンのような「全身政治家」とは体幹の強さにおいて比較にならない。

とはいえ、超大国となって数十年、煮詰まったアメリカの大統領としては、クリントンのような目先の利益重視の弁護士的政治家がまだましなのかもしれない。脳内が朦朧とした人物が超大国を率いて「哲学」を振り回すと世界中に災厄をまき散らすことになりかねない。ブッシュ・ジュニアのことである。

超大国米国の政治家人材の払底に物悲しい思いがつのる。

4—34

漱石の明晰

夏目漱石(小森陽一編)『夏目漱石、現代を語る』

夏目漱石の小説を読んだことがない人は少ない。しかし、漱石の社会評論は知らないという人が多い。そういう人にお薦めの一冊。人間社会と文明を論じた講演が5本収録されている。

漱石は明晰である。話題に出てくる時事・時局は現在のそれとは相当に異なっている。しかし、時事はあくまでもBGM。それにかぶせて出てくる主張は、タイトルそのままに現代を語っている。人と人の世の本質を見抜く目が抜群の冴えをみせる。

収録されているうちもっとも有名なのは、第一次大戦中の1914年に学習院で行われた講演、「私の個人主義」だろう。自らの人生の紆余曲折の中で「自分本位」という概念を手にするまでの経緯を語り、自分の足でしっかり立ってこその個性であることを淡々と語る。それから100年以上経ったいまの日本の「個性」「多様性」についての議論の薄っぺらさが情けなくなる。

話が実にうまい。概念的な話をするときでも、ごく卑近な具体例から始める。一見何の関係もなさそうにみえる具体の断片が、知らず知らずのうちに太く大きな全体概念へと構成されていく。抽象と具体の往復運動が漱石の真骨頂だ。主張が分かりやすく、メッセージに迫力がある。

本書の主張はそのまま『吾輩は猫である』などの小説に込められている。この明治の文豪がいかに世の中と真摯に向き合い、仕事をしていたかを思い知らされる。漱石は文字通りの国民的作家であった。それは今も変わらない。

4—35

「隠れた制度」のダイナミクス

伊藤之雄『元老』

見過ごされがちだが、明治憲法下の首相選定は公選ではなかった。条文上は天皇が首相を選定し任命する形式になっていたが、これでは近代国家として無理がある。

そこで「隠れた制度」が生まれ、定着するに至った。元老という非公式組織である。内閣が危機に陥ったり、重大な政治局面になったりすると、元老と呼ばれた人々が天皇から下問を受け、後継首相を選定した。元老は明治日本の政治の根本を左右する存在となった。

伊藤之雄『元老』は、この隠れた制度の誕生から成熟、衰退までを詳細に記述し、その背後にある政治のダイナミクスを明らかにする。近代国家として青春期にあった日本の一側面を見事に切り取って見せてくれる。

明治維新とその後の近代国家の建設は、文字通りの大事業だった。しかも時代は帝国主義。政治はとんでもない不確実性と困難に直面していた。試行錯誤の中で即座に意思決定を進めなければならない。それに対する現実的な解が元老制度だった。

もちろん民主主義的ではない。しかし、元老という裏技がなければ、明治日本の建設はありえなかった。伊藤博文、山県有朋をはじめとする元老の個性と胆力、覚悟と気概は今の政治家とは次元が違う。時代が違う。踏んできた修羅場が違う。指導者が時代の産物であることを痛感する。

軽量級の新書が次々と刊行される昨今にあって、「昭和の新書」の王道をいく本格派の一冊だ。

4―36 「言葉」の天才

佐藤秀明（編）『三島由紀夫の言葉　人間の性』

三島由紀夫の箴言集。箴言集は、より長い文章の中からある部分を抜き出して編まれたもの。もともとの文脈から引き剝がされているため、オリジナルな文章の中で読むよりも何割か味が落ちるのが普通だ。しかし、三島の言葉にはそれがない。どれをとっても短い文章でメッセージが完結している。まずもって、これがすごい。

しかも、三島は平面的でありきたりのことは決して口にしない。本書にある言葉のほとんどが矛盾や逆説に触れている。人間は矛盾した存在である。この人間の本質を描くために人は多くの言葉を費やし、長々と文章を綴る。ところが、人間の性という複雑な対象を相手にしながらも、三島はごく簡潔な文章であっさりと核心を突く。

「もともと戦争が美化されたのは、それを醜いと知っていても、戦争が必要だったから美化せざるをえなかった点もあるでしょう。今では戦争は必要でないから、美化されるおそれがないかといえば、ろうそくの必要がなくなっても、われわれはろうそくの光でディナーをとることを好むのです。」

小説、戯曲、評論とあらゆるジャンルで成功した三島由紀夫。小説にしても長編から短編まで何でもござれ。三島の尋常ならざる「言葉の能力」が、表現者としての全方位的な才能の基盤となっていたということを再認識する。

4―37

「スタイル」こそプロの条件

春日太一『市川崑と「犬神家の一族」』

昭和の邦画が好きなので、これまでも著者の本を楽しく読んできた。が、それにしても今回は市川崑。確かに昭和の大監督だが、これほど論じにくい人もいないだろう。作品数はやたらに多いが、一貫性がまるでないかに見える。

本書は多様な作品を貫いていた市川崑の独自のスタイルを鮮やかに描き出す。あえて映画の「動」を解体して、一枚の画としての「静」を繋ぎ合わせる。偶然性を排除して、画の隅々まで徹底的に作為を込める。一言で言えば「クール」。冷たく、かっこいい。何をやってもそこに自分のフォームがある。個別の作品ではなく、数多くの作品に通底するスタイルが記憶に残る。作品はさまざまだがフォームは一貫している。ここにプロのプロたるゆえんがある。市川崑は正真正銘のプロだった。傑作『犬神家の一族』が生まれたきっかけも、映画製作に乗り出した角川春樹が市川崑のスタイルを買ったことにあった。

著者もまたプロである。映画評論のフォームが素晴らしい。自説の自慢に終始し、肝心の作品についてはさっぱり分からない映画評があるものだが、そういうエグ味がまったくない。「面白い映画がなぜ面白いのか」を言語化するという評論の本領で勝負する。『犬神家の一族』の饒舌な解読は著者一流の芸である。

プロがプロを語る面白さを堪能した。この手の「芸論」がお好きな向きは、『天才 勝新太郎』『仁義なき日本沈没』といった著者の過去の作品も読んでほしい。

4―38 「目先の商売」に走る銀行への警鐘

山崎元『信じていいのか銀行員』

これだけ長期に渡って金利が低下する中で、「貯蓄から投資(運用)へ」というのはもっともな話だ。しかし、この掛け声が叫ばれるようになってから久しい。日本の個人家計が投資にシフトしないのはなぜか。日本人に投資や運用のリテラシーがないからではない。金融機関が目先の楽な商売を優先して、欺瞞に満ちたことを繰り返してきたからだ。

「勝とうが負けようが投資(というよりギャンブルとしての投機)が好き」という趣味的な人は別に

して、普通の人にとって個別株を売買するのはリスクが高い。そこで投資信託が資産運用の主要な手段になる。ここまではよい。

しかし、著者は明快にして単純な論理で批判する。これまで日本の金融機関がせっせと売ってきた投信のほとんどはロクでもないものばかり。まずもって手数料が高すぎる。「毎月分配型ファンド」のような論理的に不可解な商品を（それが手っ取り早く売りやすいというだけの理由で）推す。欺瞞としか言いようがない。結論として、現在の銀行と銀行員の投資信託営業には信用に足らないものが多い。

タイトルからして銀行と銀行員を批判の対象としているが、著者の議論は伝統的な証券会社の手口にもそのまま当てはまる。シニカルでリズムよい文章には独特の味わいがある。

本書の批判に一向に恥じないような金融機関が出てくることを望む。それは普通の人が本当に安心して買える金融商品だけしか扱わない資産運用サービスである。商売として間違いなく成功するはずだ。

4—39

炸裂する教養

半藤一利・出口治明『世界史としての日本史』

出口治明という人に最初に会ったとき、その教養の広さと深さに圧倒された。深い湖を淵から覗きこんでいるようで、何やら恐ろしい気分になったほどだ。

古今東西の歴史に通暁した出口と、「国民的日本史家」とでも言うべき半藤一利。本当の教養人による上等上質な歴史雑談は読者の期待を裏切らない。

軸となる主張はカバーに掲げられた「『日本は特別な国』という思い込みを捨てろ」。この惹句だけだと、日本は他国と変わらない国だという話に聞こえるが、そうではない。日本は独自の歴史を経て今に至る。もちろん、その在りようは他国と異なる。しかし、それは他国も同じこと。要するに、日本が特殊なのではなく、すべての国は個別的なのである。異なる国の個別性を十分に踏まえたうえで、他者を相対化し、自らを理解する。ここに歴史的教養の本領がある。そのためには先入観に左右されないニュートラルな視点が大切だ。物事に対して正面から素直に構える姿勢、これが教養練成の起点にある。

歴史的教養は一朝一夕では身につかない。「真の教養が身につく」という本書の売り文句はもちろん嘘である。しかし、少なくとも、本物の教養とは何かを見せてくれる。無教養とはどういうことかを教えてくれる。世界が転換期にある今こそ、読む価値がある一冊だ。

4—40

アウトサイダーならではの組織論

佐藤優『組織の掟』

組織で動くような仕事は自分にどうも向いてないのではないか。そういう直感があって評者は今の仕事に就いた。評者が身を置いている大学も組織ではあるが、それぞれが個人単位で仕事をしているため、組織としてはかなりユルい。

著者が所属していた外務省は霞ヶ関の中でももっとも官僚的な「役所中の役所」だった。著者自らの経験に基づいて、組織の中で生き残るために守るべき「掟」を論じている。だから、議論には強いバイアスがかかっている。普通の会社であれば、これほどの超ヘビー級の組織を探すのは難しいだろう。そんな組織では商売が立ち行かなくなり、淘汰されてしまうからだ。（かっての）外務省という「究極の組織」を対象にすることで、組織の本質が浮き彫りになる。そこが面白い。

「上司には決して逆らうな」「問題人物からは遠ざかる」「ヤバい仕事からうまく逃げろ」——実に世知辛い話が続くのだが、記述はきわめて具体的。著者と組織の周囲の人々との会話の引用が生々しい。

東京地検特捜部に逮捕されたとき、著者は「金輪際、組織に加わって仕事をすることはしまい」と心に誓ったという。それでも著者は組織が嫌いではない。組織には組織に固有の「人間を引き上げてくれる力」がある。組織の嫌らしさをこれでもかと描き出すことによって、逆説的に組織の存在理由や強みが明らかになる。著者一流の芸当を堪能した。

4—41

逆説的に知る民主主義の強靭さ

佐伯啓思『反・民主主義論』

「デモクラシーは最悪の政治体制だ。過去に試みられてきたすべての政治体制を除けば」。

プロレスの興行のようなアメリカの大統領選の乱痴気ぶりを見ていると、ウィンストン・チャーチルの箴言がいよいよ真実味をもって迫ってくる。

佐伯啓思『反・民主主義論』は、その根底に立ち返って民主主義を考察し、そこに組み込まれた本質的で宿命的な限界を明らかにする。ひたすら「アメリカを強くする」と吠えまくるトランプに対して、クリントンは「アメリカをひとつにする」と呪文のように唱え続ける。あとは醜い人格攻撃と粗探しに終始。民主主義の機能低下や機能不全ではない。民主主義が「機能しすぎなだけ」と著者は喝破する。

そもそもデモクラシーは価値を含んだ「主義」ではない。「民主政」という政治体制のひとつにすぎない。民主政は、自己省察、他者への配慮、謙虚さによって支えられる。しかし、「国民主権」「平等」の名のもとに、ひとたび全員が主権者となるとどうなるか。自分の権利を叫び、自己利益を追求し、そのために他者を貶めるという「品の悪い権力闘争」になる。いたって自然な成り行きだ。

民主主義に対する著者の論考はきわめて筋が通っている。いまこそ多くの人が知り、考えるべき主張である。ただし、前作『さらば、資本主義』でも感じたことだが、資本主義に対する代案が当面見当たらないのと同じで、民主主義に対する有力な代案もない。

チャーチルの言葉はいまだ死なず。逆説的に、民主主義と資本主義の強靭さを思い知らされる。

4—42

感性の職人と情熱の経営者、「師弟の絆」の物語

稲泉連『豊田章男が愛したテストドライバー』

世界最大の自動車メーカー、トヨタ自動車。その社長である豊田章男にはクルマの師匠がいた。トヨタのテストドライバー、成瀬弘。本書はこの師弟の不思議な絆を静かな筆致で描く。

15年前、アメリカ現地法人の副社長だった豊田は初対面の成田にいきなり叱責される。「運転のことも分からない人にクルマのことをああだこうだと言われたくない」。これを機に豊田は大好きだったゴルフをやめ、成田に弟子入りし、自らレース活動とスポーツカーの開発に深く入り込んでいく。

専門学校卒業後19歳でトヨタに入社した成瀬は現場叩き上げのテストドライバー。「感性の職人」である。自動車開発ではあらゆる性能が数値化される。しかし、「運転の楽しさ」「走りの気持ちよさ」は人が走行テストを繰り返すことでしか評価できない。成瀬はトヨタの300人のテストドライバーの頂点にいる「トップガン」だった。

絵に描いたような職人肌の成瀬。本書には成瀬の味わい深い言葉がちりばめられている。

「あれがいい、ここがいい、といわれているうちはまだダメ。乗ってみて『ああ。これはいいね』と言われるのが一番いい」「クルマのことをあれこれ言えなくてもいいんだ。まずは好きか嫌いか言えるようになれ」。

成瀬の薫陶を受けた豊田は、効率と数値目標一辺倒で「まるで銀行のよう」といわれたトヨタを変えた。販売台数の目標を聞かれても「台数は結果」と答える。代わりに出てくる言葉は「もっといいクルマをつくりたい」。販売台数至上主義から、創業以来のトヨタの現場重視の質実剛健なスタイルを取り戻した。

14年ぶりに創業家出身の社長となった豊田は「道楽者」「子ども社長」と揶揄された。リーマンショック後の赤字企業としての再出発。その後すぐにリコール問題が発生、豊田はアメリカ議会下院での公聴会に引きずり出される。さらには東日本大震災やタイの大洪水が追い討ちをかける。次から次へと押し寄せる困難を克服して、トヨタを復活させた豊田章男の並外れた強さ。理屈抜きにクルマが好きだからこその強さである。その原点には成瀬弘という一人のクルマ職人の存在があった。

豊田の社長就任の1年後、成瀬はテスト走行中の事故で亡くなっている。享年67。空の上から成瀬はいまのトヨタをどう見るだろうか。「まだまだ、こんなもんじゃない……」と苦笑いしながらも、確かな手ごたえを感じているのではないか。

クルマという工業製品の奥深さと「ものづくり」の真髄を鮮やかに浮き彫りにする快作

である。

4—43

身も蓋もない骨太の論理

広木隆『ストラテジストにさよならを　21世紀の株式投資論』

個人投資家に向けた株式投資の指南書である。これが滅多矢鱈に面白い。僕は株式投資に関心がない。この手の本を読むことはめったにない。関心がない僕が一気に読んでしまうぐらいだから、面白さは保証できる。

スタンスがいい。「どうやったら儲かるか」ではなく、「なぜ儲からないのか」にフォーカスする。著者は証券会社のストラテジストであるにもかかわらず、市場の見通しも株価の予想も基本的には外れると思った方がよい、と言い切る。ストラテジストはみんな能力的には五十歩百歩、本当に「何が儲かるか」を当てられるならば人に教えたりしないで自分で相場を張った方が良いに決まっている、というのが著者の主張だ。身も蓋もない話である。しかし、物事の本質は往々にして身も蓋もない話の裏側にある。著者はそこに骨太の論理で突っ込んでいく。

予測不可能な不確実なものを相手にしている以上、いかに負けを軽微にするかが勝負の分かれ目になる。だとしたら、「買うこと」よりも「売ること」に長期投資の本領がある。このようなトーンで、著者は投資の構え、大局観、原理原則を淡々と論じていく。株式投資で成功するための飛び道具や必殺技は一切出てこない。言われてみれば当たり前のことばかり。しかし、その背後にある論理にコクとキレがある。投資家にとって本当に役立つのは、この種の論理である。

最終章は本書の白眉だ。株式投資のみならず、ビジネスの本質を突く洞察に溢れている。人生で夢を見ても、投資では夢など見るな、と著者は言う。常識に照らし合わせ、現実主義で道筋を見極めていくことが肝要になる。「そんな普通のことをやっているだけでいいのか」「人と違うことをやらないと儲からないのではないか」と思うかもしれない。しかし、自分はブレず、当たり前のことをきちんとやっていればいい。なぜか。相場のほうが勝手にブレるからだ。「逆張り」は狙ってやるものではない。堅実な常識的なスタンスを維持する結果として「期せずしてそうなるもの」だ、と著者は言う。まことにシビれる論理である。

世の中と人間の本性に踏み込んで、株式投資の本質を抉り出す。「投資法」ではない。サブタイトルにあるように、「投資論」。著者の見識を味わうための一冊だ。

4―44

イノベーション研究のイノベーション

小川進『ユーザーイノベーション』

「現象」と「手法」と「論理」のバランスがいい。

本書が焦点を当てている「現象」は、タイトルにもあるように「ユーザー（による）イノベーション」。かつては、イノベーションはメーカーが生み出し、それをユーザーが受け入れ、普及に至ると考えられていた。しかし、ユーザーイノベーションはそれとは逆のプロセスに注目する。つまり、イノベーションの源泉はむしろユーザーの側にあり、それが結果的に企業による生産・販売を促すという発生・普及ルートである。

より広い文脈でとらえれば、「イノベーションの民主化」だ。製品の作り手ではなく、使い手のイノベーションを起こす能力が向上し、そのための環境が整いつつある。20年に渡って「イノベーションの民主化」を研究してきた著者は、著者自身の研究成果を含むさまざまなデータや事例を駆使して、ユーザーイノベーションという現象を描き出す。

ユーザーイノベーションの視点は、イノベーションを促進する新しい「手法」を明らかにしている。この点でも本書は親切で、ユーザーを製品開発に組み込む「リードユーザー法」、さらには製品アイデアの創造を社外の不特定多数の消費者に委ねる「クラウドソーシング」など、さまざまなアプローチを紹介している。

ただし、本書の眼目はそうした現象や手法の背後にある「論理」にある。例えば、著者の研究は「無印良品」の良品計画がクラウドソーシングの手法を活用することによって、高い製品開発の成果をあげていることを明らかにしている。しかし、こうした現象はその業界や製品の文脈と切り離して考えることはできない。そのまますぐに同じような手法を応用しても成功は約束されない。だから企業や製品に固有の文脈を踏み越える論理が大切になる。

なぜメーカーでなくユーザーがイノベーションを主導するのか。また、なぜある場合は伝統的な理解のとおり、ユーザーではなくメーカーがイノベーションを起こすのか。数多くの先行研究や著者自身の研究を踏まえて、周到な論理が展開されている。この点で、本書は目新しい現象や手法を取りざたするだけの「ビジネス書」とは一線を画す。

ユーザーイノベーションはイノベーションについてのイノベーションであり、それを正面から論じた本書もまたイノベーション研究におけるイノベーションといえる。言葉にするとややこしいが、そういうことだ。

本質は細部に宿る

「〇〇概論」とか「××入門」という手の本が好きではない。第一に、読んでいて単純に面白くない。中には面白く読ませる概説書とか入門書もあるのだが、滅多にお目にかからない。その目的からして、ある分野で必要な基礎知識を一通り紹介するという体裁になるので、どうしても中身がつるりと平面的になる。

第二に、より重要な理由として、僕の読書の目的に合致していない。前にも話したように、僕の好みはジャンルでいえば小説などのフィクションよりもノンフィクション、とくに人間と人間社会についてのノンフィクション。その目的は知識を得るというよりも、世の中の本質についての自分なりの理解を獲得することにある。人と人の世のもろもろについて「なるほど、そういうことか、面白いねえ……」と得心する。これが僕にとっての読書の醍醐味である。

Dスポットは具体的細部にあり

本を読んでいると、こうした論理的得心の機会がしばしばある。これが僕の読書の悦びのツボ、すなわちDスポット（読書スポット）だ。

ある分野についての知識の獲得が目的であれば、まずは概説書や入門書に目を通すのが定石にして王道だろう。俯瞰的に全体像を押さえなければ先には進めない。僕も仕事で必要に迫られて（いやいやながら）概論書を読むこともある。しかし、僕にとっては、楽しみのための読書にはならない。

というのは、僕の好物である「なるほど、そういうことか……」は、物事の具体的な細部の記述から採集されることがほとんどだからである。本質は細部に宿り、細部にこそ現れる。俯瞰的な概論をなぞっているだけでは、なかなか得心に至らない。

詩人の高橋睦郎が書いた『友達の作り方』という本がある。横尾忠則、三宅一生、稲垣足穂などなど、多種多様な友達との出会いとつき合いについての随筆で、これがヒジョーに面白い。とくに痺れたのは三島由紀夫との出会いを回想した章だ。

無名の文芸志望者だった著者のところに、文豪としてその名を轟かせる三島から唐突に電話がかかってくる。「小説家のミシマユキオという者ですが……」。驚いて用件を聞くと、「詩集に感動したので、明日会いたい」と言う。銀座の上等な中華料理屋で6時に会うことになる。おずおずと店に入ると、慇懃に個室に通される。以下、ハイライトシーンを引用する。

どれほど待っただろうか。蝶タイのウェイターが覗いて、ただいま三島先生から電話がございまして、六分遅れるとのことですという。はてな？　と思った。

五分遅れるとか十分遅れるとかは聞いたことがある。しかし、六分遅れるというのは？（中略）僕は壁にかかった電気時計のぴくっぴくっと進む秒針を見つめた。六時前五分……六時……三分……五分……六分を秒針が指したと同時にドアが開き、三島さんが入ってきた。

高橋は勇気を奮って「次の詩集に跋文を書いていただけませんか」と願い出てみた。すると三島はその場で内容を書いた高橋のノートに目を通し、「悦んで書きましょう」と即答する。さらに付け足して「これは僕が進んで書くことだから、きみは菓子折り一つ持って来てはいけないよ」と強調する。

約束と寸分違わないその日に、速達で跋文が届く。原稿用紙で7枚。序跋としてはかなりの長文が暢（のび）やかな字で書かれていた。「三島さんとはその後しばしば会ったが文芸上の話をしたことはほとんどない。結局、三島さんから教わったことは世間にいかに対処するかに尽きるようだ」と高橋は言う。

ようするに、そういう人なのである。その作品もそうだが、僕は三島由紀夫という不思議な人物に作品以上の関心を持っている。三島についてのさまざまな評論や評伝を読んだが、『友達の作り方』に収められた短い文章ほど、この人物の本質（のある面）を鮮烈に抉り取り、得心させてくれるものは他にない。三島との交際のごく具体的な断片の記述にもかかわらず、いや、具体的断片だからこそ、人物の総体が浮かび上がる。

超弩級ノンフィクションの決定版

広い時空間に渡る全体をロングショットで俯瞰しつつも、要所要所で本質を語りうる具体的細部に急降下し、クローズアップでスイートスポットをきっちりたっぷりと記述してくれる。これが僕の考える本当に優れたノンフィクションの条件だ。

イアン・カーショー『ヒトラー』はこの条件を満たしまくりやがる文句なしの大傑作だ。著者の視点は、ヒトラーという特異な人物の具体的詳細の記述と彼を取り巻く全体状況の変遷を頻繁に往復しながら、ドイツとヨーロッパの悲劇を丹念に追いかけていく。本書を読むと、ナチスドイツの悪魔的所業も、小さな出来事の積み重ねの中でごく「自然」にそうなった、ということを思い知らされる。ドイツ第三帝国の興隆と破滅をまるでそこにいるかのように追体験できる。読んでいて何度も息が苦しくなり、戦慄する。

歴史的な評伝は「その横にあるもの」と併せて読むとさらに話が立体的になり、理解が深まる。「横もの」としてはサイモン・セバーグ・モンテフィオーリ『スターリン――赤い皇帝と廷臣たち』をお勧めする。これまたロングショット、クローズアップを繰り返す著者の構成力と筆力に舌を巻く。複雑に錯綜する歴史をドラマのように読ませてくれる。

生涯で為した悪の総量はよい勝負だが、ヒトラーとスターリンは人物としてはまるでモノが違う。スターリンは桁違い、正真正銘の怪物だった。ロシア革命やドイツとの大戦、ありとあらゆる挑戦を受けつつも、自らの政治的力量でそれらを克服し、最期まで独裁者として君臨した。

側近はもちろん、粛清された側の人々でさえ、死後もスターリンを畏怖し尊敬していた事実が本書では明かされている。スターリンにひどい目にあわされた人々でさえ、独裁者の死に直面して動揺し、喪失感を吐露していることに驚く。

スターリンと異なり、ヒトラーの本質は「潜在的にはどこにでもいるようなポピュリスト」だった。ただし、ヒトラーは驚くほど運が良かった。古今東西のポピュリストに共通の特徴だが、ヒトラーは反射神経で次々とギャンブル的な政策を打ち出す。途中まではこれが面白いように当たった。

ポピュリストはいつも自分のことでアタマが一杯なので、政策の組織的実行や仕組みづくりには意識が回らない（今の日本にもそういう政治家がいる）。そのうち破綻する。ところが、ヒトラーには優秀な側近と堅牢な行政組織があった。これがヒトラーの支離滅裂な思いつきを実現してしまう。ここにドイツ第三帝国の不幸があった。

安くて長持ち

この2作のように全体と個別具体の両方に目配せをする本格派ノンフィクションは、その方法からして、話が非常に長くなる。合わせて３０００ページ以上、価格も合計で3万円。

高いと思うかもしれないが、とんでもない。ちょっといい店にお鮨を食べに行けば、2人で3万円はかかる。そのときは美味しいだろうが、しょせん2時間の楽しみ。休日に集中して読んだとしても、この2作で1か月はとっくりと楽しめる。しかも、いやというほど考えさせられる。得心に次ぐ得心の連続。自分が生きる社会と自分自身の生き方について教えられる。そこから明日を生きるための価値観を引き出せる。読んでいる間だけではなく、思考と行動の基盤として、その価値が一生続くのである。

いつも言っていることだが、これだけの叡知をたっぷりと味わえるのだから、本は本当に安い。腰が抜けるほど安いといっても過言ではない。世にあるありとあらゆる財の中でこれほどディスカウントされているものは他にない。

ただし、である。本は安いが原稿料もまた安い。この文章の1本の原稿に対して出版社から振り込まれる対価、その具体的詳細は公開を控えるが、「『ヒトラー』と『スターリン』を同時に買うことができないけれども、どちらか一方であれば買える程度の金額」とだけ言っておきたい。

それでも、考えてみれば、気の赴くままにこんな駄文を1本書くだけで、全人類必読の書にして後世への偉大な遺産を自分のものにすることができるのである（2冊同時には無理だが）。やはり本は破格に安いといわざるを得ない。

5号室

もっとさまざまな書評

5—1 経営センスを磨くための6冊

「経営」と「管理」はまるで次元が異なる仕事だ。管理であれば担当者の仕事。スキルがあればなんとかなる。ところが、経営となると話は違ってくる。「担当」がないのが経営者だ。商売丸ごとすべてを動かし成果を出す。経営者の仕事はスキルだけではどうにもならない。センスとしか言いようがない能力がカギとなる。

スキルであれば習得の方法が用意されている。例えばファイナンスのスキル。優れた教科書があるし、研修やビジネススクールで身につけることができる。一方、センスに教科書はない。育てられないのがセンスだ。センスあふれる経営人材はいつの時代も最も希少な経営資源だ。

だとしたらどうすればよいか。一人一人が自らのセンスを磨いていくしかない。経営という仕事を実際にやってみるのがいちばんいい。しかし、誰にでもできることではない。そこで、次善の策として読書がある。優れた経営者についての評伝や自伝をじっくり読む。頭の中で経営者と対話する。センスを磨くためのまたとない経営疑似体験となる。コストパフォーマンスも抜群だ。

僕が勝手に「三枝三部作」と呼んでいる『戦略プロフェッショナル』『経営パワーの危

機』『V字回復の経営』（三枝匡著、いずれも日経ビジネス人文庫）。企業再生の現場で奮闘する主人公の思考と行動をドラマ仕立てで描く。フィクションになるとやりたい放題になってどうしても論理が緩くなる。「ビジネス小説」は（もちろん大変に面白いものもあるが）経営センスの錬成にはあまり役立たないというのが僕の見解だ。ただし、限りなくノンフィクションの三枝三部作は別格だ。著者が企業再生の現場で自ら摑み取った論理が凝縮されている。窮地に陥った事業を再生させる道筋を明確に描き、そこで働く人々の心に火をつける。出版されてから何年にもなるが、経営センスとは何かを手に取るように見せてくれる書として最上にして最良。絶対のお勧めだ。

自伝・評伝が優れているひとつの理由は、新聞や雑誌の記事にはない時間的な奥行きの深さにある。柳井正『一勝九敗』（新潮文庫）。どのような成り行きで「普通の人」がユニクロで成長路線を爆走する経営者になっていったのか。タイトルにあるように、氏の試行錯誤も含めて、稀代の経営者の経営センスがどのように醸成されていったのかを追体験できる。あらゆる仕事に自ら手を突っ込み、独自の顧客価値の創造という一点に向けて、すべてのパーツを綜合する。「商売丸ごとを相手にする」という経営の本質が余すところなく描かれている。

池田信太郎『個を動かす　新浪剛史　ローソン作り直しの10年』（日経BP社）と鈴木敏文『売る力　心をつかむ仕事術』（文春新書）。この2冊を比較しながら読むと面白い。同じ業界の経営者でありながら、それぞれの経営がまったく違うセンスに根差している。変化する顧客の嗜好をとらえ、商売を絶えず進化させていく横綱相撲の鈴木氏に対して、挑戦者ならではの果断な意思決定を次々と繰り出す新浪氏。スキルであれば中身はそう変わらないが、センスは千差万別。経営センスの本質を垣間見せてくれる「比較読書」だ。

5_2

読みながら読む

いつでもどこでも本を読む（ただし仕事場以外。仕事場で好き放題に読みだすと職業生活に終止符が打たれるので）。読むときは横になる。ベッドか寝椅子で読むのが基本。休日だと、下手をすると10時間以上ぶっ続けで読む。座っていると疲れてしまう。

一人で食事をするときは、本を読みながら食べる。行儀は悪いが最高のひととき。お手洗いやお風呂に入りながらはもちろん、歯を磨くときも読んでいる。さらにいえば、本を読みながら本を読む。

脳への負荷別に重量・中量・軽量というふうに本を分けて、3冊ぐらいを並行して読むのである。たとえば、大好きな日記ものでいえば、重量級は『ウィトゲンシュタイン哲学宗教日記』、中量級は『ホーチミン・ルート従軍記』、軽量級に『池波正太郎の銀座日記（全）』といった取り合わせ。高負荷の『ウィトゲンシュタイン』を3時間読んでいると、素晴らしく面白いのだがアタマが疲れる。で、脳への負荷が相対的に軽い『ホーチミン』を読む。で、いよいよ疲れると池波日記の出番となる。しみじみとリラックスする。池波先生風に言うと、

（これがもうたまらない……。）

読書に疲れると読書をする。で、疲れが取れるとまた読書。傍からみるとずっと本を読んでいるだけ。でも、ちゃんと脳への負荷のバランスを取っている。これをやらないとずっと読み続けるのは難しい。

5—3

半歩遅れの読書術

1

読書の愉悦。そのツボは人によってさまざまだろうが、僕の場合は論理に触れ、論理を

獲得することにある。論理というと何やら堅く聞こえるが、平たく言えば「ようするに、そういうことか……」。僕にとっての読書の価値は、情報や知識を仕入れることではない。人と人の世について、腹落ちする理解を得る。これほど面白いことはない。

松下幸之助『道をひらく』（PHP研究所）。今もなお読み継がれている名著だ。自らの拠って立つ思想と哲学が実に平易な言葉で書かれている。特別なことは何もない。「自分の道を歩む」「素直に生きる」「本領を生かす」――言われてみれば当たり前のことばかり。

にもかかわらず、この本がここまで大きな影響をもつに至ったのはなぜか。幸之助は、言葉において強烈なのである。言葉が腹の底から出ている。フワフワしたところが一切ない。本質だけを抉り出す。一言一言に実体験に根差したリアリティがある。繰り返し困難に直面し、考え抜いた先に立ち現れた人間と仕事の本質を凝縮する。だから言葉が深い。直球一本勝負。やたらと球が速い。しかも、重い。

ところが、である。岩瀬達哉『血族の王 松下幸之助とナショナルの世紀』（新潮文庫）を読むともう一つの幸之助像が浮かび上がってくる。数限りない幸之助伝の中で異彩を放つ本書は、「正史」には書かれなかった人間・幸之助の姿を直視する。

むき出しの利益への執念。妾宅との二重生活。袂を分かち三洋を創業した井植歳男との確執。成功体験にとらわれ迷走する晩年期。ひたすらに血族経営に執着する姿はもはや老醜といってよい。「素直な心」どころではない。

「これまで見た中で首尾一貫した人は誰一人としていなかった」――人間洞察のプロを自認していた小説家、サマセット・モームの結論である（『サミング・アップ』岩波文庫）。一人の人間の中に矛盾する面が矛盾なく同居している。そこに人間の面白さと人間理解の醍醐味がある。

『血族の王』を読んだ後で、『道をひらく』を再読する。いよいよ味わい深い。ますます迫力がある。「素直さは人を強く正しく聡明にする」――幸之助は自らの矛盾と格闘し、念じるような気合を入れて自分の言葉を文章にしたのだと思う。彼の言葉は「理想」ではなく、文字通りの「理念」だった。だからこそ、『道をひらく』は人々の道標になり得たのである。

人間ゆえの限界を差し引いても、なお日本最高にして最強の経営者。幸之助への尊敬がつのる。

2

人間に興味があるので、自伝や評伝を好んで読む。前回も話したように、人間は多面的な存在である。もっといえば、矛盾を抱えている。そこに人間のコクがある。

これはと思う人物について知ろうとするとき、自伝を読むだけでなく、第三者が書いた評伝もなるべく数多く読むようにしている。つまり、「裏を取る」という読み方だ。その人物についての理解が深まる。

芸の世界に生きた人の自伝・評伝にはとりわけ目がない。その理由は、経営学者という僕の仕事と関連している。私見では、経営はサイエンスよりもアートに近い。優れた経営者はそれぞれに独自の「芸」をもったアーティスト。芸論は経営についての洞察の宝庫だ。

渥美清『きょうも涙の日が落ちる 渥美清のフーテン人生論』(展望社)。著者は20世紀の国民的俳優、日本人の心情を鷲づかみにした「フーテンの寅さん」。自伝的な随筆と多士済々の同時代人との対談が収められている。副題にあるようにいかにも「寅さん」な内容。呑気でおおらかな人となりと、行き当たりばったりの座談が楽しい。

で、裏を取る。小林信彦『おかしな男 渥美清』。「フーテンの寅さん」とのギャップがすこぶる面白い。デビュー3年後、これからというときに3年間の結核療養という地獄を見る。単純でお人よしの寅さんとは対極的で、実際の渥美は実に複雑な性格の持ち主だった。

自分で「俺はキチガイだから」と言うほど業が深い。演技のためにあらゆるものを犠牲にする。「食うか食われるか」の芸能界にあって、目先の処世や利害には目もくれない。仕事もバンバン断る。「あいつも、こいつも、目先の小さな成功を取りに行くような仕事で失敗している」——上昇志向の塊で、自分の立ち位置を冷静に見極めながら、虎視眈々とブレイクの機会を窺う。計画性のない寅さんとは真逆のタイプ。自分の芸と野心と現実の仕事、これら三者の折り合いのつけ方を慎重に計算する。極端な個人主義者にして合理主義者だった。

自分の芸風を過剰にまで強く意識し、現実との齟齬に七転八倒の苦しみを経た挙句に開いた大輪の花、それが『男はつらいよ』だった。しかし、そのハマリ方があまりにも完璧であったために、その後の渥美は死ぬまで「寅さん」を生きることを強いられた。

俳優に限らず、どんな仕事も最後はその人に固有の「芸」が物を言う。しかも、芸風はただ一つ。経営者にしても、その道で一流のプロとして生きていくことは自分の、自分だけの芸風と心中することに他ならない。いい年をして「不断の自己革新!」と声高に言う人は信用できない。

3

人と人の世の中、とりわけその基底にある論理を知りたい――この興味関心からして、読書はノンフィクションに偏る。フィクションだとやりたい放題になるので、ロジックを追えない。抜群に面白い小説であればその世界にトリップできる。しかし、そこまでの作品はそうそうない。たまにはその時々に絶賛されている小説に手を出してみるのだが、「それほどかな……」と思うことが多い。根が想像力に欠けているのかもしれない。

例外は私小説だ。完全なノンフィクションではないにしても、僕の貧困な想像力でも人間のリアルな本質に接近できる。現役作家でいえば、大好物は西村賢太。新刊が出れば必ず買って読む。

どれを読んでもきっちりと面白い。西村作品はそのほぼすべてが特定少数のテーマの変奏である。悪く言えばワンパターン（登場人物がすべて著者その人なのだから当たり前）、よく言えば安定感抜群。芥川賞受賞作の『苦役列車』（新潮文庫）もいいが、僕にとっての最高傑作は初期の短編集『どうで死ぬ身の一踊り』（講談社文庫）に収録の「一夜」。ラストシーンには鳥肌が立った。私小説に固有のパワーに心底感動した。

西村賢太の日記『一私小説書きの日乗』（角川文庫）シリーズは小説に輪をかけて面白い。判で押したように同じルーティンを繰り返す日々。それが何年も続く。確立された生活と仕事の様式。錬度の高いルーティンに氏のプロとしての凄みが透けて見える。

出会いがしらのヒットはあり得る。運が良ければ一発ホームランは打てる。しかし、素人はその後が続かない。プロとアマの最大の違いは持続力にある。コンスタントに質の高いアウトプットを継続して出す。これがプロの条件だ。仕事の成果は日々の生活の中からしか生まれない。「生活第一、芸術第二」、菊池寛の名言だ。詩人は泣きながら詩は書かない。持続力の基盤にはその人に固有の練り上げられた生活ルーティンがある。

数多くの失敗とたまに訪れる成功を積み重ねていく中で、自分だけのルーティンを錬成していく。そこに仕事生活の醍醐味がある。私見では、創造的な仕事をしている人ほどルーティンを大切にしている。仕事がダイナミックで非定型的だからこそ、変わらず安定した土台が必要となる。

西村賢太はしばしば「無頼派」「破滅型」と評される。確かにその言動や私小説に描かれる思考と行動は刹那的で衝動的に見える。しかし、この人にこそ練りに練り上げられたプロフェッショナルのモデルを見る。

4

どのようにして未知の良書と出会うか。Eコマースはとても便利ではある。しかし、書名や著者名が分かっていないと検索できない。買い物の場として優れているにしても、出会いの場としては難がある。

アマゾンは「あなたへのおすすめ商品」を大量に紹介してくれる。これが頓珍漢なこと甚だしい。大規模な購買データをもとにしているのだが、そそられる本がほとんどない。ビッグデータと人工知能には一層の奮起を期待したい。単に僕の趣味嗜好がひねくれているだけかもしれないが。

さらに役に立たないのが、ユーザーのコメントだ。ほとんどが匿名で、内容は玉石混交。もちろん玉より石のほうがはるかに多い。評価の星の数となるといよいよ無意味。本は嗜好品である。不特定多数の評価の平均値を本選びの参考にする人の気が知れない。

僕にとっての最良の情報源は、結局のところプロの書いた署名つきの書評である。ネットの素人のレビューとは質の次元が異なる。読みの深さや見識はもちろん、自分の名前を出す仕事であるからして、気合とサービス精神が違う。

大切なのは、自分とノリやソリが合う書評の書き手を何人か見つけておくこと。僕が絶対の信頼を置く現役の書評家はフランス文学者の鹿島茂。フランス文学にはさして関心がないのだが、氏の人間と社会を視る眼とそこから生まれる大胆不敵な論理展開にいつも深く共感している。あっさりいえば、「面白がりのツボ」が合う。

鹿島茂『大読書日記』(青土社)は2001年から15年間の600ページ超の書評集。興味がない分野の本でも面白く読ませるところが凄い。他の書き物のジャンルと違って書評の価値尺度ははっきりしている。すなわち、読み手にその本を買わせられるかどうか。この書評集を読んだあと、僕は28冊発注した。厳選してもそれだけあった。

「理由は聞くな、本を読め」と題された長めのまえがきがとりわけ素晴らしい。ここを読むだけでも価値がある。なぜ本を読まなければならないのか。「読書は役に立つ」といっても詮無い。読書の価値は事後的に振り返ってはじめてわかるものだからだ。

読書に限らず、大切なものほど事後性が高い。逆に言えば、「役立つ」ことが事前に容易に分かっていることにはたいした価値はない。すぐに役立つものほどすぐに役立たなくなる。事後性の克服は人生の一大テーマといってよい。

では、どうするべきか。それは読書しかない。本は事後において書かれている。読書によって、人は事後的にしか知りえないことを知ることができる。四の五の言わずにまずは読め――読書の効用の本質をこれほど明快に抉り出した文章を他に知らない。

5―4 図鑑の記憶

小学生の頃は南アフリカ共和国のヨハネスブルグにいた。当時、その国ではテレビ放送がまだ始まっていなかった。必然的に本を読む。

当然のことながら家では日本語で会話をした。学校も日本人小学校だった。近所の友達との会話や買い物では英語を使っていたはずなので、多少は喋れたと思うのだが、英語を読むことはできなかった。読む本は日本語のものに限られた。

もちろん書店には日本の本はまったく売っていない。というか、家の近くに書店というものを見たことがなかった。学校の小さな図書室にある本と日本にいる祖父母から船便で送ってもらう本が読書世界のすべてだった。

こういう環境では「持ちのいい本」ほどありがたい。小説であれば長ければ長いほどいい。それでも数に限りがある。すぐに読み終わってしまうので、同じ本を何度も何度も読み返した。

いちばん長持ちするのは、何と言っても図鑑だった。文字数でいう情報量は長編小説よりずっと少ないのだが、カラフルな絵と文字とその配列で想像がひろがる。いつでもどこでも寝転がって図鑑を開けば、一瞬にして想像世界へとトリップできる。動物図鑑でジャングルを体験し、地理の図鑑で世界旅行をし、戦車や軍艦の図鑑で戦争の指揮をした。

実に不便で実に幸せな経験だった。

5—5

私の好きな中公新書3冊

かつての雑誌のような「手軽な読み物」が主流となった新書出版のなかで、中公新書は「昭和の新書」の王道から逸れないところがイイ。優れた人々が思考と行動で獲得した上質な知見を今の世の中を生きる普通の人々に届けてくれる。文字通り蒙を啓かされた3冊を挙げる。

堂目卓生『アダム・スミス』。『国富論』についての教科書的な知識──神の見えざる手──だけでスミスを市場万能主義者と誤解している人にこそ読んでもらいたい。人間の本性を見据えた知的巨人の思考の本質部分を鮮やかに抉り出す傑作。彼の主張はいまでも色あせない。資本主義の転換期にあるいま、むしろ重要度は増している。本書はスミスについての最良の教科書であるだけでなく、現代社会についての洞察にも溢れている。

菊池誠『日本の半導体四〇年』。俗にいう「日本の技術力」だが、最近は浅薄な議論が少なくない。初期のソニーの半導体事業への腰の据わった取り組みを題材に、著者が自らの経験を通じて技術に立脚した事業展開とその経営の本質を語る。

服部正也『ルワンダ中央銀行総裁日記（増補版）』。こういう気骨と誠意の人が近過去の日本に実在した。そのことを知るだけでもいい気分になる。真の国際人による最上の仕事の記録。読めば誰しも襟をただす。仕事に対する姿勢が良くなること請け合いだ。

5_6

概念の実用性

田中信彦『スッキリ中国論　スジの日本、量の中国』

併せて読みたい本：デイヴィッド・ブルックス『あなたの人生の意味』、朝倉祐介『ファイナンス思考』

いやー、スッキリした。本の良いタイトルとは内容を簡潔な言葉に凝縮したもの、というのが持論なのだが、『スッキリ中国論』、これこそ最高のタイトルだ。日本人と中国人それぞれの思考と行動の背後にある原理を「スジ対量」という概念的次元でとらえる。この視点の切れ味が素晴らしい。中国人の行動様式や中国社会のあり様についてのさまざまな疑問がこの本一発できれいさっぱり氷解した。

日本人は「スジ」で考える。スジとは、人々の間で事前に共有されている規則や規範を意味している。つまりは「べき論」。一方の中国人は「量」で考える。量とは、いま・ここでのその人にとっての損得の具体的な量を指している。優劣の問題ではない。ただひたすらに「違う」のである。

中国でも高いものを買うお客には（日本以上に）丁重なもてなしをする。しかし、あまりお金を使わない客や何も買わないで見るだけの客は洟にもかけない。つまりは自分にとっての損得の量の大小が基準になっている。ところが、日本では量にかかわらず「お客さまは神様です」というスジが前面に出てくる。店に入ってきただけでいきなり丁寧に扱う。だから日本に来た中国人は「おもてなし」に（日本人にとって不思議なぐらい）やたらと感動するのである。

なぜ中国人は決断が早いのか。なぜ投資において大きなリスクをとるのか。なぜ話が大げさなのか。なぜ自己評価が異様に高いのか。なぜすぐに転職するのか。なぜコネを重視するのか。なぜ金持ちはバスに乗らないのか。なぜ借りた小銭を返さないのか。なぜ行列に割り込むのか。なぜ旅行に行くとお土産を大量に買うのか。なぜ表現が大げさになるのか。なぜ自撮りが好きなのか。なぜ事件後の酒井法子に寛容なのか。なぜ「面子」にこだわるのか――。「スジ対量」の概念（だけ）を使って、ありとあらゆる疑問をばっさばっさと解決し、腹落ちする答えを出してくれる。面白いを超えて、もはや爽快だ。しかも、ためになる。本当の意味で良い本である。

良い本といえば、『あなたの人生の意味』は絶対の名著。「小さな私」と「大きな私」という二つの文化類型の対比を通じてこの数十年の社会変容を見事に描く。かつての謙虚と協調の文化は過去のものとなり。人びとは自分を世界の中心において物事を考えるようになった。

「大きな私」の文化は因習からの解放や個人の自律と自立をもたらした。これはこれで重要な社会進歩である。しかし、今日のさまざまな問題の根底には「大きな私」の過剰がある。それに対抗する「カウンターカルチャー」の必要性を訴える。「良識とは何か」に対する答えがここにある。

『ファイナンス思考』。日本の企業経営の停滞の原因に鋭く切り込む。これにしても、短期的な売上・利益にこだわる「PL思考」と、将来生み出すキャッシュフローの長期的最大化を目指す「ファイナンス思考」とを対比するという視座が効いている。

3冊はいずれも、個別具体を抽象化したところに見えてくる概念が議論の背骨になっている。だからこそ、具体的な事象についての理解が広く深くなる。読み手にとっても役に立つ。抽象概念ほど実用的なものはない。

5—7

近現代史の重量級チャンピオンと向き合う

イアン・カーショー『ヒトラー』(上・下)

併せて読みたい本：サイモン・セバーグ・モンテフィオーリ『スターリン—赤い皇帝と廷臣たち』(上・下)、アントニー・ビーヴァー『第二次世界大戦 1939—45』(上・中・下)

ナチズム研究の世界的泰斗である著者はそもそも「伝記」という方法に懐疑的な立場だった。その考えを曲げてまで、これだけはどうしても書かねばならなかったという気迫が静かな筆致からひたひたと伝わってくる。

ヒトラーという人物のみならず彼を取り巻く「状況」の変遷を丹念に追いかけていく。本書を読むと、ナチスドイツの悪魔的所業も、小さな出来事の積み重ねの中でごく「自然」にそうなった、ということを思い知らされる。伝記という時系列に沿った記述形式のおかげで、ドイツ第三帝国の興隆と破滅をまるでそこにいるかのように追体験できる。読んでいて何度も息が苦しくなり、戦慄する。

歴史的な評伝は横や上からの視点で書かれたものと併せて読むとさらに話が立体的になり、理解が深まる。「横もの」としてはモンテフィオーリ『スターリン』をお勧めする。複雑に錯綜する歴史をドラマのように読ませる著者の構成力と筆力に舌を巻く。

生涯で為した悪の総量はよい勝負だが、ヒトラーとスターリンは人物としてはまるでモノが違う。スターリンは桁違い、正真正銘の怪物だった。ロシア革命やドイツとの大戦、ありとあらゆる挑戦を受けつつも、自らの政治的力量でそれらを克服し、最期まで独裁者として君臨した。

側近はもちろん、粛清された側の人々でさえ、死後もスターリンを畏怖し尊敬していた事実が本書では明かされている。スターリンにひどい目にあわされた人々でさえ、独裁者の死に直面して動揺し、喪失感を吐露していることに驚く。

2大独裁者の激突を上から俯瞰する視点で書かれたものとしては『第二次世界大戦　1939―45』が絶対のお勧めだ。ノモンハン事件からヒロシマに至る複雑極まりない大戦の全容を広範かつ詳細かつ重層的に記述する。

3冊で合わせて4500頁以上、価格も合計で4万円を超える。高いと思うかもしれないが、とんでもない。数多の類書の中で、この3冊こそが決定版である。全人類必読の書にして後世への偉大な遺産といってよい。これだけの叡知をたっぷりと味わえる。これほど安い買い物はない。たまには本格派重量級チャンピオンの書と正面から向き合う骨太の読書も悪くない。

5―8

局所的天才の栄光と全身天才の悲劇

フィリップ・ノーマン『ポール・マッカートニー　ザ・ライフ』

併せて読みたい本：ジョシュア・ウルフ・シェンク『POWERS OF TWO　二人で一人の天才』、ピーター・グラルニック『エルヴィス伝―復活後の軌跡　1958―1977』

書き出しがいい。優れた評伝に共通の特徴である。ポール・マッカートニーという人物の本質を見事につかみ取っている。

著者がポールに初めて会ったのは、雑誌記事のインタビューでビートルズの楽屋を訪れたときだった。大ブレイクの直後で不安定なジョンとジョージとリンゴ。ところが、ポールだけは初対面の著者に自然体で接する。気さくで親切で明るくユーモラス。ようするに、その辺にいる普通の「ナイスガイ」なのである。

言うまでもなく、ポール・マッカートニーは20世紀を代表する音楽の天才だった。まるで呼吸をするように、歴史に残るような素晴らしいメロディが次から次へと生まれる。そこにまったく無理がない。演奏も歌唱も抜群。文字通りの天賦の才である。僕もベースを弾くのでイヤというほどよく分かるのだが、この人の演奏能力には舌を巻く。

ポールの特異性は、その天才が音楽に局所化されていたということにある。音楽に関しては天才だが、その人となりや生活は、ビートルズ以前から老年の現在に至るまで、至極常識的で普通の人。普通の家庭で育ち、普通の家庭を築き、地に足のついた日常生活を刻む。決してオノ・ヨーコのようなぶっ飛んだ人とは結婚しない。

本書は音楽において桁外れの天才を抱えてしまった普通の人の普通でない人生をたどる。自分の中の天才となんとかつき合いながら成長し、滑った転んだを重ねながらゆっくりと成熟していく過程は、しみじみと味わい深い。

70歳をとうに過ぎた現在も、水一杯も飲まずに3時間以上のロック・ショーをぶっ通しでやり通すポール。演奏するのはヒット曲のオンパレード。屈託がまるでない。心の底から楽しんで歌い、演奏している。その姿が若き日のハンブルグでの下積み時代と何ら変わらないことに感動を覚える。これにしてもポールが音楽に局所的な天才だったからこその偉業であると思う。

ポールと対照的に、ジョン・レノンは全身丸ごとの天才だった。その音楽的創造は圧倒的だった。しかし、彼が不幸な死に遭わなかったとしても、キャリアの途中で全身に漲る天才を持て余し、自滅してしまったのではないか。

その天才のありようが大きく異なるからこそ、ジョンとポールは唯一無二のコンビでありえた。『POWERS OF TWO 二人で一人の天才』は、ビートルズの創造の原動力となった2人の間の化学反応のメカニズムを考察していて興味深い。

同じ著者によるジョン・レノンの評伝も定評ある傑作だが、残念ながら翻訳がない。もうひとつの併せて読みたい本として、『エルヴィス伝──復活後の軌跡 1958―1977』を挙げる。無数にあるエルヴィス・プレスリーの評伝の中で、これが決定版である。

若き日のジョン・レノンを一発でノックアウトし、その天才に火をつけたエルヴィス。彼こそは全身天才の本家本元にして総元締めのような存在だった。全身天才が自分の才能に押しつぶされていく残酷な成り行きを淡々と記述する。

時代を超えてエルヴィスの天才を享受できる幸せと、天才でない自分の幸せを噛みしめる。

5—9

逆境においてその人が明らかになる

高森勇旗『俺たちの「戦力外通告」』

併せて読みたい本：菊池寛『半自叙伝・無名作家の日記』、東海林さだお『ショージ君の青春記』

「戦力外通告」を突きつけられた25人の元プロ野球選手の物語。かつては栄耀栄華を極めたスター選手から、1軍公式戦に1試合も出ることなく静かに退団した無名選手まで、その人生はさまざまだ。しかし、そこにはひとつの共通点がある。それは、人間の本質は逆境のときにこそ、いや、逆境においてのみ顕れるということだ。

著者もまた元プロ野球選手である。ドラフトで横浜ベイスターズに入団したものの、後に入ってきた同じ左打の内野手である怪物・筒香嘉智の陰に隠れ、1軍出場は2試合のみ。6年目に戦力外通告を受け、キャリアを終えた。

誰かが試合に出れば、誰かが出られなくなる。プロ野球選手はベンチにいることに慣れていない。花形として試合に出続けたからこそプロになれたのである。光が強ければ、影もまた深い。著者も一度は不貞腐れ、練習にも熱が入らなくなる。

しかし、同時期に同じ2軍にいたかつての主力選手、佐伯貴弘に目を開かされる。2軍でもろくに出場機会がないにもかかわらず、佐伯は毎朝6時にグラウンドに現れ、トレーニングを欠かさない。試合ではだれよりも声を出し、後輩のバットを拾いに行く。戦力外通告を受けて横浜を去るときに残した佐伯の言葉は「最高の年だった」。

不調不振のときにいかに現状を受け入れ、目の前のことに集中できるか。著者がプロ野球から得た最大の学びだという。著者の「目の前のことへの集中」は本書に結実した。仕事と人生の意味を問う快作である。文章も驚くほどうまい。

戦力外通告がピークの後に訪れる逆境であるのに対して、自分がまだ何者でもないがゆえの逆境に「下積み」がある。『無名作家の日記』は不遇時代の自分自身を主人公とした菊池寛の私小説。華々しくデビューしたライバル（モデルは芥川龍之介）とわが身を比べ、焦燥と嫉妬にとらわれる。全編これ妬み、嫉み、僻み、恨み、辛みの物語。下積みの典型をいやらしいほどストレートに描く怪作だ。

『ショージ君の青春記』。無為で怠惰な生活に明け暮れる若き日のショージ君は漫画家になろうと一念発起する。もちろん仕事は来ない。お決まりの空回りが始まる。焦燥の中で流れていく日々。ところが、ちょっとしたことが契機となって、だんだんと歯車がかみ合ってくる。そこにはイベントもドラマもない。しかし、それだけに一つの才能が世の中に出ていく過程のリアリティがある。下積みとそこからの脱出を描いた文章として、これほど瑞々しく感動的なものはない。知る人ぞ知る名作である。

世の中どうも思い通りにいかないなとお嘆きの貴兄、挫折や不遇に思い悩む若者にこの3冊をお薦めする。これだけ多くの人がそれぞれに利害を抱えて生きている。思った通りにならなくて当たり前。いまこそ本当の自分が試されている。辛いのは貴方だけではない。

5—10

「心の柱」を読み取る

細川晋輔『人生に信念はいらない 考える禅入門』

併せて読みたい本：春日太一『美しく、狂おしく 岩下志麻の女優道』、丹波哲郎、ダーティ工藤『大俳優 丹波哲郎』

臨済宗の大本山、京都妙心寺で厳しい修行を重ねた禅僧が「禅」とは何かをじっくりと語る。自らの経験と思考が平易な文章に凝縮されている

修行は実に厳しい。文字通り「起きて半畳、寝て一畳」。起床は午前3時。夜9時の解定と呼ばれる就寝時間まで坐禅三昧の修行が続く。しかし、解定の動作も儀式に過ぎな

い。布団に入った数分後には夜坐（やざ）という「自主練」が始まる。眠りにつけるのは12時。その3時間後には禅堂に起床を知らせる鈴の音が響き渡る――。

著者はこのような修行生活を22歳から実に9年間に渡って続けている。どちらも経験したことがないし、また今後とも絶対に経験したくないが、客観的には懲役刑よりもはるかに自由がなく厳しい。この9年の「長くて太いスタートライン」を経て、著者が到達したのが「考える禅」だ。

坐禅には何ら得るものがない、と著者は言い切る。何かを求めて行うものではない。坐禅は「捨てる」ための行為であり、「心のゴミ捨て場」である。捨てた先にわれわれが生まれながらに持っている「幸せな心」が明らかになる。

考える禅の核心は「心の柱」の形成にある。それは夢でも目標でも、ましてや「揺るがない信念」でもない。五重塔の心柱がそうであるように、揺れに対して素直にたわむことができる。心が折れそうになるほど動揺することもある。苦悩による振動を柔らかく抑え、元のポジションに戻してくれるのが心の柱だ。嬉しい時は嬉しい方へ、悲しい時は嬉しい方へ、いくら傾いてもかまわない。柱の揺れ幅は人生の豊かさに他ならない――。「考える禅」は俗世間を生きる普通の人々のための生活哲学だ。その実践は「道を明らかにしていくことを楽しむ」という、仏教の本来の意味での「道楽」に通じる。

『美しく、狂おしく』は当代一流の映画論者、春日太一が大女優の心の柱に迫る名インタビュー。ひょんなきっかけで女優の道に入った岩下志麻。試行錯誤の中で右へ左へと揺れながら、心の柱を見出していく。徹底的に役に入り込む。入り込めない仕事は受けない。「別の人間になることが俳優の醍醐味」という岩下にとってメイクの時間は坐禅に等しい。自分を捨てて別の人間になるルーティンには鬼気迫るものがある。

『大俳優 丹波哲郎』。岩下と対照的に、この人はどんな役をやっても「丹波哲郎」。すなわち正真正銘の大スターだった。例えば、日本を舞台にした「007は二度死ぬ」のタイガー田中。ショーン・コネリーを相手に一歩も引かない堂々たる演技を見せた。これ以上ないほど強く濃いキャラクターの持ち主が颯爽と駆け抜けた映画人生を振り返る。奔放にして天真爛漫。自分という存在それ自体が心の柱になっているといってよい。

岩下も丹波も己の道で「道楽」を極めた大俳優。しなやかな心の柱を持って生きた人物として味わい深い。

5―11

これで日本も安心だ

前田裕二『人生の勝算』

併せて読みたい本：落合陽一『日本再興戦略』、慎泰俊『ランニング思考』

さまざまな演者がネット上でパフォーマンスをする仮想ライブ空間「SHOWROOM」。『人生の勝算』は、このユニークな事業を始めた著者が自らの思考と行動を振り返る。

戦略構想の背後にある思考プロセスがやたらに面白い。父親を知らない著者は8歳のときに母親も亡くす。小学生がお金を稼ぐ方法はないか。思いついたのはストリートでの弾き語りだった。オリジナル曲で路上パフォーマンスを始めるが、立ち止まって聴いてくれる人はない。

そこで著者は考える。自分がお客さんの立場だったらどうか。どこかで聴いたコンテンツこそ人の琴線に触れるのではないか。「未知より既知」という仮説に基づいてカバー曲にスイッチする。小学生が往年の名曲を歌うというギャップが注目を集め、月10万円がギターケースに入るようになる。さらに「コミュニケーション可能範囲」「時間差リクエスト」といった集客のための仮説が生まれ、最終的に行き着いたコンセプトは「コミュニティ」。

「モノ（演奏）対ヒト」ではなく「ヒト対ヒト」の関係性にこそ価値の正体がある――。この原体験がSHOWROOMに結実した。

著者はつくづく頭がいい。地方のスナックはなぜ潰れないのか。ファンビジネスの根幹がスナックにあるのではないか。この洞察と観察から、著者は「余白（不完全性）」「常連客」「仮想敵」「共通言語」といったコミュニティ構築の鍵概念を導出する。それらをひとつひとつ具体化し、SHOWROOMの機能や仕組みとして実装する。思考力の本質は「具体と抽象の往復運動」にある。本書はその見事な実践例を見せてくれる。

『日本再興戦略』。気鋭の論客が日本再興のビジョンを広範に語る。「機械学習」「5G」「ロボット」と耳目を惹くテクノロジーのオンパレードだが、凡百の「単純進歩主義的未来論」とは一線を画する。「日本再興戦略は改革や革命ではなくアップデート」という著者は、日本の歴史的な背景や文脈にも目配りを怠らない。

何よりも「評論家になるな、手を動かせ」というスタンスがいい。実際にテクノロジーベンチャーを起業し、大学でラボを運営し数多くのプロジェクトを走らせる。「現場」での体験に裏打ちされた骨太の議論には迫力がある。

『ランニング思考』。「民間版の世界銀行」を目指し、複数の途上国でマイクロファイナンス事業を展開する起業家が、エクストリームなマラソン経験を通じて仕事と人生の本質について内省する。言葉にすれば「世のため人のため」という単純な結論だが、それを支える自己規律が尋常ではない。「志高い無私の人」は今も確かに存在する。
3人はいずれも80年代生まれと若い。ただし、「新奇な若者」ではまったくない。次世代を切り拓く人々の心性や資質、能力はいつの時代も変わらない。根底にある思考と行動は至ってオーセンティック。地に足が着いている。日本にも本物の若きリーダーが続々と生まれていることを喜びたい。

5―12

世紀の愚行を直視する

吉田裕『日本軍兵士』

併せて読みたい本:永野護『敗戦真相記』、保阪正康『東條英機と天皇の時代』

日本有史以来最大の失敗、アジア・太平洋戦争。『敗戦真相記』はその真因を鋭く抉り出す。第1に、不明瞭かつ独善的な戦争目的。第2に、軍部の精神主義。第3に、メンツと内部事情を優先し、世論を無視した意思決定。繰り返し指摘されてきた論点だが、敗戦直後(1945年9月)、しかも広島での講演録だけに迫力が違う。搾り出すような言葉の一つ一つが心に響く。

『日本軍兵士』は、この世紀の愚行を前線にいた兵士の目線で記述する。事実を丹念に追いかけることによって、異常な政治と軍事思想下で兵士が強いられた経験が明らかになる。それは「凄惨」の一言だ。

日本の戦没者数は軍人・軍属が230万、民間人が80万人、合計310万人に達する。日露戦争の9万人の比ではない。直接の戦闘による死者よりも、戦闘以外の理由での死者がはるかに多い。戦病死、自殺、さらには味方による「処置」。海没死だけでも30万人を越える。

最大の特徴は、内外の戦史に類を見ない餓死率の異常な高さだ。戦争末期に制海・制空権を失い、ただでさえ不足した食料や物資の補給路が完全に寸断された。前線に送り出される兵士は正規の訓練も受けていない老兵と少年ばかり。平均体重50キロの補充兵は重過ぎる背嚢を背負わされ、いちどひっくり返ると自力では起きることもできない。そこにはもはや勇猛で知られた昔日の皇軍の面影はなかった。まともな兵器や食料を持たず、水に弱い鮫皮の軍靴で戦場を彷徨する。待っているのは餓死――。壮大なスケールの「貧すれば鈍す」。全面的かつ強烈な悪循環である。

本書を通じてもっともショッキングなのは、戦没者の9割以上が最後の1年間の「絶望的抗戦期」に集中しているという事実だ。日中戦争の失敗がなければ、太平洋戦争はなかった。対米開戦に踏み切ったとしても、敗戦の1年前、マリアナ諸島（サイパンやグアム）の日本守備隊が全滅し、敗戦必至となった時点で負けを認めていれば、こんな酷いことにはならなかった。戦争指導部の無知蒙昧と愚鈍は今の北朝鮮どころではない。

戦争指導の頂点にいた東條英機。『東條英機と天皇の時代』はその人物像を浮き彫りにする名著である。勤勉にして真面目、愚直で努力家。その一方で、後先を読む大局観、現実を直視する胆力、決断をする勇気、戦争指導者に求められる能力と資質を根本的に欠いている。スターリンやヒトラーのような「怪物」とは比べようもない。小役人のような人物、東條がするすると首相に上り詰め、超大国アメリカを敵に回して戦争指導をする。日本の悲劇としか言いようがない。

平和の礎は未来への構想よりも、過去の歴史理解にある。幸いにして、『日本軍兵士』のような重いテーマの本が10万部以上売れている。日本の知的、文化的成熟を感じる。

5—13

禍福はあざなえる縄のごとし

スタファン・ブルーン、モッセ・ヴァレーン『ノキア』

世界最大の携帯電話メーカーへの成長戦略、次世代携帯電話をめぐるグローバル競争、めまぐるしく変わる携帯電話業界のアライアンス、読者は当然こうしたことをこの本に期待するだろう。しかし、その種の期待は見事に裏切られる。本書は成功ドラマでもなければ、成功のカギを列挙するようなビジネス書でもない。ストーリー性に欠け、読み物としても面白くない。しかし、だからこそ読む価値があるという不思議な本である。

著者の力点は、携帯電話で急成長する以前、つまりノキアの「紀元前」におかれている。フィンランドの伝統的大企業だったノキアは、80年代に入るとカリスマ的な経営者カイラモの下で多角化路線をひた走った。彼は独創的で豪快な人物で、そのリーダーシップは「マネジメント・バイ・ペルケレ」(猪突猛進の意味)といわれた。

しかし、夢に向かって疾走するカイラモは家電など巨額の投資を必要とする事業へと次々に手を出し、経営は次第に破綻へと近づいていく。この転落のストーリーは「失われた10年」の日本企業そっくりで、示唆的だ。違うところといえば、ノキアが大型買収を梃子に多角化を進めたということぐらいだ。

「冬の時代」を経て、銀行出身のオリラが新しい経営者として登場する。彼はGEのウェルチばりの超合理的な経営手法で、伝統的な部門を売却し、携帯一本に集中する。その戦略は見事に当たり、トップマネジメントは巨額の成功報酬を手にする。企業価値は何倍にも膨らみ、会社は効率的に動いている。

しかし、昔のノキアがひたすらダメで、今のノキアが全面的に優れているのか。「天才」といわれるオリラの戦略一本やりでこれからも競争力を持続できるのか。カイラモなしに今のノキアはあり得たのか。誰も分からなかった「携帯電話」の種をまいたのはカイラモその人だったのである。筆者の淡々とした記述は、経営にとって本質的な問題を暗示している。

変化の激しい時代こそ、歴史が大切なことを教えてくれる。本書はあたりまえだけれども忘れがちなことを、あらためて思い出させてくれる。ＩＴ企業の多くが苦境に立たされている今、立ち止まって考えるのに適した一冊だ。

5—14

「ビジョナリーカンパニー」の起源を解明する

ジム・コリンズ『ビジョナリーカンパニー② 飛躍の法則』

ベストセラーになった『ビジョナリーカンパニー』の続編である。続編ではあるが、内容からすれば本書が「前編」に当たる。前書が偉大な企業の条件を考察しているのに対して、本書は原題（"Good to Great"）にあるように、「普通のよい企業」が「偉大な企業」に飛躍するプロセスを探る。

飛躍を遂げ、その後長期間に渡って好業績を維持している調査対象企業11社を選び出し、詳細に分析し、共通点を見出そうとする。調査対象として選ばれたのが、ウォルグリーンズやキンバリー・クラークといった「地味でやぼったい」企業ばかりなのが面白い。飛躍した企業に共通して見られた特徴は、「好業績企業」のイメージとは大きく異なっていた。リーダーは、マスコミで派手に取り上げられる「英雄」ではなく、謙虚で、職業人としての分をわきまえた地味な人々だった。はじめから明確な目標と戦略があったわけではなく、まずじっくり人を選び、それからどこに向かうかを決めていた。洗練されたシステムに基づいて人を管理するのでなく、そもそも管理が不要になるような規律の文化が浸透していた。

著者は飛躍のプロセスを巨大な弾み車に例える。はじめはゆっくりとしか回らない。しかし、だんだんと勢いがつき、どこかで突破段階に入る。勢いが勢いを呼ぶ。ここで「どの一押しが大切か」という問いかけをしても意味がない。特定のリーダーによる「戦略的意思決定」が企業の成否を左右するのではない。どの回転もそれまでの努力によるものであり、同じ方向への押しを積み重ねてきたことこそが重要なのだという主張は、多くの経営書が華々しい「戦略経営」に注目しがちな中で、異彩を放っている。

この種のスタンスの本は、明確な戦略をもたずにひたすらずるずる動いていく、悪い意味での「日本的経営」を擁護する方向に流れることが多い。そのような「癒し系」の要素がまったくないのも本書の美点である。時代や流行に左右されない経営の本質を捉えた重厚な一冊。前書と合わせてじっくりと読むにふさわしい。

5—15

鬼に金棒、最高の経営の教科書

三枝匡『ザ・会社改造』

この本はモノが違う。類例がない、といってもよい。

類例がないとはどういうことか。経営実務家が自らの経験に基づいてつづった経営書は数多い。もちろんピンからキリまである。ピンの方に限っての話だが、実際の経営経験から絞り出される知見は余人をもって代えがたいものがある。例えば日本電産会長である永守重信の『情熱・熱意・執念の経営』。僕のような舌先三寸の経営学者には到底語れない重みと深みと迫力がある。

ところが、どんなに優秀な人でも、経営者は自分の会社や商売の文脈にどっぷり浸かっている。だからこそ迫力のある優れた内容になるのだが、その分どうしてもバイアスがかかり、視野や視点が限定される。だから読者が自分の文脈で応用しにくい。

要するに「鬼に金棒」というわけにはなかなかいかないのである。実務経験豊富な鬼は、鬼であるがゆえに金棒（汎用性のある知見）は振り回せない。経営者が自らの経験からいきなり汎用的な知見を引き出してくれる名著もあるにはある。ところが、その手の本は仕事や人生の哲学を語り（その典型例が松下幸之助『道をひらく』）、経営の実際に踏み込まない。「鬼」をすっ飛ばして「神」になってしまう。

本書はまさに「鬼に金棒」。経営の鬼である著者が金棒をぶんぶん振り回してくる。迫力があるのはもちろん、経営に携わる人にとって尋常ならざる普遍的有用性がある。

経営とはつまるところ因果関係の論理の束である。著者はそれを「因果律」という。著者が体得した因果律が抽象化され、固有名詞がそぎ落とされ、本気になれば誰もが自らの経営の文脈で適用できる知見が紡ぎ出される。

本書のヤマ場はいくつもある。産業財商社「ミスミ」が国際化の勝負に出るくだりはその一つだ。初めての挑戦に海外の前線は混乱を極める。著者は手綱を引いたり（近視眼的な成功にこだわる現場に一段と高い達成目標を与える）緩めたりしながら、非連続的な成長軌道に乗せていく。この「緩め方」が凄い。少しでも早く事業を立ち上げようと前のめりになる現場の意に反して、あえて戦略の実行を大幅に遅らせるのだ。経営の修羅場を踏み越える中で獲得された因果律を見抜く力にしびれる。

日本経済の停滞の根本的原因は経営者人材の枯渇にある、と著者は喝破する。その情熱には年季が入っている。驚くべきことに、ミスミ社長就任時の記者会見で「社長就任の第一の目的は経営人材の育成」と言い切っている。全く教科書的な構成でも書き方でもないが、これこそ最高の経営の教科書だ。

5—16

美しく疾走する「自滅行き暴走特急」

石井妙子『おそめ』

「おそめ」こと上羽秀の評伝。祇園の芸者としてキャリアをスタートし、戦後は東京銀座と京都でクラブを経営、「空飛ぶマダム」と呼ばれた絶頂期を迎える。

本書のヤマ場はその後の凋落の物語にある。おそめは徹頭徹尾自然体の天才だった。しかし、やがて時代とずれ始め、自滅行き暴走特急のような展開になる。店が落ちぶれても、相変わらず滅茶苦茶な金銭感覚。周囲が意見をすると「物もお金も残す気持ちなんかありまへん、うちが残したいのは名前だけ」と啖呵を切る。物もお金も残さなかったが、おそめは一代限りの伝説を残した。

おそめの爆発的な成功と、意外に早かった凋落が教えてくれるのは、商売の理屈で割り切れない部分である。本書には、理屈抜きの商売の面白さ、楽しさ、美しさ、難しさ、怖さ、深さ、哀しさがすべて詰まっている。秀の人生を象徴的に描くエンディングも素晴らしい。その哀しくも美しい姿にため息が出る。

商売の天才の光と影を描き切る。一読して唸る傑作である。

5―17

人間洞察大魔王

サマセット・モーム『サミング・アップ』

モーム（1874―1965）の回想的随筆。彼にとって、小説を書くという仕事の核は、ストーリーを創ることよりも人間という摩訶不思議な存在を知ることにあった。執筆時で64歳。長年の経験と思索を経て、人間観察・洞察大魔王となったモームが、タイトルにある通り、「人間というのはようするに……」という見解を次から次へと繰り出してくる。

モームは言う。「人間を観察して私が最も感銘を受けたのは、首尾一貫性の欠如していることである。首尾一貫している人など私は一度も見たことがない」。人間について、とかく表面的で一面的な基準で良し悪しを論じがちな昨今にあって、著者の人間洞察はいつの時代も変わらない人間の本性を教えてくれる。

人間についての洞察。それはビジネスにとってもおそらく最も大切なものだろう。その辺のビジネス書を百冊読むよりも百倍価値がある。じっくり味わいつつ読んでいただきたい。

5—18

絶対名著の慧眼

エドマンド・バーク『フランス革命についての省察』

「いまこそ改革が必要だ」。いまに始まった話ではない。人間の歴史上、このフレーズが叫ばれなかったときはない。改革が必要にせよ、あらゆる問題をきれいさっぱりたちどころに解決する改革などあり得ない。そもそも問題解決はそれ自体に新しい問題を生み出す面がある。しょせん人の世、キリがない。で、「いまこそ改革が必要だ」となる。

本書は「究極の抜本的改革」ともいえるフランス革命を徹底的に批判する。後半では、自由と民主主義という飛び道具で王政を打倒したフランス革命の将来を予測する。「それは純粋民主政治をよそおっているが、私の考えでは、まもなく有害で下劣な寡頭支配となる」。1790年時点での慧眼である。その後、フランスはロベスピエールによる独裁と恐怖政治に突入した。

改革が不要だというわけではもとよりない。ただし、声高に改革を叫ぶ政治家はこの本を読んでからにしてもらいたい。人間社会の底の浅さの奥深さを思い知らせてくれる絶対名著だ。

5―19

「大将」かく語りき

ハロルド・ジェニーン『プロフェッショナルマネジャー』

「経営者」と「担当者」は異なる。特定の専門領域での技能を磨き上げたCTOやCFOを「プロフェッショナル」として持ち上げがちだ。しかし、こうした人々はしばしば「スーパー担当者」に過ぎない。

「ジェネラリスト」というと専門性がないように聞こえる。しかし、本当の意味でプロの経営者はジェネラリストでなければならない。「ジェネラル」とはもともと「総覧者」、ありていに言って「大将」のことだ。

どこの学校を出てどこの会社で働いたなどということは、あくまで「経歴」。経歴は担当者レベルの労働市場では価値がある。しかし、経営者となるともはや「実績」がすべて。ジェニーンは言う。「実績は実在であり、実績のみが実在である――これがビジネスの不易の大原則だと私は思う。ほかのことはどうでもいい」。

経営はすべて特殊解。万能の方程式は存在しない。あらゆる「優れた経営」はそれが置かれた文脈に依存している。著者は自分の経験の文脈をきっちり押さえたうえで、これでもかというほど経営者のあるべき姿を諄々と教え諭す。類書にはない迫力で五臓六腑に染み渡る。

5―20

金融資本主義の本性

マイケル・ルイス『ライアーズ・ポーカー』

『マネー・ボール』『世紀の空売り』で知られる著者の処女作。掛け値なしのノンフィクションの傑作だ。

もともと倫理や規律から縁遠いウォール街に80年代のユルユルの規制緩和が拍車をかける。舞台は当時もっともアグレッシブな証券会社として知られたソロモン・ブラザース。モーゲージ債という錬金術を生み出し、狂乱のマネーゲームにひた走る。

彼らにとって顧客は「だまされ役」。情報の非対称性を武器にひたすら目先のぼろ儲けを追求する。社内競争も凄まじい。成功したら手柄の奪い合い。失敗したら責任のなすりつけ合い。カネに取り憑かれた人間の本性を戯画的に描き出す。

ソロモンの栄光と凋落のストーリーは20年後の「サブプライムローン」に端を発するリーマンショックにそっくりそのまま受け継がれている。ウォール街がいかに同じことを繰り返しているかがよく分かる。本書の描く時代と比べて、確かに今日の規制は厳しくなっている。それでも金融資本主義のど真ん中に棲む人々の本性は変わらないと考えた方がいい。

5─21

「プロジェクトセックス」

西本頑司『栄光なき挑戦者たち』

性という人間最古のニーズに向き合い、市場と事業の創造に挑戦した起業家たちの生き様を描く。「プロジェクトX」ならぬ「プロジェクトセックス」。

不屈の闘志で世界最高のコンドームを開発したオカモトの岡本巳之助。戦後いきなり「ヤシカ」のカメラで世界を席巻し、その後没落したかと思うと性機能回復器具で再挑戦した牛山善政。世界初の同性愛専門雑誌「薔薇族」を創刊した伊藤文学。昭和日本の経営者の強烈なバイタリティに感動する。白眉は「キャバレー三国志」。昭和のネオン街で覇権を争った三人三様の絡み合いは本家の三国志に劣らぬ面白さだ。日陰で道を切り開いた挑戦者はいずれ世の中で不要にされる。忘れられた偉人たちを掘り起こすノンフィクションの傑作である。

5―22

イノベーターにして経営者

ジェームズ・ブラウン、ブルース・タッカー『俺がJBだ！　ジェームズ・ブラウン自叙伝』

「ソウル・ブラザーNo．1」こと、ジェームズ・ブラウンの自伝。売春宿で育ち、ムショ暮らしのお定まりの不良コース。そこから心機一転、大スターとなるまでの軌跡をこれ以上ないほど饒舌に語る。くどさに味がある。

JBは掛け値なしのイノベーターだった。好きなことを好きなようにやる。求められているものよりも自分が欲しいもの。この一貫した姿勢が「ファンク」というカテゴリーの創造をもたらした。外在的な誘因よりも内発的な動因。イノベーションにとって何よりも大切なことだ。

どの曲でも同じように叫んでいるだけのようにみえるJBだが、オーソドックスに歌うと実に上手い。しかし彼は自らをシンガーの枠に限定しなかった。やりたいことをやり、世の中にインパクトを与えるために必要なことは全部やる。曲作りはもちろん、バンドの管理統率、レコードのプロモーション、ショーの企画演出、興行の丸ごと全部を自分の意思で動かす。

JBは言葉の本来の意味で「経営者」でもあった。イノベーションの経営の一つの手本を示している。

5—23 日本の精神文化の原点

『古事記』(中村啓信訳注)

「島国根性」とか「農耕民族」といった、よくある日本文化論はあまり信用しないようにしている。「日本的経営」というのはその最たるものだ。長期雇用や年功制にしても、戦後の高度成長期に適合したシステムとして定着しただけの話。明治期の財閥、すなわち金融資本に支配された日本は実に金融資本主義的で、おまけに労働流動性の高い社会だった。「アメリカのように長期雇用で労使一体の家族的な組織体制を作らなければ真の産業資本主義は発達しない！」というのが、当時の「日本的経営」に対する批判だった。今と話が逆なのが面白い。

100年も続かないものを「文化」とは言わない。その点『古事記』は1300年もの。「ギリシャ神話」がヨーロッパの精神文化を伝える古典だとすれば、日本には『古事記』がある。さすがに古典中の古典、日本の原点を肌で感じる。正史である『日本書紀』よりもテンポがよい。躍動感がある。とにかく話が面白い。

浅薄な日本論よりも、まずは虚心坦懐に本書を読むほうがよっぽど意味がある。中村啓信による現代語訳がついた版をお薦めする。

5—24

因習の合理性

柳田国男『婚姻の話』

恋愛結婚が圧倒的な主流のいま、仲人を介したお見合いというと古臭く聞こえる。しかし、これは日本古来の文化ではない。明治期に急速に一般化した「近代化」の産物だった。

それ以前の日本社会は、村落の中で完結した婚姻がほとんどだった。男女のマッチングと教育を担う娘宿・若者宿、夜這い、嫁盗みなど、ローカルな社会での婚姻を支える慣行が発達していた。しかし、著者の観察と洞察は、こうした現在の価値観からすれば奇異な因習が、当時の社会的・経済的条件の中で練り上げられた「合理的」なシステムであったことを明らかにする。

婚姻は今も昔も一大事。本気になれば知恵と工夫が生まれ、その時代時代で目的にかなった仕組みとして定着する。人間社会の底力を知る。

5—25

空前絶後の構想力

石原莞爾『最終戦争論』

題名から受けるイメージと異なり、とても読みやすいコンパクトな本。1940年の講話をベースにしている。

しかし、その内容は空前絶後のスケール。文字通り人類の「最終戦争」に向けて日本がとるべき戦略構想を思いっきりぶち上げる。今の感覚で読むと荒唐無稽としか言いようがない話だ。しかしその裏側には、クールでロジカル、リアリズムに徹した戦略思考の持ち主という正反対の顔があった。

石原は何かを考えるときに、必ずそれが「何ではないか」を考える。いつも頭の中に二つの対立する概念があり、それが思考のエンジンになっている。歴史理解という点でも石原はずば抜けていた。過去の戦争指導者がとった戦略の本質を見抜き、そこから独自の構想を引き出す。だから構想の体幹が太い。

滑稽なぐらいに壮大な話をしているにもかかわらず、その論理は鋭い。構想は空間軸と時間軸の両方から明確に位置づけられている。中身それ自体は時代のあだ花。しかし、時代を超えて通用する思考の方法を今の時代に教えてくれる。

5—26

切れば血が出る指導者論

リチャード・ニクソン『指導者とは』

強欲で狷介。権力むき出し。目的のためには手段を選ばない。つまりは下品な政治家——。「ウォーターゲート」でのすったもんだの末の退任劇もあって、ニクソンにはネガティブなイメージがつきまとう。自伝や評伝、映画をいくつかみてきた僕も例外ではなかった。

ところが本書を読んでびっくりした。大変な知性である。取り上げるのは、チャーチル、ドゴール、マッカーサーといったこれまでも数多くの書で論じられてきた指導者ばかり。ただし、超大国の大統領だった著者の強みは実際に一緒に仕事をし、こうした人物を直接にその目で観察したところにある。その観察眼たるや大変なものだ。日本の戦後復興を「共作」したマッカーサーと吉田茂。この対照的な2人の指導者についての細部まで目配りの利いた考察など、感動すら覚える。

偉大な指導者が生まれる条件として、偉大な国家と人物だけでは不十分で、偉大な機会が必要だ――。ニクソンの結論である。戦中から戦後にかけて、一国の命運が双肩にかかった状況で仕事をせざるを得なかった指導者についての、切れば血が出るような生々しい記述と洞察。次元の異なる指導者論を堪能した。

5―27 これぞ「文芸」！

磯﨑憲一郎『赤の他人の瓜二つ』

エンターテイメント小説ならたまには読む、という人は多い。ところが、純文学作品となると、そのときどきに話題になった芥川賞受賞作を読む程度で、めったに手を伸ばさないのではないか。

著者の小説、芥川賞受賞作『終の住処』を読んだことがある人は少なくないだろう。本書はさらに素晴らしい。あらすじはここでは説明できない。字数の問題ではない。筋を説明することに意味がない。

純文学はそもそも脳で「分かろう」とするものではない。小説世界に身を浸し、体で感じるものである。時間と空間を縦横無尽に飛び越えていく不思議。小説という形式でしか味わえない極上体験。絶対に映画化できない。文章の芸術。文字通りの「文芸」である。「分かる」「説明できる」ことに明け暮れているビジネスパーソンにこそ読んでもらいたい。精神的快感が日々の生活の滋養になる。

5_28

至芸を堪能

小林秀雄『直観を磨くもの』

小林秀雄の対話集。湯川秀樹、折口信夫、永井龍男、梅原隆三郎……、同時代の一流人士たちとの自由奔放な雑談から立ち上るテーマは「直観」。座談の名手、小林秀雄の良いところが全部出ている。

直観──ことの本質をたちまちにして抉り出す力──は人間のあらゆる知的能力の中

で、おそらくもっとも尊いものだろう。しかし、直観を育てる教科書や定型的な方法はない。自分で時間をかけて磨くしかない。それは「芸」としか言いようがないものだ、と小林は言う。「芸には一般的なものなんてないのよ。一つもない。一人一人が、自分の狭い道を辿るのだね」

小林と12人の登場人物それぞれが、知的彷徨と放蕩に明け暮れ、自分の狭い道を辿った挙句に行きついた境地。その至芸をとっくりと味わえる。小林秀雄の大きな背中がよく見える。

5—29

日本人の適応力

内田百閒『東京焼盡』

「日本の将来は大丈夫か？」と心配する向きに読んでほしい。結論を言えば「大丈夫」。問題がないわけではない。ありとあらゆる問題が押し寄せる。しかし、今までもその連続だったことを忘れてはいけない。

昭和19年から20年、空襲下の東京での生活を日記形式で綴る。空襲警報が鳴る。地響きが聞こえる。「非常にこはかった。家内と二人、運を天にまかして八畳で固くなってゐた」。それでも生活は続く。

わずか半年後、人々はもうすっかり慣れている。寝たまま空襲をやり過ごす。一面の焼野原で近所の人と愉快に笑うこともある。そして終戦。済んだことは仕方ない、出直しやり直し新規まき直し。妙な明るさがある。そこから戦後復興が始まる。日本と日本人の驚くべき適応力を知る。

5—30

辟易の果てに浮かび上がる人間の本質

小谷野敦『童貞放浪記』

私小説集。表題作もいいが「黒髪の匂う女」がとくにイイ。名誉名声と美女がスキ。小学生のように強欲で自己中心的。底抜けの楽観と驚くべき悲観の呉越同舟。ねたみ・そねみ・つらみ・うらみ・ひがみのオンパレード。書いてあることは基本的にその五つだけ。

人間の愚と醜の全面露出。

はじめて読む人は心の底から辟易するだろう。僕もそうだった。が、何事も我慢が大切。そのうちに人間の「強い弱さ」の迫力がわかってくる。泥沼から普遍的な人間の本質がどろりどろりどろりと浮かび上がる。程度の差こそあれ、人間なんてこんなもの。人間を知る。そして、自分を知る。日頃の仕事で表面的な「強さ」「正しさ」ばかり求められている大人にお勧めする。

5—31

プロの貌

悠玄亭玉介『幇間の遺言』

幇間と書いて「たいこもち」と読む。子どもの頃の歌舞伎声色から始まり、落語、常盤津、日本舞踊と、さまざまな芸を習得するうちに行き着いた総合芸としての幇間。「最後の幇間」の死の直前の回想録である。

とにかく芸事が好き。好きだからよく働く。芸を磨く。「好きこそものの上手なれ」を地で行く仕事人生。名人上手の芸の観察力が素晴らしい。芸が優れているのはもちろんだが、プロである以上、お客を喜ばせなければならない。そのためには人の心が分からなければならない。すなわち人間洞察。教養といってもよい。現場たたき上げの知性に心を打たれる。

何よりも、ひとつの道を究めた人だけがもつ品格がある。口絵の写真にある著者の顔に痺れる。何とも言えない深みがある。

どんな分野であろうと、プロの仕事は「芸」である。余人をもって代えがたい芸。ここにプロフェッショナルの生命線がある。プロとは何かを身をもって教えてくれる名著だ。

5―32

グローバルな文脈で日本の古代を考える

渡邉義浩『魏志倭人伝の謎を解く 三国志から見る邪馬台国』

魏志倭人伝を収める『三国志』とその政治的背景を分析し、邪馬台国の真実を解き明かそうとする。『三国志』は正史である。しかし、それは「正しい歴史」では必ずしもない。

曹魏の中華としての正当性を示す史書なのである。

魏志倭人伝に描かれた邪馬台国は曹魏の国家的理念からみた「あるべき姿」であった。日本史家の間で論争の基盤となっていた位置関係や距離の情報はもともと歪められていた。はたして邪馬台国は畿内なのか九州なのか。それは読んでのお楽しみ。

グローバルな文脈の中で日本をとらえることの重要性、裏を返せば、日本の中に限定した思考が陥りがちな陥穽をよく示す考察として面白い。

5—33

絶対悪と絶対善

門田隆将『なぜ君は絶望と闘えたのか 本村洋の3300日』

光市母娘殺害事件。ある日突然最愛の妻と生後11か月の子を失った夫、本村洋は絶望の奈落へと落とされる。しかも犯人は少年法に守られた18歳。一審・二審とも判決は無期懲役。残された夫は司法の壁への挑戦を敢然と決意する。

世の中には底抜けの悪が存在する。しかし、一方で立派な善意の人も確かにいる。孤高の闘いはやがて数多くの支援者を獲得し、最高裁での差し戻しを経て死刑判決を勝ち取る。

人間の本当は逆境でのみ顕れる。これ以上ない逆境から立ち上がった本村は司法を動かしたのみならず、人間的にも大きな成長を遂げる。闇が深ければ光も明るい。逆説的に人間の善意と常識の力を高らかに謳いあげる名著。

5―34

「スタイル」とは何か

タキ『ハイ・ライフ』

祖父はギリシア元首相、父は海運王という名門の出の著者が上流社会の人々の行動様式について考察したコラム集。世界中のセレブリティと直接的な交流があっただけに、その洞察にはキレとコクがある。

著者の関心は「スタイルとは何か」の一点にある。ある人にはある。ない人にはない。とらえどころない資質だが、人間の最も統合的な価値はその人のスタイルに現れる。スタイルとは見せかけの反対にある強い信念である。

富と名誉に溢れたセレブには本当のスタイルを持ち合わせた人はほとんどいない。スタイルは決してカネでは買えない。シニカルな筆致で逆説的に人間の本当の価値を抉り出す。タキのスタイルはイヤラシイほどカッコイイ。

5—35

バブル経済の鏡

津本陽『下天は夢か』

バブル期日本のベストセラー。桶狭間から本能寺まで、織田信長の「仁義なき戦い」を描く。戦国の世はやたらに狂暴な時代だった。その頂点に君臨した織田信長。高い目標設定とリアリズム、出る退く・緩急のメリハリ、大局観、人間の本性理解。信長の武将としての力量はとんでもない。

しかし、その実態は恐怖(だけ)による支配。人を手段と機能としてしか見ない。猜疑心と執念深さが尋常でない。戦国時代でのみ有効なリーダーシップ。明晰な狂人。絶対に友達にはしたくない。即座に殺されそうだ。

経営の参考にはまったくならないが、本書の描く信長の狂騒的イケイケぶりは当時のビジネスマンに受けまくった。これもまたバブルの一面である。

5—36

全日本人必読の名著

保阪正康『東條英機と天皇の時代』

勤勉にして努力家。体制への絶対の忠誠心。その反面、大局観、現実を直視する勇気、思考の時間的奥行き、軽重の見極め、何よりも意思決定の基準となる自己の哲学、こうした指導者としての資質を決定的に欠いていた東條英機が総理大臣となり、戦争へと突入していった過程を明らかにする。

チャーチル、スターリン、ルーズベルトといった政治的怪物を敵に回して、「普通の秀才」が戦争指導をしたという日本の悲劇。砂を嚙む思いがする。

学ぶべきは東條の指導者としての欠陥ではない。こういう人物を重大時に指導者にしてしまう近代日本システムの病理を鋭く描く。日本の組織の失敗に通底するメカニズムを解き明かす絶対の名著だ。

5—37

幕末が生んだ真の経営者

原口虎雄『幕末の薩摩』

天保期には貧乏日本一だった薩摩藩。その後、明治維新をリードする日本一の富強藩としてV字回復を果たす。この起死回生の改革を主導した薩摩藩家老の調所広郷のドラマティックな生涯を描く。

武士階級の最底辺から藩の経営トップにまで上りつめた調所は、徹底したリアリストだった。因習やしがらみにとらわれず、大胆な意思決定を次から次へと繰り出し、粘り強く実行した。調所がいなければ、その後の西郷隆盛や大久保利通の活躍もありえなかった。

悪循環を断ち、好循環を生み出す。変革の経営者の最高のモデルがここにある。古い本だが、いまこそ読まれるべき傑作だ。

5―38

損得抜きの存在としての「友達」

高橋睦郎『友達の作り方』

感性細やかな詩人が77人の友達との出会いとつき合いを振り返る。さすがにタイトルが上手い。

「友達を作る方法はあるか」に対する著者の答えは「ない」。友達という人間関係の特徴は何よりも出会いの偶然性にある。反利害にして超経済。だから他のどこにもない解放感と高揚感が味わえる。

無数の具体の断片から、友達関係の素晴らしさが見事に浮かび上がってくる。谷川俊太郎、横尾忠則、三宅一生といった多彩な人々についての上等な人物論としても秀逸だ。

劈頭の三島由紀夫の章はその白眉。ここだけでもぜひ読んでいただきたい。出会いの瞬間を描いた文章は、他のどの評論よりも三島という不思議な人物の総体をこれ以上ないほどうまくとらえている。

5—39

経営は「綜合」

ピーター・センゲ『学習する組織』

組織はシステムであり、「分かたれることのない全体」としてはじめて機能する。古今東西変わらない経営の本質であり、言ってみれば当たり前の話である。

しかし、この当たり前の原則を見失って衰退する企業がいかに多いことか。これもまた古今東西不変の現象である。なぜか。皮肉なことに、多くの企業が意識的もしくは無意識のうちにつくりあげている経営の「システム」が、システムとしての組織を破壊しているからである。

従来の支配的な経営システムは、「アナリシス」(分析)を強調するあまり、肝心の全体の「シンセシス」(綜合)をなおざりにしてきた。システム思考の概念と実践を説く本書は、誰もが表面的には大切だと思いながら、そのつかみどころのなさゆえに直視せずに避けて通ってしまう。

経営の本質部分に正面から手を突っ込み、えぐり出し、手に取るように見せてくれる。本書の洞察は決して古くなることがない。文字通り不朽の名著である。

5—40

「好きなようにする」は、タフで厳しい

著者インタビュー『好きなようにしてください』

「大企業とスタートアップで迷っています」「30代でいまだに仕事の適性がわかりません」「キャリア計画がない私はダメ人間ですか？」――。50個のキャリア相談について、楠木建氏が時に鋭く、ユーモアを交えながら仕事論を展開する『好きなようにしてください』。若手ビジネスパーソンを中心に好評を博している本書について、著者の楠木氏に話を伺った（本インタビューは2016年の刊行当時）。

相談に仮託した仕事論

――本書はNewsPicksでの連載「楠木教授のキャリア相談」をベースにしています。まず、この連載は好評でしたね。

楠木（以下略）：実は連載を始めてすぐに後悔しました。やめておけばよかったなって（笑）。仕事やキャリアは人それぞれ。相談者が今こういう仕事で、こういう問題を抱えていて

……というのは、優れて個人的な問題です。人によって好き嫌い、得手不得手は異なるし、簡単に良い悪いで片づけられる問題でもない。しかも、送られてくる相談文はごく短く、あっさりしたものが多い。想像の上に推測を重ねなければ回答のしようがないのです。結局のところ、「好きなようにしてください」としか言いようがない（笑）。

――それでも、1年間、50個もの相談に答えてこられました（笑）。

実は、5回くらい終えたところで、どうも気乗りがしないので、そろそろやめさせてくださいと言おうと思っていたんです。「この仕事、好きなようにしてください、としか言いようがないんですよね。あとは相談相手に関係なく、自分の仕事論を繰り出すだけになっちゃう……」と担当の方に伝えたところ、意外な答えが返ってきたんです。「読者にしてみれば、相談に対する回答の中身よりも、余談の部分で出てくる仕事論がいいんです」と。キャリアの相談の答えの部分よりも、読んでいる人は、そこから出てくる僕の仕事論や仕事生活についての構えみたいな話を読んでくれるんですね。そこで、路線転換して、キャリア相談という形式に仮託して、自分の仕事論、仕事と仕事生活に対する考えを申し述べる場所にしたんです。そうすると自分でも面白く、乗って出来る仕事になりました。

現状に不満があったり、自分の将来に対する不安もあったり……若いときって、いつの時代もそうじゃないですか。そんななか、いつの時代でもみんな、仕事をしながら、仕事に対する自分なりの考えや構え、大げさにいえば仕事哲学みたいなものをつくっていくんですよね。僕の仕事論を読むことで、読者の皆さんが、自分の仕事の構えを固めるきっかけとか参考になれば、という意図でやってきました。

答えやツールは存在しない

――この本のなかでは、それぞれの相談に対して「明快な解決策」が示されていません。

この本の目的は、その特定の相談者に対して有効な回答をすることではないんです。そもそもそんなものはありません。この本の目的は、広く読者に向けて、僕自身の仕事論をお伝えすることにあります。

仕事の迷いや悩みが出てきた時、最終的には自分で解決しなければならない。厳しいことを言うようですが、相談してもしょうがないと思いますね、僕は。「好きなようにしてください」っていうのは、言い方を変えれば「本人以外の誰も答えはわからない」っていうことなんです。キャリアに「一般解」はない。すべてが「特殊解」なんですね。

いまその人が直面している具体的な問題に対してどうすればいいのか、一つ一つ具体的に答えても、仕事と仕事生活は長い時間軸を持った話ですから、仕事をする中でいずれまた新たな問題は出てきます。キャリアというのはそうしたことの明け暮れなんです。個別具体的な回答やアドバイスよりももう少し一般的な、普遍的な、抽象度が高い視点や論点の方が、悩みや迷いを解決する上で意味があるというのが僕の考えです。この本では「キャリアは計画出来ない」「最適な環境は存在しない」「趣味と仕事は違う」といった、僕なりの仕事に対する構えについて、わりとしつこく語っています。

たとえば、自分の問題を解決するうえで、松下幸之助の『道をひらく』を読んだりするのは多くの人にとって意味があることですね。だから今でも多くの人に読み継がれている。個別具体的な相談に対してソリューションを与えているわけではないけれど、松下幸之助さんの超一流の仕事への構えを知ると、「あ、そうか」と納得する部分や、自分の問題に引き下ろして「やっぱり自分はここでこうしなきゃダメだな」とか、自分なりに解決策を得ることができるんですよね。

僕の本もね、そういうふうに使ってもらいたいなと。自分を松下幸之助さんの横に並べるのはちょっとアレですけど（笑）。

人間の本性を考えて欲しい

――楠木先生の仕事論をまとめて、若手の方に読んでもらいたい1冊になったと。

そうですね。べつに悩みがある人じゃなくても読んで欲しい。20代から40代ぐらいの人に仕事論として参照してもらいたいなと思っているんです。同意していただくのもいいんですけど、「あ、こういうふうな考え方なのか、この人は。でも自分は違うな」っていうことで、僕の考えと比較することで、自分の仕事に対する構えみたいなものに気づいたりするのもアリですね。

もう一つは、悩みを持っている人たちに直面している、人事部の人、マネジャー層などにも一つの仕事論として参照してもらいたいなと思っているんです。僕は本の中で「本性主義」と言っていますが、「人間ってこういうもんだよね」っていう、人間の本性とか本質について、僕なりに思うところがあります。今の人事施策には人間の本性に対する理解が欠けている面がある。

「インセンティブプランはこういうふうにやるんだ」とか、「女性が働きやすい職場っていうのはこうやって設計するんだ」みたいに、機械的に制度設計をしようとしがちな気がします。

――女性活用やダイバーシティなどの言葉が、今は溢れていますね。

それはそれでいいんです。世の中は進歩するものです。けれども、進歩それ自体が目的になってしまうと、人間の本性がかえってないがしろにされる。進歩は手段にすぎません。制度を設計する際には、そもそも人間の本性に対する洞察などが必要だと思うんですよね。人をマネジメントする立場の人、人を動かす立場の人たちは、本来は人間っていうものに対していちばん関心を持って、人間の本質の部分を考えるところから始まらなければいけないと、僕は思っています。

例えば、ファーストリテイリングの柳井さんは社員に向かって「あなたは商売の面白さがまだ分かってない……」とかよく仰るんです。配属がどうとか、職種がどうだとか、インセンティブがどうだとか……もちろんそれもあるでしょう。けれど、それを100個繰り出すよりも「商売の面白さ」を分かってもらう方が、よっぽど人は動くと思うんです。そういったことを考える際の、参照点にしてもらえるといいなと思いますね。

厳しくタフな仕事論

——今回のタイトル『好きなようにしてください』は、さまざまな捉えられ方をされそうです。

『好きなようにしてください』っていうタイトルの語感は、わりと投げやり。「好きにしろよ」みたいなね（笑）。「自分らしくあればいい」「ナンバーワンよりオンリーワン」という風にも聞こえるかもしれないですが、そうじゃないんですよ。

「好きなようにしてください」という言葉は、実際はすごくきついことを言っているんです。僕は仕事に対してはわりと厳しい前提を持っています。仕事は趣味とは違います。趣味であれば徹頭徹尾自分を向いていればいい。しかし、自分以外の誰かのためになってこその仕事です。人に貢献できないこと、対価が支払われないことをいくらやっても、それは仕事ではない。好きなようにするっていうのは、好きなことじゃないと人は仕事で貢献できるほど上手くなりようがないと思っているからなんです。

嫌いなことをやってうまくいかないことほど、嫌なことはないですよね。だから最初ぐらいは好きなようにしましょうよ、と考えているんです。仕事の最初の起点には「好きなようにしてください」がある。けれど、そのあとはもう自己評価には意味がない。世の中の荒波が、その人の評価を勝手に決めていく。わりと厳しい主張なんです。

——確かに、本のなかでも甘やかしたような論調では回答されていません。

これまでの自分自身を振り返っても、「ま、なかなか簡単にはいかねえな……」という思いがありますね。世の中で思い通りになることはほとんどない。ただね、仕事というのは、誰も頼んでないんです。何をやるかを人に決められていたら、本当に苦しいと思うんですけどね。今の時代はそうではない。仕事の根幹を支える原理原則は自由意思です。そのことを忘れてはいけない。

──選択肢は自分のほうにあるということですね。『好きなようにしてください』と、一見、相田みつを風で、実は……

──厳しい。

ようするに、世の中甘いもんじゃない、ということですね。僕がいうのもちょっとアレですけど(笑)。そう簡単にはうまくいかない。どうせうまくいかないなら、キャリアの起点というか原点は「好きなことをする」に越したことはないというのが僕の考えです。

5─41

何を聞いても柳井正の答えがブレない理由

柳井正『経営者になるためのノート』

ファーストリテイリングの柳井正社長は『経営者になるためのノート』をユニクロ全店長に配布している。2015年、門外不出だったこのノートがPHP研究所から出版された。同社の経営人材育成を手伝っている経営学者の楠木建氏は「本文を読むだけでは、このノートの価値の10％も享受することはできない」という。どう使えばいいのか。解説してもらった――。

7年ほど前、柳井正さんから「社内教育機関『FRMIC』の立ち上げを手伝ってほしい」といわれました。私と『経営者になるためのノート』（PHP研究所）との関わりは、そのときまでさかのぼります。

「FRMIC」は従来型の社内教育機関とは、まったく異なる発想を持っています。あくまで日々の自分の仕事の中で、自分の頭で考え、自分自身の仕事の課題を解決することで、経営者人材を育てることが狙いです。

そのために、まずは柳井さんの頭の中にある経営の「原理原則」を1年ほどかけて言語化することから始めました。しかし柳井さんへの聞き取りを重ねるにつれて、「これは参ったな」と思うようになりました。

柳井さんの口癖は、「当然ですけど」「当たり前ですけど」。問題解決について柳井さんに尋ねると、「経営者は結果を出さなくてはならない」とか「経営者の役割は成果を出すことだ」といった、確かに当然にして当たり前のことばかり返ってきます。

当時すでに、ファーストリテイリング（FR）では、幹部社員向けに柳井さんの経営理念をまとめた「経営理念23カ条」という小冊子をつくっていました。この中に書かれているのも当たり前のことばかり。そしてどんな聞き方をしても、柳井さんはいつも同じ答えなのです。

ところが、さらに対話を重ねるうちに、僕の目が曇っていただけであることにようやく気づかされました。

柳井さんは自分自身を「商売人」だといいます。商売では、ありとあらゆることが具体でなければ意味がありません。目標は具体的に設定しないと意味がありませんし、結果は具体的にしか出てきません。問題も必ず具体的な形で現れます。

柳井さんのような優れた経営者の頭の中にある原理原則とは、実はこうした膨大な具体的経験、具体的なトラブルから抽出された、論理の結晶体なのです。わかりやすい言葉で言えば、「要するに、こういうことだ」。

この「要するに、こういうことだ」を純化して純化して純化し切ると、簡潔極まりない「経営理念23カ条」に行きつく。柳井さんが何を聞かれても「当たり前ですけど」と答えるのは、それだけ経営理念が結晶化されていて、ブレがないからなのです。

「具体の横滑り」から「具体の抽象化」へ

ここで具体的に考えてみましょう。ある日、ランチで「カツ丼」と「天丼」で悩んだとします。そのときはカツ丼を選んで「失敗した」と思った。さて、みなさんは翌日の昼食で、どのように意思決定をしますか。「昨日はカツ丼で失敗したから、今日は天丼にしよう」と考えるでしょうか。それとも「なぜ昨日はカツ丼をまずいと思ったのか」と、自分の嗜好を掘り下げるでしょうか。

商売のセンスがない経営者は、前者のように「カツ丼がダメなら天丼」という「具体の横滑り」をします。「青いフリースが売れないけれど、隣の店では赤いフリースが売れているから、今度は赤を仕入れてみよう」というように、横の具体へ飛ぶことで問題解決を図ろうとするのです。こうした経営者は、キョロキョロと周囲を見渡しては、目まぐるしく経営方針を変えていくため、いつまで経っても原理原則を確立できず、無限にぶれ続けることになります。

一方、優れた経営者は問題に直面したとき、次のように考えます。「カツ丼をまずいと感じたのは、カツが玉子でとじられ、ご飯と一体化していたからかもしれない。自分はトッピングとご飯がきちんと分かれている天丼のほうが好きなのではないか」――。冗談のように思うかもしれませんが、ここで重要なのは「なぜ」という問いを立ててから、別の策を試みているかどうかなのです。

優れた経営者は問題に直面したとき、「横の具体に飛ぶ」のではなく「具体を抽象化する」ことで、自分の原理原則を磨き上げ、そこで培った原理原則を別の具体に適応していくのです。そして、柳井さんのような経営者は、この具体↓抽象↓具体という往復運動を、あたかも呼吸をするかのようにごく自然に繰り返しています。だから問題解決の手法はその都度違うようにみえても、その背後にある原理原則は決してぶれることがないため、掘り下げていくといつも同じ答えになるわけです。

「具体と抽象の往復運動」を行ううえで、『経営者になるためのノート』は最高の教材です。FRの歴史という「文脈」の中に経営の原理原則が置かれているため、とてもわかりやすい。

たとえば第2章「儲ける力」の第4項「現場・現物・現実」の中に、「指示をして仕事が終わりではない」という言葉が出てきます。これは柳井さんの原理原則のひとつですが、これだけでは「そうですね」で終わってしまう。ところがこのノートには以下のような文章が続くのです。

ユニクロがフリースに挑戦し始めた当初、さまざまなトラブルが続発した。担当者に理由を質すと「中国の工場には電話で何度も指示を出しているのですが……」という返事。そこで柳井さんは「指示をして仕事が終わりではない」と担当者に言った。「中国の工場はパートナーなのだから、直接現地に行って、現物を前にして一緒に問題解決をしないとだめなのではないか」——。

このように、原理原則を文脈の中に置いてみると、抽象度の高い原理原則も、生き生きとした実感を持って理解できるようになります。

優れた経営者はアーティスト

本書の美点は、それだけではありません。最も重要な点は、本書が「ノート」であることです。読むだけではなく、書き込める点が教材として素晴らしい。

FRMICが育てようとしている経営者人材とは「私が稼いできます」という人。実際に商売丸ごとを動かして、利益を出せる人です。「経営者人材＝国力」といっていいほど重要な存在ですが、真の経営人材はどこの国でも極めて稀少です。

社長や役員であっても、経営者人材であるとは限りません。重要なのは自分の仕事に対する構え、仕事の定義のありようです。数万人の部下を率いる立場でも、稼ぐ力がなく、「自分の仕事は××担当だから」と認識している人は「担当者」にすぎません。担当者と経営者は根本的に異なります。経営というのはそもそも「担当」がない仕事です。

経営とは、商売の塊を丸ごと全部動かして長期的に利益を出し続けることです。では、どうすれば稼げるのか。決まった答えはありません。私は「経営とはアートである」と考えています。優れた経営者とはアーティストであり、優れたセンスの持ち主なのです。センスの対極にあるのがスキルです。「担当者」としての特定のスキルの持ち主を労働市場の中から探し出すことは容易なことです。なぜならスキルは客観的に評価できるし定型的な方法で育てられるからです。英語というスキルがほしければ、英語を学べばいい。スキルの習得に必要なのは、正しい方法論と時間と継続的な努力の3点。これを積み重ねれば、スキルは習得できます。

ところが、センスは開発の定型的方法論がないのです。別な言い方をすれば、教えることができない。スキルを持った担当者は育てることができても、センスを持った経営者は育てることができないのです。実際、世界中のどの国を見回してみても、経営者を育てる標準的な方法は存在しません。

『経営者になるためのノート』がノートである所以は、まさにここにあります。このノートで最も重要なのは、本文の周囲にある罫線の引かれた余白部分です。本文を読みながら、そこにある原理原則を、自分の仕事という文脈に落とし込み、自分の仕事と紐づける。そうすることで、自分なりの原理原則が培われます。

先ほどの「指示をして仕事が終わりではない」というエピソードも、受動的に読んだだけでは「いい話だな」「確かにその通りだな」で終わりです。しかし、「指示をして仕事が終わりではないということは、自分の仕事でいえば一体どういうことだろうか」と、自分の頭を使って能動的に考えることができれば経営者としてのセンスを磨くことができます。スキルは教科書で学ぶことができますが、センスはノートでなければ磨けないのです。

この事情は、絵画の世界を考えてみるとよく理解できるでしょう。絵筆の使い方、遠近法、色彩に関する知識といったスキルは、教科書から学べます。しかし、そうしたスキルの習得をいくら重ねても、名画を描けるようにはならない。画家になるためには、たくさんの名画を鑑賞しながら、デッサンや写生を繰り返し、アーティストとしてのセンスを磨いていく必要があります。『経営者になるためのノート』の本文には、いわば「いい絵とは何か」が書かれています。しかし、それを読むだけでは名画を描けるようにはならない。名画を参照しながら、周囲の余白に、自分なりのデッサンや写生を重ねていく。そうすることでしか、絵は上手くならないのです。

このノートは、経営センスを磨くための最高のレイアウトを採用していると私は思います。原理原則に対するコメントの書き込みが、非常にやりやすい。逆に言えば、真ん中の本文だけ読んだところで、このノートの価値の10%も享受することはできないでしょう。

1冊使ったら、もう1冊買う。これを一定期間繰り返してから、ノートを読み返してみる。自分自身の「経営者になるため」の成長の軌跡を、客観的に確認できるはずです。

経営人材がいなければ社会は回りません。実際に経営者となる人は少数ですが、多くの人が担当者を目指す社会より、経営者を目指す社会のほうが活力があります。本書をノートとして使いこみ、自分のセンスに磨きをかけることをお勧めします。

5_42

自著を語る

『経営センスの論理』

この本での僕の主張は、「スキルだけではどうにもならないことがある。経営にはセンスが大切」というものです。

スキルは、TOEICのスコアが950点とか、法務の知識があるとか、ITに強いとか、データ分析ができるとか、それぞれの分野で輪郭が明確に定義されていて、人を安心させてくれるものです。対してセンスは、つかみどころがなく輪郭もない。

モテない人が「モテるにはどうすればいいのか」という雑誌の特集を読んだとしても、モテるためのスキルを目いっぱい身に付けたところでモテるはずはない。なぜなら、それはスキルを超えたところにあるセンスの問題だから。ビジネスの世界でも同じです。特定分野のスキルに優れていても、優れた担当者になれるかもしれませんが、商売センスがなければ経営はできません。

経営指南本はいつの時代も「こういうご時勢だからこういうスキルを身に付けよう！」というたぐいの提案をします。これに対して、「結局、経営ってセンスなんだよね。センスがないなら諦めも肝心」というのが僕の話です。だから、「それを言っちゃあ、おしまいよ」と怒られる。

考えてみてください。音楽家でもスポーツ選手でも、一流の人はスキルを超えたセンスでやっている。なのに、ビジネスとなるとセンスを排除するのは不思議でならない。音痴な人がミュージシャンを目指していたら、周囲は「センスがないからやめておけ」と言うでしょう。企業経営も同じです。

スキルを馬鹿にしているわけではありません。スキルは大切です。どんな仕事もその担当分野のスキルの習得から始まる。スキルを持っているに越したことはない。だけど、どんなにパワーポイントを上手く使ってプレゼンをしても、心に響くものがなければ商売にはならない。そこにスキルはあっても、経営センスはないということです。どんなにスキルフルなCFO（最高財務責任者）やCIO（最高情報責任者）でも、経営センスがなければ「スーパー担当者」。最後の最後は経営センスのある経営者がいなければ、企業経営は成り立ちません。

ここで重要なのは、センスのある人物を見極められるかどうか。人事部の査定はアテになりません。人事部には商売のセンスとは程遠い人が集まっていることが多い。そういう人にはスキルという物差ししかない。センスのない人がセンスを見極める——悲劇でしかありません。

では、どうすればいいのか。話は単純かつ低コスト。センスのある人だけがセンスを見極めることができる。評者にセンスがあれば、センスの有無は、その人に10分間演説させれば一発で分かります。センスのある人を見極めれば、あとは簡単。経営者として商売丸ごとをやらせる機会さえ与えれば、あれこれお膳立てする必要もなく、勝手に成長していきます。センスは直接的には育てられません。しかし、育つ。センスが育つ土壌を耕すことが大切です。

経営者自身に見極めるセンスがなければ悪循環に陥ってしまう。人事部のスキルの物差しが前面に出てきて、経営センスのない担当者ばかりの「代表取締役担当者」の会社になる。CET（Chief Executive Tantousha）ですね。これはもはや経営の墓場です。

本当の意味でセンスのある人はそう多くはいません。しかし、100人中数人そういう人がいればいい。全員がセンスあふれる経営人材にならなくてもいい。そんなことは非現実的ですし、かえって会社が混乱します。ビジネスには有能な担当者が必要です。自分は経営者向きではないと悲観せず、経営はセンスのあるやつに任せればいいと、良い意味での〝諦め〟を持つのも悪くはないと思います。

偉そうなことを言ってますが、僕にももちろん経営センスはない。だから今の仕事をしています。

5―43

「弱い人間」ほど「強いAI」を欲しがる

松田雄馬との対談『人工知能はなぜ椅子に座れないのか 情報化社会における「知」と「生命」』

未来の経済記事に乞うご期待！

楠木　僕は、人工知能（AI）を研究しているわけではないので、今日は、素人がいろいろと松田さんに質問をして、勉強するというスタンスでいきたいと思います。最近いっぱいAIの本が出てきているんですけれども、この松田さんの本には「こういうことができる」とか「世の中が変わる」といった話が全然入っていない。これ、いいですよね。

人工知能を考える場合、「人工」というのはあくまで形容詞で、本来は「知能」の問題。だから知能とは何かっていうのが分からないと、形容詞つきの「人工知能」についての議論も空回りに明け暮れる。松田さんはその「知能」とは何か、ということをすごく丁寧にご説明なさっています。

松田　ありがとうございます。たしかに「ＡＩ」という言葉は流行っています。なのにＡＩって何なんだろうという議論なしに未来の話ばかりが語られています。すごく危うい、と言いますか、ストレートに言うと「面白くない」と思ったんですよ。

楠木　そうそう。そもそも知能の話なのに、知的にちっとも面白くない。

松田　人工知能の研究って、その起源は計算機ですから、もう何百年もの歴史があるんです。つまらない事務作業はなるべく機械にやらせたいよね、というのが、人工知能研究のそもそものモチベーションなんです。面倒くさいことをどんどん機械にやらせると、もっと人間は楽しく暮らせるんじゃないの、ということ。でも、今出ている〝ＡＩ本〟の多くはそういったところをすっ飛ばしてＡＩで「自動運転が実現する」とか、「どうやら仕事が奪われてしまうようだ」とかの話題ばかり。そういうふうに描かれた未来って、なんか地に足が着いていないんです。読んでも自分がそこにいる気がしないんですよね。面白くもないし、そういう未来に向かって生きたいとも思わないんです。本来であれば未来というのは自分たちが作っていくものだから、非常にエキサイティングでなければそれって実現しないと思うんです。

　そんなところから人工知能の〝知能〟っていったい何なのかを考える土台を作った上で、未来を考えていきたいなと思って書いたんです。

楠木　やっぱり世の中にこういう本がないと困る。

松田　ありがとうございます。

楠木　しかし、それにしても今のAI周りの議論は地に足が着いていないというよりも、そもそも足がない。足がないんだから地に着きようもないという感じ。一番よくないのは経済ビジネスメディアのせいだと思うんですよ。彼らは長いAI研究の歴史とは無関係に騒ぎ立てるんですよね。「こういう仕事がいらなくなる」とか、もうそういうのが昔から大好きなんですよね。

松田　（笑）

楠木　僕は昔の雑誌や新聞を読むというのが大好きで。特にビジネス関係は最低でも7年、15年だともっといいんですけど。ウイスキーみたいに寝かせてから読むとすごく面白いんです。

例えば1990年代の後半、インターネットが出てきた時にビジネスジャーナリズムの人たちがどんなことを言っていたのか。今の時点で通勤というのはなくなっているはずでした。それから、小売店もなくなっている。でも、今見てみると、みんな相変わらず満員電車に乗ったり、店で買い物をしている。まあ、多少は変わりましたけどね。

当時、インターネットが出てきて、多くの人が比喩的に「これは隕石だ！」って言ったんですよ。「バーンと落ちたらもう全部変わっちゃう」と。でも20年経ってもほとんど変わってねぇな、って。

多分、産業革命で蒸気機関が出てきたときも、だいたい同じようなことを言ってたのではないでしょうか。良きにつけ悪きにつけ、過剰に考えてしまうのが、人間というものなんですね。

松田　おっしゃるとおりで。

楠木　だから10年後ぐらいが楽しみ。今、AI周りの記事を皆さんぜひファイルしておいてください。誰がどんなことを言っていたのかって。後から読むと非常に味わいのある読み物になりますよ。

意外に使えねぇな、AI

松田　そういう観点では、いわゆるAIに関するニュース記事は、すでにこの1年ぐらいで論調がちょっとずつ変わってきたなと感じてます。

楠木　どういうふうに変化しましたか？

松田　おそらくなんですけれども、それまでは、あれにも使える、これにも使えると、ある意味、空虚な未来予想というのが多かった。当然ながら、これにいろんな企業が反応して導入したんですが、そのフィードバックが世の中に出てくるようになったというのが、まあ、この時期だったかな、と。そうなったときに何が起こったかというと、「意外に使えねぇな」というのが出てきたわけなんですよ。僕が見た中だとソフトバンクさんがいちばん早かったんですけど、実際に使ってこんなことを仰るわけですよ。「われわれはすごいことが分かった」と。で、何を言うかと思えば、「AIは導入すれば良いというわけではなかった」と。AIを導入すること自体が大事だったのではなく、それを使う現場の人たちの声を聞くことがいちばん大事だったと言うんですね。

楠木　僕もその記事、読みましたよ。

松田　「AI」という、新しい技術が出てきたからといって、それが社会を変えるわけではなくて、社会を変えていくのは人間だということです。こういった記事を皮切りに「AIばかり注目していてもダメだよ」とか、「やっぱり現場のことを知っている人がいてこそ導入はうまくいく」とか、導入の成功例と失敗例とみたいな感じの記事が最近はかなり増えてきたと思います。ある意味、ビジネスの基本ではあると思うんですけどね。

強いAI、弱いAI

楠木　ところで松田さんの本の中に「強いAI」と「弱いAI」という表現が出て来ますが、これが、それぞれどういうものか説明していただければ、読んでいない方にも、今の話がよく分かっていただけると思いますが、どうでしょう。

松田　そうですね。AIに〝強い〟〝弱い〟があるというと、すこし唐突な感じがしますが、これを最初に提唱したのはアメリカの哲学者のジョン・サールさんという方です。まず「強いAI」ですが、これは、まさに今、世の中で言われている最終ゴールとしてのAI。人間と同等の精神を宿すものです。精神があるから、感情もあって思考も出来て、だからこそ意思決定も自分で出来て、当然、自ら動き出すわけですね。そうすると当然、自分と同じような人工知能を自分で作るかもしれない。これがまさに「強い人工知能」と言われているものです。

もう一つの「弱いAI」というのは、知能を持つものはあくまで人間という考えです。人間は計算だとか、思考だとか、意思決定だとか、経営判断だとか、いろんな知的活動を行いますが、AIはそれをサポートする道具に過ぎないという考えです。

楠木　「強いAI」と「弱いAI」を掘り下げて考えると、意図や意識、目的意識や自己認識、さらには精神の有無ということになるのでしょうね。やはり論理的に言って、強い人工知能というのはあり得ない？

松田　少なくとも現時点ではありえないと思います。

楠木　論理的にそうですね。ところが今でも、AIというと、なんかもう本当に人間に代替しちゃうとか、人間を支配しちゃうとか、そういうふうなやたらと「強いAI」をイメージする人が多い。みんなAIという言葉を使いたくてしょうがない。

松田　たしかにそうですね。

楠木　みなさんご存知かもしれませんが、いまローソンで〝からあげクン〟を揚げたてでサーブする機械の実験が始まっていて、これを「できたてからあげクンロボ」って呼ぶ(笑)。

松田　ロボット！(笑)

楠木　気持ちは分かるけど、「機械じゃん、それ」って思うんですよ。「ロボ」という言葉を使いたくて仕方がない。ＡＩも、「弱いＡＩ」というのは、まさにわれわれの周りに今いっぱいある「機械」なんですよね。

松田　おっしゃるとおり！

楠木　ＡＩが囲碁や将棋で人間に勝ったとか言うんだけれども、新幹線だって人間よりも速く走れる。それこそノコギリだって、昔から人間が到底切れないものを切ってたし。ブルドーザーだって、あれだけの土を人間は運べません。機械的道具には常に人間を凌駕するものがあったんです。なのにＡＩだけが特別扱いというのはどうかな……と。やはり、そこには知的な活動に入ってきたということにインパクトがあったんですかね。

松田　ＡＩの業界というか、ＩＴの業界の中で〝出来なかった〟ことが〝出来る〟ようになってきたというのが大きいかと思います。

楠木　出来るようになったこととは？

松田　大袈裟に言ってしまいましたが、実のところ二つしかないんですよ。一つはめちゃくちゃ速く計算ができるようになったこと。もう一つは、ものすごく大容量になったこと。この2点に尽きます。テクノロジーの世界には「2桁変わると世界が変わる」っていう言葉があるんですが、例えば写真1枚転送するのに30分かかっていたものが1秒で済むようになると、人の顔を1万枚をコンピュータに覚えさせることが出来るんじゃないか。覚えさせたら喜怒哀楽の特徴がある程度分かるようになるんじゃないか——といった感じで、つい何でも出来るようになると勘違いしてしまうんです。

楠木　とはいえ、人間の顔の認識をさせてあれこれしようという「意図」「目的」を持つのはあくまでも人間ですよね。

松田　そう、おっしゃるとおりです。

楠木　そういう意味では、いろんなテクノロジーが実用化されているとはいえ、依然として、使っているのは「弱いAI」。

松田　まさに、そうです。でもスペックが格段に上がってしまったため、妙な幻想を抱いてしまった。

強い人間、弱い人間

楠木　単純に研究とか技術、サイエンスとして、とにかくＡＩを人間に近づけていこうというのは、これはもう人間の本能なので自然なこととは思いますが、「強いＡＩ」って人間にとってどうなんでしょう？　今後、ＡＩがどんどん進歩していったとして、擬似的かもしれませんが、ある意図を持つとか、なんか目的を設定するようになったとしますよね。でも、それをありがたがるというか、それに意味を感じる人って「弱い人間」だけじゃないかなと。自分でそんなに目的意識がないとか、自己認識が緩いとか、要するにバカということなんですけど。

松田　目的設定は本来機械にとって苦手なことですが、もし擬似的にある程度できるとして、そのサジェスチョンに頼るということは……その程度のことしかできない人ということですね。

楠木　そうです。例えば日常的なところでいえばアマゾンのリコメンデーション。「あなただったらこの本を読むといいですよ」って。ものすごいトンチンカンな本を薦めて来るでしょ。僕は本を読むのが好きで、それなりに本を見る目があると思っているんですけど、全然こいつ分かってねえなって(笑)。でも一方で、「あ、これって便利だよ」「ＡＩってすげえな」っていう人もいる。そういう人は読書について「弱い人間」ですね。自分の意識とか意図というものがない。ことほど左様に、「弱いＡＩ」ほど「強い人」にとって有用で、「強いＡＩ」ほど「弱い人間」を指向するという逆説というか裏腹関係みたいなものが、人間とＡＩの関係にあるのかなって思うんですよ。

松田　さすが！ 鋭い!! と思いました。

楠木　だいたい新しい技術が出てきたときにＡＩに限らず、なんかネガティブな方向でもポジティブな方向でも極端なことを言って大騒ぎをしだす人って、人間として深みがない。なんか自分がないっていうか。つるんとした人って、いるんですよね。好き嫌いがあんまりないというか……。

特異点（シンギュラリティ）で変わる……ワケがない

楠木　僕は１９６４年の9月12日生まれなんですけれど、先に話したように昔の新聞雑誌が大好きなんです。そこで生まれた日の日経新聞を見る。そうすると「今こそ激動期。これまでのやり方は通用しない」って書いてあるんです。前日に日本で初めてのＩＭＦ総会があったらしいんですね。でも日経新聞という新聞は、少なくとも僕が生まれてからの54年間、休まず３６５日、「今こそ激動期」って言っている。激動って論理的に連続しないから、結局のところ、いろいろと見る対象を変えて〝激動〟にしている（笑）。本質的なことはほとんど何も変わっていないんですけどね。「弱いAI」が世の中に広まっていくのは間違いないとしても、それはかなりの時間幅を持って受け入れられるものだと思うんです。意思や意図、精神を持った人間が一回一回それを受け止め、フィードバックして、だんだんと落ち着くところに落ち着いてゆく。インターネットもそうだった。今、わりと落ち着き感ありますよね。

松田 そうですね。インターネットが到来して、もう20年以上がたちました。外見的には人の生活は変わったかもしれないけれども、じゃあ、内面的なところで何が変わったのかっていうと、人間そのものは何にも変わっていない。

楠木 そういう意味では、今よく言われる技術的特異点（シンギュラリティ）という言葉だって同じだと思うんです。シンギュラリティが来て「全てが変わる」とか言っているけど、それで何かが変わるとは思えない。

松田 コンピュータが人間を超えてしまうというシンギュラリティですが、まさにその通りだと思います。人間の脳は100億個の神経細胞だけじゃなく、身体中に張り巡らされた神経細胞が外界と作用しあって機能している。仮に神経細胞の動きを高速大容量のコンピュータで再現できたとしても、身体を持たないコンピュータには到底人間のように意思を持った動きは出来ないというのが僕の考えです。

楠木 そうですね。シンギュラリティにしろAIにしろ、「これで世の中一変する」というのは、それこそ身体レベルで人間の本能が変わらない限り、あまり信用しない方がいい。そんなことを言う人に出会ったら「何か最近つらいことがあったのかな」と思うようにしています(笑)。

松田　その思いやりは今のAIには無理ですね(笑)。だからこそAIを恐れず、僕らは人間であることに自信をもって、AIを知り、上手く使って行かなければならないと思います。

5—44 代表的日本人の言葉

植木等「だまって俺について来い!」

この言葉は同タイトルのヒット曲の一節。歌い出しは「銭のないやつぁ俺んとこへ来い、俺もないけど心配するな」とくる。

渥美清の寅さんがつくり込んだ論理で笑わせるのに対して、植木等は支離滅裂で破天荒。何の脈絡もなく突然異様なことをする(「お呼びじゃない」がその典型)。それなのになぜか観ている人を納得させるパワーがある。理屈抜きでスカッとした気分になる。

「一貫性がまるでないことにおいて一貫している」という戦略は誰もが思いつくのだがなかなかうまくいかない。初期の「無責任男」映画でこの戦略ストーリーが全面的に成功したのは、ひとえにこの稀代のエンターテイナーのキャラクターがあったからこそ。

ご本人は正統派の歌手・俳優を志していたという。「無責任男」が大ヒットした頃は、「コツコツやるやつぁ、ご苦労さん！」と笑い飛ばしながら、「俺はいったい何をしているのだろう……」と葛藤に苦しんだ。しかし「底抜けに明るいことが自分の特徴」と開き直り、映画と歌で高度成長期の日本の屈託を吹き飛ばした。「気楽で適当」を真剣に突き詰めた芸道だった。莫大な収入を得ても「人間というのは骨を折りながらやっと生きていくものだ。こういう不自然な生き方が許されるのか」と自問自答する。人気にもカネにもガツガツしない。

小さな仕事でも真面目に取り組み、精一杯個性を出す。誰に対しても威張らず、それでいて堂々としている。人間的なセンスが抜群。クールでスマート。何をやっても品がある。最高にカッコイイ代表的日本人である。

5―45

「好き嫌い」の人、本田宗一郎

「文藝春秋を彩った95人」

本田宗一郎は徹頭徹尾「好き嫌い」の人だった。

『文藝春秋』のバックナンバーに遺された本田の寄稿や対談を読むと、やたらと「好きだ」「好きになれない」「嫌いだ」「気に入った」「気に食わない」という言葉が出てくる。例えば、1955年10月号の「バタバタ暮らしのアロハ社長」。四輪車事業への進出はもちろん、伝説的な英国マン島の「T・Tレース」での優勝よりも前、本田宗一郎50歳の回想録である。

小学4年生の本田は、村に初めて来た自動車を見た。本田は述懐する。

私はそのガソリンの匂いを嗅いだ時、気が遠くなる様な気がした。普通の人のように、気持ちが悪くなってではない。胸がすうとしてである。その堪らない香りは幼い私の鼻を捉え、私はその日から全く自動車の亡者みたいに、走るその後を追っかけ廻した。金魚のふんだと笑われながら、自転車がすり切れる程、ペダルを踏み、自動車の後を追って、ガソリンの芳香をかぎ悦に入っていた。道に油がこぼれていると、それに鼻をくっつけ、匂いを存分にかぎ、時間が経つのも忘れた。そしてその日のご飯の、何と美味しかったことか。

生理的に「好き」なのである。そのときから、いつか自分の手で自動車をつくり、運転して、思いっきりすっ飛ばすことが本田の最大の望みとなった。そして、本田はその望みを果たした。

寝食を忘れ、親兄弟を忘れ、金銭を忘れ、名誉を忘れ、世俗の野心を忘れ、好きなことに思いっきり打ち込む。本田にしてみれば、好きなことをただひたすらにやってきただけで、「人生五十年、教訓もなく、劇的な波瀾もなかった。ただ平凡にオートバイのエンジンに取り組み、悪戦苦闘を続けてきただけ」。

嫌いなことはやらない。技術屋としてつくることにはのめり込むが、上手く金が取れない。「金をよこせ」というのがどうにも嫌なのである。そこで「うまく金の取れる商売人」を探し、終生のパートナーとなる藤沢武夫と出会う。それが好きで得意な藤沢に商売を任せ切る。

「藤沢さんが中心になって、商売というか、経営的な決断をされたとき、本田さんはどのような感想を持たれたのですか。たとえば、株式公開のときなんか……」という浅利慶太の問いに対して、「そんなのあったかな。おれ関係ない(笑)」(1985年の対談)。自分は好きなことだけやっていれば、会社がうまく回っていく仕組みをつくり上げた。好きこそものの上手なれ。それぞれが好きで得意なことに集中し力を発揮し、それを結集して成果を出す。組織づくりの一丁目一番地、最重要な原理原則である。

この対談で出てくる言葉に、本田の経営者としての真髄を見る。「私は儲けたい、幸福になりたい、女房に内緒で遊びたいという、普通の男です。ただ、もし企業家として他人と違うとしたら、人に好かれたいという感情が強いということでしょうね」

経営者にとっていちばん大切な資質をひとつだけ挙げろ、という無茶な質問をされたら、僕は「人間についての洞察」と答える。本田宗一郎は技術もバイクもクルマも好きだったが、それ以上に人間が好きだった。人に好かれることが理屈抜きに好きだった。このことが本田に尋常ならざる人と人の世に対する洞察力をもたらした。

どうすれば社員がやる気になるか、どうすれば取引先が気持ちよく協力してくれるか、どうすれば顧客が喜び幸せになるか。一見ハチャメチャな経営だが、本田の思考と行動は常に深い人間洞察に基づいていた。

『文藝春秋』を彩った本田の言葉を振り返ってつくづく思う。一流の技術者であった本田宗一郎は、それ以上に超一流の経営者であった。

5—46 雲を見る

庭で寝そべる。空に雲が見える。風で雲が動く。雲を何かに喩えて「お話」をつくる。例えば、大きな雲を象に喩える。横の小さな雲は鹿だ。風に乗って雲が動く。大きな耳をつけた象の雲が鹿に近づいてくる。ああ、踏み潰されてしまう。一瞬、緊迫する。すると、鹿はすーっと逃げていく。象はまた踏み潰そうと近づいてくる——。

風が止む。雲が動かなくなる。そういうときは、足を軸に自分がくるくると回る。十分に目が回ったところで、そのままひっくり返る。空の雲もぐるぐる動く。で、急いでお話をつくる。風で雲が動くのと比べて、少し抽象的な話になる。気がつくと2時間ぐらいたっている。

雲を見る。僕が子供のころしきりにやっていた遊びだ。父の仕事の関係で当時の僕はアフリカにいた。大陸最南端の南アフリカ共和国のヨハネスブルグ。アフリカでの生活がその後の僕に与えた影響は、表面的にはあまりない。帰国した直後は戸惑うことも多かったが、小学生なのですぐに適応した。外では日常の会話で英語を使っていたのだろうが、帰国後数年で消失した。

ただし、振り返ってみると、アフリカの経験はより深いレベルでその後の僕に大きな影響を及ぼしたと思う。よく言えば鷹揚、悪く言えば怠惰な性格になった。その反面、ゆっくり考えるのが習性になった。

南アフリカでは日本人小学校に通っていた。ヨハネスブルグのさまざまなところから日本人が通ってきていたので、近所に学校の友達はいない。はす向かいの家に年齢が近いポルトガル系の兄弟がいたが、言語も文化も違うので普段は一緒に遊ぶこともなかった（ただし、この兄弟も近所の原っぱで雲を見るときはときどき一緒になった。つまり、「雲を見る」は現地ではわりとメジャーな子供の遊びだった）。

学校が終わって帰宅すると、もう何もやることがない。決定的だったのは家にテレビがなかったということだ。それもそのはず、かの国では当時はまだテレビ放送がなかった（だから僕は今でもテレビをまったく観ない）。

友達もいないので、ずっと家にいる。本を読んでいるときが最高に幸せだったが、祖父母が船で送ってくれる日本語の本はすぐに全部読み終わってしまう。一つの本を何回も繰り返し読む。そのうちに飽きる。もうやることは空想しかない。本の話の続きを空想する。それにも飽きると雲を見る。日常生活の中で入ってくる情報があまりにも少ないので、思考の「おかず」として雲でも十分に美味しかった。寝そべっていろいろなことを考える。そのうちに寝てしまう。続きは夢の中で。「夢かうつつか」を地でいく日々を過ごしていた。

大学生になってもユルユルと本を読み、考えごとに明け暮れていた僕は、卒業してすぐに就職し、バリバリ仕事をするということは想像すらできなかった。仕方がないので引き続きゆっくりすることに決定。そのままダラダラしていてもいいという、やたらに消極的な理由で大学院に進んだ。

もちろん世の中はそれほど甘くはない。それなりの紆余曲折があって、経営学者になった。こんな僕でも世の中となんとか折り合いのつく仕事が見つかった。本当にありがたいことだ。専門は競争戦略論。雲を見て育った僕は「競争的」な人間ではまったくない。しかし、ひとつひとつの商売の成功や失敗の背後にある論理をじっくりゆっくり考えるのは実に面白い。ときには痺れるほど面白い事例や論理に遭遇する。

考えてみれば、やっていることは子供のころから本質的にはあまり変わっていない。見る対象が「雲」から「商売」に変わっただけ。現実の商売をじっくり眺めて考える。考えたことを話したり書いたりする。ずっとこうして生きていきたい。

好き嫌い読書論

日記を読む、文脈を知る

日記の醍醐味

僕の読書の好みはジャンルでいえば小説などのフィクションよりもノンフィクション、とくに人間と社会についてのノンフィクションであることは前に話した。その目的は知識というよりも、人と人の世の本質について、「なるほど、そういうことか、面白いねえ……」と、僕なりの理解というか論理をつかむことにある。

芸論と並んで日記というジャンルを僕が愛好するのは、それが「なるほど、そういうことか……」の宝庫だからである。整理されたマクロレベルの概説よりも、具体的なディテイールの記述にこそ「なるほど、そういうことか」が潜んでいる。この点、日記は具体的詳細の記述がもっとも豊かなジャンルだ（というか、ほとんどの場合、具体的詳細の記述しかない）。

さらにイイことがある。記述が時間軸に沿って配列されており、しかも記述の頻度が高い（人によっては毎日書く）。時間に沿って配列してもらうと、その人物やそれを取り巻く世の中の文脈が頭の中で再構成しやすいのである。

この文脈の豊かさとリアルさが日記に固有の特長だ。人間と社会についての理解がより深いところまで腹落ちする。日本人ほど日記を読むのが好きな民族はいないと昔からよく言う。日本人の思考や認識の方法が文脈依存的なのかもしれない。僕もそうで、文脈が分からないと得心には至らない。

例えば、人間の面白さということでいえば、『ウィトゲンシュタイン哲学宗教日記』は最高だ。日記モノの大傑作。とくにウィドゲンシュタインの哲学書を読んでもさっぱりわけが分からなかったという挫折経験を有する方にお読みいただきたい。

もちろん僕も例に漏れず挫折したクチである。ウィトゲンシュタイン『論理哲学論考』は哲学の革新を切り拓いた超絶名著（ということらしい）。何といっても名前がイイ。ウィトゲンシュタイン——名前を聞いただけで、なにやらスゴそうだ。

話は逸れるが、僕は名前や名称などの固有名詞からくる直感をわりと重視する。僕のスキな音楽、とくにベース演奏の方面でいえば、モータウンを支えたファンク・ブラザーズの名手ジェームズ・ジェマーソン、R&Bの大御所ドナルド・ダック・ダンやウィリー・ウィークス、いずれもJJ、DDD、WWとイニシャルが同じアルファベット。こうした名前はビートが効いていて、いかにもベースが上手そうだ。エレクトリック・ベースの革新者、ジャコ・パストリアス。これも名前がいかにもそれっぽくてイイ。で、そのジャコパスが「ウェザー・リポート」参加前、下積み時代に所属していたバンドが「ウェイン・

する。

コクラン＆ザ・ＣＣライダース」。名前を聞いただけで間違いなくイイバンドだという気が

話を戻す。ウィトゲンシュタイン、これだけはさすがに避けて通れないだろうと意気込んで『論理哲学論考』を読んでみた。率直にいって、何を言っているのか、何が言いたいのか、わけがわからないのである。仕方がないので、解説書や入門書もいろいろと読んでみた。しかし、やはり難解で、わかったようなわからないような話である。

ところがウィトゲンシュタインが遺した『哲学宗教日記』を読んで、「あー、なるほどね……」と俄然得心するものがあった。ま、その哲学はやっぱり分かっていないのだが、ようするにどういう人で、何を言いたかったのかはよーく分かった（ような気がした）。いずれにせよ、日々の具体的詳細の記録というのが、その人間の本質なりその時代の真実をいちばんよく表すというのが僕の見解である。

つまらないけど面白い

ただし、である。日記は文章そのものとしてはつまらないものが多い。たとえば『佐藤栄作日記』。自由党幹事長に就任する直前の１９５２年から、保守合同を経て、64年の池田勇人首相の死去の後の首相就任、自派閥にいた田中角栄との熾烈な内紛、沖縄返還実現

後の72年の首相退陣、75年のノーベル平和賞受賞まで、23年間をカバーする長大な日記である（残念なことに、途中の数年が欠落しているが）。

この佐藤日記、文章内容はものすごくつまらない。これ以上つまらない文章もちょっと見当たらない（しかも、期間が期間なので異様に長い）。日々の出来事とちょっとした感想が淡々、ダラダラと記述されているだけ。

ところが、僕の本の読み方からすると、そこがたまらなく面白い。どんな評論を読むよりも戦後日本の自民党政治、いわゆる55年体制の体質を深く得心する。

佐藤栄作は実にまめな人で、毎日日記をつけていた。活動のすべてを記録しているわけではないにせよ、書いてあることをみると、とにかくゴルフ、派閥の会合、来客との面談、夜は料亭で懇談、その繰り返し。ゴルフと宴会、ゴルフと宴会ときちんと毎日記述している。

何をやっているのかというと、ようするにひたすら自民党内部での派閥闘争、権力闘争をしているのである。佐藤が派閥の領袖として活躍した時代は戦後の平和を取り戻した後の高度成長期。福田赳夫の言葉でいえば「昭和元禄」だ。このころの政治状況をみると、いくつかの外交上の決断はあったものの、内政についてはほとんど「政治決断」の必要がなかったということがいやというほどよく分かる。政治指導者が自民党という絶対的な与党の中で権力闘争に明け暮れていても世の中が回っていく――そういう時代だった。

民主制下での政治というのは、基本的にはある制約の下での資源配分の問題である。有限な資源をどうやって配分するのか。しかも、企業経営と違って、ターゲット顧客の設定ができない。日本国民全員を相手にしなければいけない。そこに政治決断とリーダーシップが必要になる。ある意味では企業経営における意思決定よりもタフな仕事だ。

企業経営者としての経験を売り物にして、選挙のときに「政治に経営者感覚を！」というメッセージを出す候補者がいる。こういう人を僕はあまり信用しない。政治と企業経営はまったく別もの。企業経営における意思決定と異なり、政治的な決断というのは「妥協の芸術」といってよい。

高度成長期の日本では税収がほっておいてもどんどん増える。こういう状況では政治的な決断があまり必要とされなかった。政治がそもそも有限の資源の配分の問題にならないからだ。政治主導でいくよりも、むしろそれぞれの分野に知悉した優秀な官僚に任せる。これがベリーベストの選択だった。

高度成長が終わって早数十年、今日の日本の政治は極めて厳しい資源制約に直面している。にもかかわらず、いまだに「決められない政治」が尾を引いている。佐藤日記を読めば、日本の政治的貧困の原点がリアルに理解できる。それもこれもこの本が日記という形式で23年間に渡って時間軸で配列されているからだ。面白くもなんともない小さな事実の積み重ねに迫力がある。これこそが日記に固有の面白さだ。

いままで読んだ中でいちばん面白かった本

文脈理解という日記の強みが全開になるのが、なんといっても戦時下の日記である。僕は戦争を経験していない。当然のことながら、戦争だけはやめてほしいと心の底から願っている。ただし、さまざまな日記を読んでつくづく思い知るのは、いつの時代も世の中のほとんどすべての人がそう考えているということだ。それでも戦争になる。「戦争反対！」と言い続けているうちに戦争が始まる。洋の東西を問わず、必ずといっていいほどこのパターンをとる。

戦前・戦中・戦後を通した日記の中でも、超絶的に最高なのが『古川ロッパ昭和日記』。「いままで読んだ中でいちばん面白かった本を選べ」という無茶な質問をされたら、わりと迷わずにこれを選ぶ。前に話したように僕は芸論に目がないのだが、ロッパ日記は芸論と日記の完全な合わせ技という、僕のDスポット（読書スポット）直撃のありがたいこと極まりない本である。

戦前の昭和9年から晩年の35年まで、2段組みの小さな活字びっしりのハードカバーで四巻に渡る長尺もの。この日記の存在はずっと前から広く知られていたが、長いこと遺族の手で保管されており、なかなか世に出なかった。出版されたのに気づいたときはもう大喜びで買って読んだ。

読み始めたらもう止まらない。この本を読んでいたときにちょうど娘の受験の合格発表があった。本人のスケジュールの都合で、僕が発表を見に行くことになっていた。早く着いたので、学校の近くのホテルのラウンジで時間つぶしをしようと思って読みかけのロッパ日記を開く。いったん読み始めてしまうと、とにかく面白くてどうにもやめられない。そのままロッパを読み続けて、気づいたときには発表時間を大幅に過ぎていた。結果は合格していたのだが、なかなか電話が来ないものだから、家では心配していたらしい。「ごめん、ちょっとロッパでトリップしていた」と言ったら、ひどく怒られたことを覚えている。

戦時下日本の文脈

ロッパ（古川緑波）は昭和を代表する大喜劇人。戦前の黄金時代は有楽町の劇場に連日出ていた。彼の日記を読むと当時の都市型ライフスタイルはいまと全然変わらなかったということがよくわかる。ないのはスマートフォンぐらいで、あとはほとんど同じ。これが面白い。

戦前でも昭和10年ぐらいになると、人々は戦争の危機をうっすらとは感じている。それでもまだまだ現実的でない。休日にはおしゃれをして銀座に行って、洋食屋でガールフレンドと一緒にビーフカツレツとか食べて、ロッパの喜劇を見にいって、そのあとフルーツパーラーでお茶をして、地下鉄で帰る。都市部の会社員はこういう生活をしていた。ロッパは東京麴町の男爵の家に生まれ、豊かに育ち、高度な教育を受け、ごく趣味的な成り行きで芸能界の大スターになった。都会の享楽的な生活のど真ん中にいた人である。ロッパのような東京の大正世代は、明治を生きた親の世代にさんざん説教されている。豊かさに浮かれてフラフラ遊んで、何が面白いだの、何が美味しいだの、どういう服がかっこいいだの、そんなことでどうするんだ。明治の人間が困難を踏み越えてきたその肩の上でおまえらが呑気に遊んでいるんだ、明治の蓄積があってこその今の繁栄であるということを忘れちゃいけないよ、と諭されている。

開戦直前の東京でも、普通の生活者をみればさほどの緊迫感はない。そのうちに大戦争になるかもしれないという話がいろんな新聞に出くる。それでも、「ヤバいな、戦争かよ……」ってみんなぼんやりと心配しているだけ。ロッパは毎日舞台に立ってワンワンやっている。お客さんも全然減らない。それまで通りの日常を暮らしている。

で、いよいよ昭和16年、太平洋戦争が本当に始まった。ロッパ日記に限らず、当時の日本に生きていた人々の日記を読んでいるとほとんどに共通していることだが、開戦時の日本の高揚感。これがもう半端ではない。

当時の市井の日本人は主観的には我慢しているというか、鬱屈した気分があった。アジアの強国として欧米からのイジメにあっている。帝国主義でさんざん好き勝手をしてきた西洋の国がＡＢＣＤ包囲網なんかつくって日本を追い詰めるのは筋違いだ……という話で、気分的には面白くなかった。それがついに開戦、われわれの立つ日が来たといって盛り上がる。南方進出は連戦連勝。人々は大喜びで提灯行列に繰り出す。まるでサッカーのワールドカップで決勝進出、オリンピックでメダル続出、といった感じの興奮なのである。

大きな転換点となったミッドウェー海戦の大敗など、戦況の悪化に関する事実は国民には知らされなかった。しかし、東京にいる都会人、とくにロッパのようなインテリにはなんとなくはわかっていた。でもそれはそれ、ということで、戦争現場の兵隊は別にして、銃後の生活者はそれぞれの日常を普通に暮らしている。日記を読んで驚くのは、この戦時下の「普通ぶり」だ。昭和17年、18年になっても、口では「ヤバい、大変だ」といいながらも、東京のロッパは普通に仕事をし、日々の生活をしている。

底抜けの適応力

昭和19年に入って、本土がはじめての直接攻撃を受ける。最初の空襲のころは、爆撃機が1機飛んできただけで、もう怖くって仕方がない。防空壕の中で心臓が止まりそうになるほどみんな怯えている。

ところが、である。日記を読んでつくづく思い知らされるのは、人間の底抜けの適応力だ。最初は震えて縮こまっていたのに、3カ月もするともうみんな空襲に慣れている。連日のことなんで「空襲ズレ」するのである。

この辺の3カ月の間の「緩慢にして急激な変化」というのが日記に固有の豊かな文脈がないとなかなか理解できない。開戦までの人々の普通の生活、開戦直後の全国民的な昂揚感、そのあとの情報統制による漠然とした不安、空襲後の人間の驚くべき適応力。ロッパ日記を読むと、そういうことがリアリティをもって迫ってくる。この辺の時系列の世の中の微妙な変化や人々の心理状況についての理解は、日記の独擅場だ。

さらに面白いのは、享楽的で根性なしだと親の世代から小言を言われていた大正生まれの世代が、その後の日本の戦後復興を担っていくという成り行きだ。明治の苦労を知らないと軽く見られていた世代が、戦後日本の復興をしたたかにリードしていくのである。人間がいかに環境適合的な生き物かということが分かる。

幸いにして日本はその後、少なくとも直接的には戦争をしていない。これは素晴らしくもありがたいことだ。世の中が平和だからこそ、僕もこうして呑気な仕事を続けていられる。戦争だけは勘弁してほしいと思う。

だとしたら、戦争を起こさないために、個人として世の中をどのように見て、何を考え、どう行動すればいいのか。僕なりに考えることがあるが、こうしたことを考えるうえで僕がもっとも多くを学んだのは、戦争の前線にいた人々よりも、ロッパに代表される、生活者として戦争を経験した人のさまざまな日記である。

「戦争反対！」「悲惨な戦争を繰り返すな！」というのはまことに正論ではある。しかし、そういう正論や戦争の悲惨さを声高に主張するだけの教科書的な論説からは、なぜそれでも戦争になるのか、どのように人々が戦争に巻き込まれていくのか、戦争を抑止するためには平和なときから何に気をかけるべきか、いざ戦争が始まったらどのような行動をとるべきなのか、そうした内実ある教訓が抜け落ちている。

最初に読んだのはご多分に洩れず『アンネの日記』だった。日本人の日記に限っても、清沢洌『暗黒日記』や高見順『敗戦日記』はもちろん、徳川夢声の『夢声戦争日記』、山田風太郎の『戦中派虫けら日記』『戦中派不戦日記』、こうした日記は絶品である。

山田風太郎の戦時下の日記を読むと、時空を飛び越えて、「ああ、戦争はこうして始まり、世の中の人々はこういう風に受け止め、戦時体制に組み込まれていくのか」ということを鮮明に追体験できる。

若い世代にこそ戦時下の日記をぜひ読んでもらいたい。平和なときにこそ、戦争の潜在的な危険に対する構えを持たなければならない。戦時下日本の日記は現代人必須の教養だ。

6号室

読書以外の「室内生活」

6_1

オールマイティ・ウェア

その概念と効用

「オールマイティ・ウェア」という概念をご存知だろうか。え、ご存知ない？　当然である。これは僕が20年ほど前に勝手に確立した概念で、「（できる限り）いつでもどこでも同じ服を着ている」という生活様式を意味している。

こういうと、故スティーブ・ジョブズさんの黒いTシャツ（もしくはタートルネックのニット）とジーンズ姿を思い浮かべるかもしれない。しかし、これはオールマイティ・ウェアとは似て非なるものである。

オールマイティ・ウェアというのは時間軸における着用の連続性に特徴がある。すなわち、起きている時も寝ている時も、家にいる時も外に出ている時も完全に同じ服装。これがオールマイティ・ウェアだ。ジョブズさんも寝ている時は黒Tとブルージーンズではなかったと推測する。もしかしたらそうだったのかもしれないが、それはこの際どうでもいい。

20世紀後半以来、服装はカジュアル化の一途をたどってきた。しかし、これからはカジュアル化ならぬオールマイティ化である。オールマイティ・ウェアがメガトレンドになる時代がすぐそこまで来ている。

ま、そういう予感がするのは僕だけだという気もするが、やってみるとこれが実にイイ（ちなみに「イイ」というのは、普遍的な価値基準で「良い」ということではなく、僕の極私的な好き嫌いの基準で「イイ」ということなのでご注意ください）。服飾費がかからない。服を着替える手間がいらない。物が増えない。どの服にしようかと迷う必要がない。服を出し入れする手間がかからない。というか、服を収納する必要がそもそもない（着ていない時は常にベッドの上に置いてある）。厳選の逸品なのでいつでも快適。いやー、本当にオールマイティ・ウェアって素晴らしいですね！

「ノームコア」ではない

オールマイティ・ウェアは「ファッション」ではない。ひところ「ノームコア」(Normcore)というファッションのコンセプトが耳目を集めた。あまり服飾に関心がない読者はご存知ないかもしれないが、ハードコアなノーマル、あっさりいえば「徹底してフツー」というスタイルである。ファッションは本来的に個性を主張する。ファッションで個性を前面に出す人が多くなると、かえって「普通であること」が「個性」となる。話がややこしいが、ノームコアというのはそういうことだ。結局のところファッションであることには変わりがない。

このノームコアの代表がスティーブ・ジョブズさんだった。ISSEY MIYAKE の黒のプレーンなセーター（特注品だったらしい）にリーバイスのジーンズ、グレーのニューバランスのスニーカー。これは彼のこだわりのファッションであり、個性の主張である。

ジョブズさんは確かにカッコよかったし、ノームコアもひとつのトレンドになった。しかし、こういうのはあくまでもファッションとしての趣味嗜好である。お洒落なノームコアの人は一見何の変哲もないシャツやニットやデニムを何着も買い揃えていると推測する。これはオールマイティ・ウェアの精神の真逆である。とにかくそれしかない、いつでもどこでも同じ服を着ている。そこにオールマイティ・ウェアの本領がある。

ラクの追求

だからといって、オールマイティ・ウェアはミニマリズムでもない。断捨離とかミニマルな生活というのは、所有するものを少なくすること自体が目的化しているフシがある。オールマイティ・ウェアは目的が異なる。二重の意味での楽（ラク）の追求、これこそがオールマイティ・ウェアの目的だ。

まずは服装そのもののラク。着ていてもっとも楽でストレスがないことがオールマイティ・ウェアの絶対条件である。もうひとつは行動のラク。選ぶ必要がない、しまう必要がない、取り出す必要がない、着替える必要がないのでストレスフリー。

裏を返せば、僕はスーツを好まない。何も特段の思想や主張があるわけではない。単純にラクでないから嫌いなだけ。シャツを着てネクタイを締めてスーツを着る。ズボン（今で言うところのパンツ）を着るにもベルトがいる。いろいろな部品をその都度引っ張り出して組み合わせなければならない。もちろん組み合わせにも気を使う。脱いで部屋着に着替えるときは、逆の順番で同じ手間をかけなければならない。選択も洗濯も厄介だ。なによりスーツは着ていて疲れる。それなりにアタマを使う仕事をしているので、アタマがスムーズに回るような状態を整えるのに気を使う。体にかかるストレスがない服装がいちばんだ。

その実践

概念的な説明はこれぐらいにして、以下は実践編である。春夏と秋冬、2つのシーズンで多少異なるが、秋冬シーズンを例にして説明しよう。

まずはオールマイティ・ウェアの選定である。最高に気持ち良くて楽で耐久性がある、これ（だけ）が優れたオールマイティ・ウェアの条件である。妥協してはならない。週末などは平気で50時間以上連続で着用するのである。納得のいくまで吟味・厳選してほしい。どうせそれしか着ないのだ。

その性質からして、オールマイティ・ウェアは上下2組が必要になる。たまには洗濯しなければならないからだ。ここで重要な秘策を授けよう。まったく同じものを2セット用意するべし。それぞれに特徴が異なるものを2セット持ちたくなるかもしれないが、それはオールマイティ・ウェア初心者が犯しがちなミスである。自分にとって最高のものが見つかったら、躊躇なくまったく同じものを2組持つべし。洗濯にしても選択にしても、この違いは大きい。

朝から晩までずーっと着ているので、だいたい2年から3年で着つぶすということになる（文字通り「着つぶす」という感じ。コットンもずーっと着ているとシルクのようになってくる。ここまでくればオールマイティ・ウェアも本物）。そうなったら「次期オールマイティ・ウェア選考委員会」を開催する（脳内で。選考委員は全部自分）。このプロセスがまた愉しい。候補商品を徹底的にレビューして新たなオールマイティ・ウェアを決定する。このとき2セットとも同時に入れ替えるべきなのは言うまでもない。

私事にわたる話になるが（というか、最初から最後まで私事しか話していないのだが）、現行のオールマイティ・ウェア秋冬モデルはユニクロのスウェットの上下である。前任者は「チャンピオン」という銘柄のスウェットの上下だった。これは耐久性の点で秀逸だったのだが、きっちりと目が詰まった厚手のコットンで、やや重たかった。その点、ユニクロのフツーのスウェットはタッチが柔らかくて実によろしい。

限界を突き詰める

かくいう僕でも仕事の時はさすがにオールマイティ・ウェアを脱いで、ジーンズなどの「フォーマル・ウェア」に着替える。ただ、家にいるときは、（比喩ではなく）寝ても覚めてもオールマイティ・ウェア一本やり。外に出るときでも、犬の散歩やジムはもちろん、日用品の買い出し、郵便局や銀行などの用事、近所での外食、こうした用件は全てオールマイティ・ウェアで出かける。

僕はきわめて常識的な人間なので、私的な用向きであっても人と会うときやちゃんとしたお店のときは、さすがにフォーマル・ウェア（ジーンズ）で出かける。しかし、そうした必要性がないときは銀座だろうと青山だろうと丸の内だろうと麻布だろうと、オールマイティ・ウェア。いやー本当にオールマイティ・ウェアってオールマイティですね！（自分でそうしているだけ）。

講義や外回りがなく、基本的に仕事場で仕事をする日などは、ここぞとばかりにオールマイティ・ウェアのまま仕事にも出る。つまり、朝起きてベッドからはい出たままの服装でそのまま仕事に行き、帰宅して（お風呂に入って下着は替えるものの）そのままの服装で眠り、翌朝起きてベッドからはい出たままの服装でそのまま仕事に行き……（以下４日間ほどループ）という、夢のようなストレスフリー・ライフが実現する。

あらゆるコストが節約できる上に、環境にも低負荷。諸君もいかがかな？

6_2

それだけ定食

「美味しいものを少しずつ」の不思議

室内生活の重要要素の一つに食がある。ド中年ともなると「いろいろな美味しいものを少しずつ食べるのがイイですな……」とか言う人が多い。ま、わからないでもないのだが、本当のところはよくわからない。

温泉宿に泊まってちょっとずついろいろな料理が出てくるのをゆっくりと食べる。上等上質な料理店でフルコースを食べる。こういうのはたまに経験する分には確かによろしい。先日、僕が大スキな経営者である中川政七さん（中川政七商店会長、「奈良クラブ」代表）と1週間に2回食事をご一緒する機会があった。いずれもお店は中川さんの選定で、ひとつは東京は代々木上原の「sio」というモダンフレンチ、もう一つは奈良の「アコルドゥ」というモダンスパニッシュ。いずれも上等上質のフルコースで得難い食事経験となった。しかし、これはあくまでも非日常。料理はもちろん最高に美味しいが、会食の経験の総体というか文脈が楽しかったり嬉しかったりするわけで、僕の場合、「美味しいものを少しずつ」は食そのものに対する基本的欲求ではない。

美味しいものであればそれだけを大量に食べたい。ほとんど小学生のようではあるが、これが僕の日常生活の食に対する基本姿勢である。

食通の人ほど「美味しいものを少しずつ」路線に走る。これが僕には不思議である。本当に美味しくてスキな食べ物であれば、それだけでお腹一杯になるまで、スキなだけ、心ゆくまで、気が済むまで食べたい、と思うのがむしろ普通というか人情なのではないか。

偉大な例外は吉田健一。この人の本を読んでいると、美味しいパンとバターがあれば、他のものには目もくれず、それだけをお腹一杯になるまで食べる、というようなことが書いてあって嬉しくなる。これだけでイイ人であるような気がする。

「それだけ定食」の悦び

もとより僕は吉田健一のような食通ではない。美味しいものは確かに美味しいと思うが、微細な違いはよく分からない。僕の持ち合わせている美味しさの評価基準はごく大雑把なもので、「松竹梅」で十分に事足りる。すなわち「美味しい」「普通」「不味い」の3段階しかない。

ラーメンやお鮨といった専門化の程度が高いカテゴリーでは、ごく微細な味の違いを追い求めていろいろな名店を彷徨するマニアがいる。「どこどこと比べるとこの点で若干レベルが落ちる」というような評論を目にするが、僕にとってはそういうお店で食べるものはどれも単純に「松」であり、「とても美味しかった、以上」としか言いようがない。

日常の食生活で僕が重視しているのは、そのものの美味しさそれ自体よりも、スキなものそれだけをスキなだけがーっと食べてお腹一杯！　というスタイルにある。「量より質」というが、僕の場合は「質こそ量」にして「量こそ質」である。質が高ければそれは必然的に量を求める。ポイントは3つ。「それだけ」という単品性、「スキなだけ」という量的満腹感、「がーっと」というスピードである。これを私的専門用語で「それだけ三原則」という。

理想的な食事の時間は5分以内。せっかちということもあるが、それ以上に無心にわしわしと食べ続けるという動物的行為が僕の本能を直撃する。

普段の食事を作るのは家人に任せているが、この歳になると年老いた親の介護やら何やら忙しく、「夜は勝手に食べておいて……」ということも多い。僕は仕事場を出て帰宅するのがやたらに早いので、外で食べるということになると、夕方いったん帰宅してからもう一度外出しなければならない。それも面倒なので、家で一人で作って食べるということになる。

料理それ自体が好きなわけではない。むしろ嫌いである。僕にとって、自分で食事を作るメリットは、食べたいものだけを食べたい量をスキなだけ作れるということ（だけ）にある。こうして食べる一人の食事メニューを私的専門用語で「それだけ定食」と呼ぶ。

王者スパゲティ

それだけ定食の東の正横綱はこの数十年スパゲティ。女優のカトリーヌ・ドヌーブは「イタリアの男はふたつのことしか考えていないわ。ふたつのうちのひとつはスパゲティのことね……」と、実に巧いことを言った。僕はイタリアの男ではないけれども、一人で作って食べるとなるとまず頭に浮かぶのはスパゲティのことである。

駆け出しの若いころ、ミラノにあるボッコーニ大学のビジネススクールで教えていたときがある。さすがに本場、その辺のフツーの店で食べるスパゲティがヒジョーに美味しい。パスタ料理はどれも美味しいのだが、とくにスパゲティ、とりわけ細めのスパゲティーニやさらに細いフェデリーニよりも太目の2ミリ径ぐらいのスパゲティ（正確にはスパゲトーニ）が、当時の日本の水準と比較して明らかに別物といっていいぐらい美味しかった。

日本に戻ってきて自分なりにいろいろと工夫をして「ミラノのフツーの店のフツーのスパゲティ」の水準に近づけようと努力してみたのだが、彼我の差はなかなか解消されない。だいたい同じような素材を同じような工程で料理しているのに、なんでこんなに味に違いがあるのか。それが不思議で、ボッコーニ時代の同僚で先輩だったコラード・モルテニ氏に「なぜだと思う?」と尋ねたところ、「うーん、それはやっぱりパスタを茹でる水の違いなんじゃないの……」という答え。そうかもしれないが、どうも合点がいかない。どこかにカギがあると思うのだが、その正体がわからない。

ま、それが「本場」ということなのだろう。ミラノやロンドンやパリやLAやNYといった外国の都市で食べるラーメンやカレー、これは日本人にとってはしばしばヒジョーに不味い。それと同じ図式なのかもしれない。伝統恐るべし。

白の衝撃

話をそれだけ定食に戻す。王道のナポリタンはもちろん（ところで、モルテニ氏は日本でナポリタンを食べて、「どこが『ナポリ』なのか意味不明だけど、あれ、美味しいよね！　代表的な日本食といってもよい」と高く評価をしていた）、ミートソース、トマトソースのアマトリチャーナやアラビアータ、時間にゆとりのあるときはアサリを買ってきてボンゴレ・ビアンコ、といろいろ作るが、圧倒的に登板回数が多いのはオイルベースのスパゲティ・バジリコである。

僕の両親はいずれも戦前生まれだが、若いころはミッド昭和の東京中心部でわりとヒップな生活をしていた。子供のころたまに家族で出かける外食のご馳走は飯倉の「キャンティ」だった。ここでのスパゲティ・バジリコとの衝撃の出会いは今も忘れられない。家で食べるスパゲティといえば、当時はナポリタン（しかも、お子様ランチのハンバーグの横についているようなスパゲティをケチャップで和えただけのやつ）かミートソースの2種限定。いずれにせよ僕の中ではスパゲティというのはあくまでも「赤い食べ物」だった。

ところがキャンティで出てきたバジリコは基本色が白。これだけで十分に驚くに値したが、食べてみてさらにびっくり。こんなに美味しい食べ物が世の中にあるのか！　と、陶然とした記憶がある。

いまでもときどきキャンティに行く。目当てはスパゲティ・バジリコ（他のお料理も美味しいですよ。念のため）。当然ですけど。通常の1人前では物足りない。当たり前ですけど。試行錯誤の結果、僕は2人前作ってもらうようにしている。普通の大盛り＝1・5人前だとまだ足りない。本当は3人前ぐらい注文したいのだが、それはあまりにちょっとアレなので、大人ぶって2人前で我慢している。武士は食わねど高楊枝（ちょっと違うかな？）。

それだけ大量に食べるともちろんメインディッシュはお腹一杯でもう食べられない。でも、それでイイ。バジリコでお腹一杯！　のほうが、僕にとってはよほど喜びが大きい（ただし、デザートはきっちり大量に食べる）。

「バジリコだけ定食」

話が外食に逸れてしまった。家で作る「バジリコだけ定食」に話を戻す。使うパスタは、本家キャンティのスパゲティーニよりも太目。いろいろと銘柄を試してみたが、僕の味覚性能だとどれも大差ないことが判明。そこで、このところずっと近所のスーパーでフツーに売っている「ディチェコ」のスパゲティ（1・9ミリ径）を使っている。量は200グラム。かつては250グラムだったが、加齢に応じて調整し、現在は200グラムに落ち着いている。

標準茹で時間表示は12分なのだが、9分で引き上げて、ギリギリのアルデンテを追求。鷹の爪を細かく輪切りにしたものと大蒜（ナマの大蒜ではなく、刻んだ大蒜をオイルにつけてある「ビバ！ガーリック」というビバ！　としか言いようがない瓶詰め食材があるのでそれを使用）、それに加えて僕が異様にスキな食材であるところのマッシュルームの薄切りを大量に投入し（↑ここがポイント。スキな食材を誰にも気兼ねなくスキなだけぶっこめるのが自作の醍醐味）、サラダ油で炒める（↑オリーブオイルでないところがポイント。キャンティで直に聞いたのだが、キャンティの元祖バジリコはサラダ油を使用。これが日本的イタリアンの絶妙な味を作っている）。そこに引き上げたスパゲティを入れ、バジル（もしくは大葉）の刻んだのを大量投入（↑ポイント）、バターも少々加えて、パスタに絡めて出来上がり。

で、即座に食べる。何も考えずにガツガツ食べる。ひたすら食べる。独りで食べる。黙って食べる。食事時間5分。これが理想のそれだけ定食。後片づけも2分で終わる。

10代の後半に親と離れた生活を始めて以来（僕が家を出たわけではなく、両親が仕事のために海外に出てしまい、弟と犬と僕が日本に残った）、僕のそれだけ定食歴は三十有余年に及ぶ。一例としてスパゲティを取り上げたが、この他にもさまざまなそれだけ定食の定番メニューがある。

豪勢なライスカレー

スパゲティがそれだけ定食界の大将ならば、中将は言うまでもなくカレーライスである。それだけ定食の文脈でいえば、「ライスカレー」という方が気分に合う。

市販のルーを使うのすら面倒なので、レトルトカレーを愛用している。このご時世、レトルトといってもわりと、というか、かなり美味しいのがある。わが家では電気炊飯器を一切使わず、毎回釜でご飯を炊くのだが、それだけ定食のライスカレーのライスであれば、電子レンジで温めるパックの白米で十分。というか、ライスカレーならきっちり炊くよりもパックご飯の方がむしろ美味しい（気がする）。

当然のことながら、1人前では足りない。ご飯は2パック、レトルトカレーも2人前。レトルトカレーの美点は、こういうときに2種類のカレーを味わえるということにある。先日はキーマとバターチキンの2種盛りにした。

ただし、レトルトカレーは湯煎しない。電子レンジも使わない。中身をお鍋にあけて温める。なぜかというと、カレーに僕の大スキな具材を追加するからである。繰り返すが、自宅で食べるそれだけ定食の本領は、スキな材料をスキなだけ大量に入れ放題というところにある。

しつこくて恐縮だが、僕の大スキな食材、マッシュルームをぜひ追加したい。お鍋にあけたカレーに、フレッシュなマッシュルームの薄切りを驚くほど大量に（↑ポイント）投入して弱火で軽く煮る。

もうひとつ忘れてはならないのがグリーンピース。これも僕が偏愛する食材である。冷凍のグリーンピースを大量に（↑ポイント）投下する。グリーンピースそのものはそれほど美味しいものではない。にもかかわらず、なぜか大スキなのである。ライスカレーだけではない。かつ丼の上に２つ３つ４つと青々としたグリーンピースが載っていると、それだけで言いようのない多幸感に包まれる（オレ、ちょっとヘンかな？）。

味がそれほどでもないのになぜそこまでスキなのか。色合いなのか食感なのか。その理由が自分でも判然としないのだが、強いて言えば子供のころの記憶が関係している。小学生のころに行った修学旅行、僕の地域では日光に行くということになっていた。東照宮の近くの食堂で食べたカツカレーの上にグリーンピースが載っていた。僕の家ではカレーにグリーンピースを入れなかったので、鮮烈な印象があった。それ以来、グリーンピースが大スキになった。

話を戻す。こうして完成したマッシュルーム&グリーンピース大量投入のキーマ&バターチキンの2種盛りライスカレー。これだけ贅を尽くしても、「CoCo壱番屋」のカレーよりもまだ安い。調理(?)時間5分、食事時間5分。お腹一杯でハゲ頭には大量の汗。食後のタバコがひときわ旨い。それだけ定食の理想形である。

進化する「焼鳥だけ定食」

焼鳥が大スキ。安くて美味しく手軽で低脂肪。「それだけ」界の少将だ。焼鳥少将がいる国に生まれたことを心から感謝したい。

名店で食べる焼鳥はたまらなく美味しいが、自宅でのそれだけ定食用の焼鳥はスーパーの焼鳥屋で売っている1本100円ぐらいのそれに限る。

家人が出払っている日、夕方に営業車を駆って帰宅しているとき、「今日は焼鳥だけ定食にしようかな……」というアイデアが浮かぶと、もうたまりません。すかさずスーパーにピットイン。買うのはもも肉の焼鳥だけ(たれ8本、塩8本の計16本)。つくねとかねぎまとか手羽先とか皮とかいろいろと種類を取り混ぜるのは、それだけ定食の精神に反する。

焼鳥だけ定食は一人自宅ご飯のチャンスがあるたびに繰り返しやっているため、最近ではスーパーの焼鳥コーナーに近寄るだけで、僕が一言も発さないうちに店員のおばちゃまが焼鳥（もも）に手を伸ばすまでになった。

焼鳥（もも）16本をしっかと抱えて家に帰るやいなや、オーブントースターでちりちりになるまで焼く。で、善光寺の七味を大量に振りかけて一気に食べる。ご飯のおかずということではない。あくまでもそれだけ定食なので、焼鳥以外には何も食べない。これにしても調理時間5分、食事時間5分、後片づけ15秒。安い早い旨すぎる。まことに秀逸なそれだけ定食である。

で、あるとき考えた。たれ塩8本ずつにすると「それだけ感」が減衰するのではないか。それだけ定食の道を極めるのであれば、たれか塩のどちらか一方だけにするべきではないか。この反省に基づいて、次の機会には「焼鳥たれだけ16本定食」を敢行してみた（スーパーの焼鳥である以上、塩よりもたれのほうが正しい気がする）。

果たして結果は大失敗。ものには限度というものがある。たれ16本だとさすがに飽きる。だからといって、安直にたれ塩8本ずつに戻すのも芸がないので、その次の機会にはたれ塩ミックスをファインチューンし、さらに2本増量して、たれ11本塩7本で実施した。満足度は確実に上がった。このように経験に基づく試行錯誤で進化していくのもそれだけ定食の醍醐味である。

殿堂入りメニュー一挙公開

スパゲティ、カレー、焼鳥以外にもいろいろある。僕の脳内で殿堂入りしているそれだけ定食の定番メニューを公開しよう。

フライドポテトだけ定食：子供のころ、マクドナルドのフライドポテトを食べるたびに、もう少し食べたいな、できたらフライドポテト(だけ)をお腹一杯になるまで食べたい……と祈念することしきりだった。当時は財務的な理由で困難だったが、大人になったらいつの日か、フライドポテト(だけ)をスキなだけ食べられるような人物になりたい、いつか見ていろ俺だって……と心に秘めていたものだ。

その甲斐あって、僕も30歳ぐらいのころには、フライドポテトだけ定食を実現できるようになった。ひとかどの大人になれた気がして、Lサイズを4個購入して一気に食べた。気持ち悪くて吐きそうになった。それ以来、学習と進化を重ね、いまではLサイズ3個で安定している。

いつも焼鳥を買いに行くくだんのスーパーには、ジャンクフード界の無差別級世界王者、マクドナルドも入っている。焼鳥を買って帰る途中、ふとマクドナルドの方を見ると「シェアポテト」がメニューに復活していた。Lサイズよりもさらに大きなサイズのマックフライドポテトである。一人で食べるのには量が多すぎるのでつけた名前が「シェアポテト」。反射的にシェアポテトを二つ買って（Lサイズ4個分ぐらい？）、フライドポテトだけ定食を実施したのは言うまでもない。もちろん誰ともシェアしない。当然ですけど。で、吐きそうになった。当たり前ですけど。

お茶漬けだけ定食：どんぶり飯に永谷園のさけ茶漬け（これが大スキ）を2袋投入しお湯をかけて一気に食べる（で、しばしば口内を火傷する）。制作も含めて所要時間90秒。最短にして最速のそれだけ定食である。

先日、新潟出身の友人が帰省した折に上等な鮭のほぐし身の瓶詰めをお土産にくださった（コジマさん、ありがとうございます）。これはお茶漬けで食べるとヒジョーに美味しいものだが、こういうときでも僕はあくまでも永谷園のさけ茶漬けをベースにする。そこにいただいた鮭のほぐし身をトッピング（ただし大量に）して食べた。それほどに永谷園は偉大である。

えびすめだけ定食：「それだけでご飯3杯はいける」という常套句があるが、本当にそれだけでご飯3杯食べる人は少ない。僕は塩昆布の逸品、「えびすめ」でこれをやる。ライスカレーの場合は電子レンジのパックご飯が適しているが、えびすめだけ定食は釜炊きの上等なご飯を使いたい。おこげができるともっとイイ。

運よく頂きもののえびすめがあれば、迷うことなくこれだけでご飯をひたすら食べる。塩昆布の元祖にして頂点、旨味の極致。3杯どころか4杯はいける。えびすめは創業嘉永元年の老舗、「小倉屋山本」の三代目、山本利助という人が独自の工夫を重ねて創始したらしい。どこの誰かは知らないが、偉い人だということは間違いない。

お赤飯だけ定食：おこわはどれも美味しいが、お赤飯が他を圧倒する。ただの小豆が入った赤いご飯なのに、つくづくしみじみと美味しい。おこわは普通のご飯に比べると粘度が高いので、お箸で取って一度に口に入れる量が大きくなる。この辺が美味しさの理由だと思う。

胡麻塩を振りかけたお赤飯（この胡麻塩というのが天才の発案としかいいようがない）。他には何もいらない。普段はスーパーで買ってくるが、残念なのはプラスチックのケースに入っていること。経木の箱に入っていると、美味しさが5割増しになる。

枝豆だけ定食：こうなるともはやご飯も不要。枝豆だけを大量に茹でて、塩を振りかけて「アチー」とかいいながら無心に食べる。取っては食べ、取っては食べという動きを繰り返していると、だんだんグルーヴ感が出てきて、そのうちにトランス状態になる。これもまたそれだけ定食に固有の愉悦である。

野菜の場合、美味しさはわりと単純に値段に比例しているように思う。この際、思い切って上等の枝豆を使うことをお勧めする。どんなに上等の枝豆でも、1000円も出せばお腹一杯になる。それだけ定食はコスト面でも優れている。

茹でた空豆もたいそう美味しい食べ物ではあるが、空豆だけ定食には食指が動かない。なぜだろう、なぜかしら。

コーンバターだけ定食：もはや説明は不要だろう。ポイントは、例によって「大量に作る」。冷凍のコーン一袋を一気に使い切るべし。バターも多めにお願いします。

見果てぬ夢

それだけ定食の話をすると、決まって「体に悪そう……」という反応が返ってくる。当たり前だ。体にいいわけがない。

僕にしても、毎日それだけ定食だけを食べているわけではない。家人が賛同するのは、前回詳述したスパゲティだけ定食がギリギリの線で、それ以外は固辞される。ここで紹介したそれだけ定食は家人が出払っているときだけに許される特別の献立である。僕にとっては「ケ」というよりも「ハレ」の食事。所要時間5分の祝祭といってもよい。

まだ実行できていないメニューに「桃だけ定食」がある。こうなると定食でも何でもない。単に桃を大量に食べるという話だ。なぜか美味しい果物というのは決まって少ししか出てこない。いつも「もっと食べたい……」と思いを抱えたまま、不完全燃焼のうちに食べ終えてしまう。

完熟の上等な白桃（だけ）を気持ち悪くなるまでお腹一杯食べたい。少なくとも10個、いや1ダースはいきたい。毎年実行しようと思いつつ、桃だけ定食だけはいまだに果たせないでいる。その理由は、大量の桃の皮を剝くのが厄介なのと、値段が高いことにある。

桃の旬が近づいてきた。この文章の原稿料でちょうど上等な桃が1ダースぐらい買えそうだ。桃だけ定食、この夏はぜひ決行しようと思う。

6—3

水冷生活

空冷か水冷か

本田技研工業の創業者、本田宗一郎は空冷エンジンに固執した。二輪メーカーとしてスタートしたホンダにとって、四輪市場でも空冷エンジンを選択したのは自然な成り行きだった。初期の大ヒットモデルN360にしても空冷エンジンを搭載していた。水冷と比べ、造りがシンプルで低コストの空冷エンジンは、本田にとって理想の技術だった。

しかし、時代は水冷化へと進んでいく。最大の課題となったのが排ガス規制だった。冷却のコントロールが難しい空冷エンジンでは排ガス規制を突破できない。「空冷には限界がある。これからは水冷の時代だ」と若手に説得されても、本田は「水冷といえど結局最後は空気で冷やすんだ。それなら最初から空冷でいいに決まっているじゃないか」と取りつく島がない。

しかし、1969年に発売した空冷式のホンダ1300は失敗する。ことここに及んで、創業以来の右腕、副社長の藤澤武夫が「あなたは社長なのか、技術者なのか」と本田に問い詰める。暫くの沈黙の後、本田社長は「自分は社長でいるべきだろうな……」と答え、空冷エンジンを捨てた——。

ホンダで起きた「水冷空冷論争」の有名なエピソードである。僕も断然水冷を支持する。といってもクルマの話ではない。夏場の自宅での冷却方法の話である。

日本の夏こそ水冷で

僕は極力冷房を使わずに夏の自宅生活を過ごすようにしている。何も自然が好きということではない。むしろ逆で、海や山に出かけてアウトドアライフをエンジョイ、というのは金を払ってでも勘弁してもらいたい。いたって非活動的な性分のインドア派である。海よりもプール、プールよりもプールサイド、プールサイドで寝転がって冷たい苺のスムージーでも飲みながらだらだらと本を読んでいるに越したことはない。山の方面に行くとしても、登山などというのは論外で、せいぜい高原どまり。涼しい避暑地の家の庭に寝椅子でも出して、冷たいコーヒー牛乳でも飲みながらゆるゆると本を読んでいるのがいちばんの幸せである。

そういう人工物万歳の僕でもなぜか夏の冷房だけは好きになれない。もともと暑さに強い体質ということもあるのだが、一日中冷房が効いた部屋にいると体がだるくなってやりきれない。仕事場は都心のビルの一室で窓が開かないので冷房を入れるしかないが、家にいるときはよほどのことがない限り冷房は使わない。

日々の仕事で使う営業車の中でもそうだ。全ての窓を全開で走っていれば自然と風が入ってくる（その点、昔のクルマには「三角窓」という素敵な装備がついていた）。暑い夏に風に吹かれるのはわりと気持ちがイイ。暑い暑いと言うけれど、アジアに位置する日本の夏が暑いのは当たり前。カルカッタ（名前を聞いただけで暑そう。行ったことないけど）やデスバレー（名前を聞いただけで死にそう。行ったことないけど）じゃあるまいし、寛かな姿勢で受け止めたい。

ということで、休日は冷房を入れずに扇風機だけ。いつも通り寝椅子の上に横になって本を読んでいる。もちろん暑い。

ここで頼りになるのが水冷である。すなわち水シャワー。夏の生活は空冷よりも水冷を断固として好む。ちょっと暑くなったらと思ったらすぐに水シャワー。すぐそこに開ける涼しい世界。昔だったら庭にたらいを出して行水、という手間のかかる話だったのだが、いまは思い立ったら即シャワーが使える。ありがたい。

真夏の厳寒

5分ほど頭から水シャワーを浴びていると、いよいよ涼しくなる。もはや寒いといっても過言ではない。で、シャワーを止めたらその場で5回ぐらいジャンプ。水滴を落としてからタオルで体を拭く。頻繁にタオルを使うので、一度体を拭いたタオルはすぐに戸外で干す。この時期ならすぐに乾く。ありがたい。

水冷をしておくと、扇風機だけで十分に涼しい。外気温が36度でも「今日は涼しい。ちょっと寒いぐらいだな。今年は冷夏か。やっぱり夏はもう少し暑くなってもらわないと……」という声が心の中から聴こえてくる。

もちろんそのまま時間が経過すると暑くなってくる。問題ございません。迷わずもう一度水シャワーのルーティンを作動させる。水道がある限り冷夏体験を味わえる。ビバ!水道。そのままベッドに倒れこみ、扇風機の風を受けていれば、相当に暑い夏の午後でも、そのうちまどろみのひとときを迎えるのは必定だ。

仕事のある日は帰宅してすぐに水シャワーを浴びる。で、寝る前に長めの水シャワーをもう一回。休日は何度も水シャワー。

そのうち1回は普通のシャワーと同様に頭と体を洗う。僕は正真正銘のハゲだが、髪(というか、髪がないので正確には頭部)を洗うときはちゃんとボディソープではなくシャンプーを使う。ハゲの生活をよくわかってない人はここをよく誤解するので注意していただきたい。

で、わりと重要なのがボディソープの銘柄である。水冷生活を営もうという方はとにかくクールなものを選んでいただきたい。今のところシーブリーズのいちばんスカッとするやつを使っているが、どこかにもっとクールなのがあるのではないかと虎視眈々としている。

これで体を洗って水シャワーで洗い流すと夏の寒さも極限状態。真夏の厳寒を味わえる。体を拭いた後でさらに頭や体にシーブリーズをふんだんに塗布する。追い鰹ならぬ「追いシーブリーズ」。若い頃から使っているが、このスースーする液体、まさに日本の夏のためにあるといっても過言ではない。夏のさなかにもかかわらず、一人寒さに打ち震える。これ以上の贅沢はないといっても過言ではない。

夏のオールマイティ・ウェア

さらに大切なのが服装である。前に「オールマイティ・ウェア」という話をした。家にいるときはひたすら同じ服を着ている。秋冬のオールマイティ・ウェアは前に話したようにスウェットの上下なのだが、夏のそれは理想的には真っ裸である（もはや「ウェア」ではないが）。

確認しておこう。オールマイティ・ウェアの目的、それは二重の意味での楽（ラク）の追求にある。まずは服装そのもののラク。着ていてもっとも楽でストレスがない。もうひとつは行動のラク。選ぶ必要がない、しまう必要がない、取り出す必要がない、着替える必要がないのでストレスフリー。

このオールマイティ・ウェアの条件からすれば、マッパは最強である。選ぶ必要がない。というか、選べない。服自体がないのだから、しまう必要もない。エアリズムや高機能のスーパードライメッシュ生地もいいが、全裸のほうが圧倒的に通気性に優れている。当然ですけど。全裸になるやいなや体感温度は数度下がる。当たり前ですけど。マッパこそ真のノーストレス。日本の夏、キンチョーの夏、マッパの夏。マッパGO、GO、GO！

全裸オールマイティ・ウェア（？）の最大の利点は、水冷生活との親和性が高いところ。思い立ったらすぐ実行。1秒後には水シャワーに入ることができる。

ただし、難点もある。秋冬のオールマイティ・ウェアであれば、近くの用事どころか丸の内あたりまでそのままの服装で出て行けるが、夏のオールマイティ・ウェアは自宅内に厳しく制限される。近くのコンビニどころか丸の内までマッパで行きたいところだが、これをやると法治国家とのコンフリクトが発生する。

最大の難点は家族の非難である。いちばんイイのは家族全員でマッパ生活をすることだが、これは容易ではない（その点、独身生活者にとって全裸のダウンサイドはゼロ。ノーリスクノーコストハイリターン）。

僕も娘が小さい頃はマッパを堅持していた。大切なのは「慣れ」、はじめは非難囂々でも、そのうちに「この人はそういう人なんだ……」という諦観が巻き起こるのを期待していた。が、世の中そうは甘くない。

パンツ一丁

で、代案はパンツ一丁。この十数年、一歩譲って盛夏はパンツ一丁で暮らしている。日本の夏、キンチョーの夏、パンイチの夏。水シャワーを浴びてからパンツ一丁で出前一丁味噌ラーメンを食べているとしみじみと幸せを感じる。

ここはパンツのチョイスにもこだわりたい。パンツ一丁スタイルのパンツは、アンダーパンツ（下着のパンツ）でなく、コットン100％の薄くて柔らかいショートパンツ（短パン）を強くお勧めする。そのほうが通気性に優れている。生活の基本は水冷式だが、パンツはあくまでも空冷でいきたい。

スーパードライとかクールマックスとかの高機能素材を使った短パンもいろいろとあるが、これはアンダーパンツをはくという前提でつくられている。ノーパンで着用するとベタベタして不快である。ノーパンで直に短パンを着用するに限る。この点、女性はスカートという手段があるのでうらやましい限りだ。僕が女だったら絶対にノーパンスカートを励行していると思う。

以前、夏の暑い盛りにテレビの収録の仕事でご一緒した女性キャスターと休憩時間にこの話題になったところ、「私も同じ主義です」とのこと。「イイなあ、ノーパンスカートは風通しがよさそうで……」と羨ましがっていたら、「いまもノーパンです」。この人は信用できると思った次第である。

水シャワーと扇風機とパンツ一丁さえあれば日本の夏は一丁あがり。皆さまにおかれましては、それぞれお好きなやり方でどうぞお元気にお過ごしください。

6―4 夏休みの宿題で人生が決まる？ 楠木建の場合

夏休みのうきうきした気分を一瞬で沈めるのが大量の「宿題」。「宿題はさっさと済ませる」「最後の数日で片付ける」「やらない」と、取り組み方、進め方は様々ですが、大人になってからの仕事のスタイルとほぼ一致する、という説があります。そこで今回「夏休みの宿題」をテーマに文春オンラインの筆者にアンケートをとり、現在の仕事との類似や当時の思い出を伺いました。

アンケート項目

1．夏休みの宿題の終わらせ方と仕事の進め方が類似していますか？

○△×でお答えください。

2. 夏休みの宿題の終わらせ方は、次の5パターンのうちどれに当てはまりますか？ また、現在の仕事の進め方や行動パターンとの類似点、思い出に残っている夏休みの宿題・自由研究もお聞かせください。

(1) 先行逃げ切り型（7月中にすべての宿題を終わらせる）
(2) コツコツ積み立て型（ペースを守ってムラなく計画的に終わらせる）
(3) まくり型（夏休みの最後になって大慌てで取り組む）
(4) 不提出型
(5) その他（他人任せ、嫌いなものは後回しなど）

答え：×

僕にとって、仕事と学校の宿題はまるで意味が異なる。したがって、この二つの進め方にはまったく類似点はない。

夏休みの宿題は強制されてやるものである。学校に行って勉強しなくてもいいのが夏休みのイイところ。夏休みに宿題をするというのは真夏の鍋料理に等しい。人間の本性に反している。自発的に宿題をやりたいという子供は今も昔もほとんどいないだろう。

イヤなことはすぐに忘れてしまうので、夏休みの宿題をどう進めていたのかは記憶に定かではないが、僕の性分からして、できることなら(4)不提出型、それが難しそうだったら(1)先行逃げ切り型の構えを取っていたと思う。ただし、その場合、徹底したやっつけ仕事で臨み、形だけ済まして提出する。日記などは夏休みの初日に8月の終わりまで書いてしまう。記述は毎日ほとんど同じ。天気や温度も勝手に予想して書き入れていた。当然のことながら先生から「ふざけるな!」というような最低の評価をいただくわけだが、実際のところふざけているので仕方がない。

これに対して、仕事は自分の意思でやるもの。僕は若いころから極力自分が嫌いなことをやらなくてもいい仕事に就きたいものだと請い願って現在に至る。その甲斐あって、いまではわりと好きなことをやっていれば何とかなる仕事をさせてもらっている。もちろん世の中はトレードオフでできている。いいとこ取りばかりできるわけではない。嫌いなことをしないために、これまで多くのものを失ってきた。

それでも仕事である以上、好きなことだけというわけにはいかない。嫌いなことでもやらなくてはいけないことも多少はある。そういうときには、割り切って最低限の努力投入で流す。これにかけてはわりと自信がある。イヤな仕事を全身全霊こめて流していると、子供のころの宿題のやっつけ仕事で身につけた技能が役に立っている気がしないでもない。

そう考えると、イヤで仕方がなかった夏休みの宿題にも意義があったのかもしれない。

裏を返せば、その程度の意義しかなかったということだ。

6―5 不自由の恩恵

喫煙のきっかけは学生時代にさかのぼります。あれは確か大学4年生の時でした。ゼミの飲み会か何かで、初めてたばこを吸ってみました。最初の一本から「うまい」。お酒が飲めないので、これはいい、と思いました。

昔も今も、たばことはずっといい関係にあります。いまのところやめるつもりはありません。

この仕事をスタートして以来、もう30年近く、部屋で一人きりで仕事をするというスタイルが基本です。

仕事を始めたころは、部屋でも建物でも、会議の場でも、たばこは吸い放題でした。私ものべつ幕なしに吸っていましたが、いまは自分の仕事場では吸うことができません。ビルの別のフロアにある喫煙ルームまで、エレベータを使って出かけていくことになります。でも、そうなったからといって、不便には感じません。むしろ、「どこでもかしこでも吸えなくなって、良かった！」と思っているのです。というのは、喫煙が仕事の良い句読点になってくれているからです。

イギリスのミステリー作家、ジェフリー・アーチャーの『獄中記』を読んだら、興味深いことが書いてありました。彼は議員の活動もしながら、たくさんの小説を書きましたが、基本的に、2時間執筆したら2時間は休む（というか、執筆以外の活動をする）というのです。アーチャーは獄中でもこのルーティンを崩しませんでした。

「なるほど……」と思いました。考え事や書き物のような集中力を必要とする仕事をぶっ通しで続けていると、どうしても視点が凝り固まってくるのです。そうすると、ろくな仕事にならないんですね。

書き手の立場からすれば、「ライティング・ハイ」というか、書いているときは、「分かっちゃいるけどやめられない」という状態になりがちなんですが、実はそこに落とし穴があって、書くのに夢中になるあまり、論理の基本線を見過ごして話が変になったり、意味のないところで行き詰まって、無駄な苦労をしがちです。

そこできっちりブレイクをとって、自分の書いているものを客観的に見直す。視点を転換したり、視野を広げてみる。のめり込むのと突き放してみるのと、両方を一定の時間ごとに繰り返すことが大事なんです。

そんな私の最高の喜びは、書きかけの原稿を研究室でプリントアウトして、それを手に

2階の喫煙ルームに行き、自分の書いたものの出来を確認することです。執筆を中断し、しばらくぶりに一服しながら、原稿に向き合う。

これは至福の時です。どこでも吸えなくなったからこそ、時々吸う一本一本のたばこが、よりうまく感じられるのはもちろんですが、それ以上に、自分の部屋で吸えないということが、仕事のリズムをつくるのに大いに役立っています。

6_6 「それだけ映画」3選

筋はもちろん、演出、配役、音楽、映像と、すべてに渡って総合的に優れている『ラ・ラ・ランド』のような映画もイイが（僕は観ていないけれど）、そういう作品は多くの人が推奨するだろう。ここでは「それだけ映画」（特に優れた点は他にないけれど、ある俳優「だけ」が異様に魅力的な映画）の秀作を3本挙げる。

『おさな妻』

倒産へとひた走る断末魔の大映が繰り出した超低予算映画。面白くもなんともない。それでも、当時15歳の高橋惠子（つまりは関根惠子）の超絶美貌は傑出している。天然露地もの、素材むき出しの美。スチール写真で見たときに「ああ、綺麗な人だな」というのとは次元が違う。画面から飛び出してくるような攻撃的な美しさは昭和の奇跡といってよい。関根美（だけ）を味わうため（だけ）に存在する作品。個人的には1970年当時の東京山の手の風景が随所に出てくるのも嬉しい。

『濹東綺譚』

永井荷風の原作とは似て非なる話だが、主演女優の墨田ユキが放出する日本の固有美がとっくりと味わえる。その容貌がこれ以上ないほどジャストミート。昭和11年の東京・玉の井の私娼窟から本当に連れてきたような顔かたちをしている。見かけだけでなく、墨田の自然すぎるほど自然な演技もまた素晴らしい。キャリア十分の津川雅彦と乙羽信子が円熟の安定した演技を見せるが、互角に渡り合うどころか、むしろ両者を喰っている。墨田ユキという人はこの映画のために生まれてきたといってもいい。

『新・仁義なき戦い　謀殺』

オリジナルの『仁義なき戦い』（深作欣二監督の5部作）は超絶名作だったので超えようもないが、その後の数あるリメイクのなかではこれがいちばん。深作自身による『新仁義なき戦い』に勝るとも劣らない。なぜかというと、主演の渡辺謙（だけ）が異常にイイから。ギラギラでベタベタな武闘派極道ぶりは他の追随を許さない。オリジナル『仁義なき戦い　広島死闘篇』での伝説の千葉真一の名演を凌駕しているといってもよい。渡辺氏はハリウッド映画に出ている場合ではない。本来は東映ヤクザ路線でこそ実力を発揮する人だと思う。

6_7

男のヤクザ映画、女のタカラヅカ

娯楽映画の王道『仁義なき戦い』

僕にとっての映画はエンターテイメント、すなわち娯楽、あっさり言えば浮世の憂さ晴らしである。人生について考えさせられるシリアスな作品もたまにはイイが、好んで観るのは何といっても単純にして明快なアクション活劇。なかでもヤクザ映画には目がない。とりわけスキなのが、東映実録路線のヤクザ映画。その原点にして頂点に位置するのが『仁義なき戦い』シリーズだ。オープニングのジャーンジャーンジャーンという出囃子に次いで「昭和21年　広島県呉市」の文字が出てくる。「敗戦後すでに1年、戦争という大きな暴力こそ消え去ったが、秩序を失った国土には新しい暴力が渦巻き……」という小池朝雄のナレーションがかぶってくると（一瞬『刑事コロンボ』が始まったのかという気になる）、もうたまりません。何回観てもつくづく面白い。これまでに少なくとも28回は観ていると思う。

フェルディナント・ヤマグチというコラムニストがいる。僕はこの人の趣味性たっぷりの文章が大スキで、前々からクルマ関連のコラムなど楽しく読んでいた。ヤマグチ氏は

「覆面文筆家」。メディアでは一切素顔を出していない。本業は某優良企業のビジネスマンで、その傍らで文章を書いているという。

とある会社からとある仕事の依頼をいただいたときのこと。例によって「ではとりあえず、一度お目にかかってご要望をお伺いいたしましょう……」ということになり、当該案件の責任者の方が僕の仕事場にお見えになった。鍛え上げた体にピシッとフィットするスーツをビシッと着こなしている。精悍な顔立ちにして上品な物腰。いかにも仕事ができそうな一流企業のビジネスマンである。

名刺をいただくと「山口」とある。珍しくない名前なのでそのときはまったく思いもよらなかったのだが、後日この山口氏こそがフェルディナント・ヤマグチその人だと分かった。００７のようなスパイ映画も大好物な僕は、この手の「もうひとつの顔を持つ……」とか「その正体は……」というのがわりとスキなのだが、これを地で行く人が実在するのである。今生ではかなわなかったが、来世では僕もこういうことをしてみたい。

で、その会社のお仕事でフェルさんではないほうの山口さんと一緒に広島に出張する機会があった。広島といえば『仁義なき戦い』。僕の中での広島のイメージは『仁義なき戦い』で形成されている。広島に来ると、完全に人口の半分ぐらいが「のう、わしらは、どこで道間違えたんかのう……」とか呟きながら仁義なき戦いに奔走しているのではないかと錯覚する。

僕と同世代の山口さんも『仁義なき戦い』が大スキだということが判明、空港で帰りの飛行機を待つ間、広島風お好み焼きを食べながら仁義なき戦いトークが始まった。こういう局面になると山口さんはやはりフェルディナント・ヤマグチさん、実に話が面白い。オープニングのナレーションの物真似が飛び出て、これには爆笑、広島風お好み焼きの焼きそばの部分を吹き出した。

その映画についての雑談がいつまでもできる。これが優れた映画の条件だと思うのだが、このときも飛行機に乗り込むまで雑談が尽きなかった。

タカラヅカの苦痛

ことほど左様に、僕と同じかそれ以上の世代には『仁義なき戦い』ファンが多い。ただし、そのほとんどが男性である。「東映実録ヤクザ映画がもうスキでスキで、毎週欠かさず観ています」というような女性にはてんでお目にかからない。

女性が活躍する男女共同参画社会にあっても、依然として強固な性差が表れるところがあるが、ヤクザ映画はその典型のような気がする。ヤクザ映画には男性生理の根本部分に訴求する何かがある。

女性にとっての「男のヤクザ映画」に相当するものは何か。男はめったに反応しないのだけれど、なぜか女性に大ファンが多いという種目もあるはずだ。しばらく考えてみたが、なかなかしっくりくるものが思いつかない。「ラブストーリー」かな、と思ったが、男でもその手の映画が好きな人は意外と多い。

で、ついに見つかりました。それは「タカラヅカ」。とある旧知の女性から「券があるから観にいかないか？」とお誘いがあり、はじめて宝塚歌劇というものを観た。うすうす予想はしていたが、これが（僕にとっては）とにかくつまらないのである。キンキンキラキラの登場人物が次から次に出てきて歌ったり踊ったり笑ったり怒ったり喜んだり悲しんだりするのだが、何が面白いのかまったくわからない。ひたすら苦痛の数時間だった。

満員の客席を見回してみると、9割以上が女性客。はじめて知ったのだが、タカラヅカの華はあくまでも男役だそうで、老いも若きも観客の彼女たちが感情移入しているのは（女性が演じている）男性キャラクターなのであった。ということは、タカラヅカの男性キャラクターが女性にとってある種の理想の男の像であるということを意味する。ところが、男性の僕からみると、タカラヅカの男役が演じる人物は男として何の魅力もないぺらぺらな連中に見える。

東映実録ヤクザ映画と宝塚歌劇はある次元で対極にある。『仁義なき戦い』の中ではそれぞれに最高に魅力的な男、例えば田中邦衛や志賀勝や名和宏や川谷卓三がタカラヅカの舞台に立っているのを想像されたい。夢の世界を一瞬にして台無しにする破壊力がある。

逆にタカラヅカの男役スターが『仁義なき戦い』の登場人物だったとしたらどうか。間違いなく使い物にならない。梅宮辰夫の子分で三下の川谷卓三のさらに下の取り巻きのチンピラぐらいしか務まらない。画面に登場するのは2秒、しかも一瞬で文太兄イに殴られて気絶していると思う。

タカラヅカが女性性の極みだと僕が思うに至った理由は、誘ってくれた女性の友人がまったく女性的ではないという事実にある。この人はバリバリ仕事ができる女性で、詳細は伏せるが、その仕事とポジションを知れば誰もがエリートとみなす人物。オフでもオンでも化粧は一切せず、着ているものは黒一色。その性格は男性よりも男性的、攻撃的でストレート。竹を割ったようなスカッとした気質の持ち主で、男から見ても惚れ惚れするほど「男前」なのである。

その彼女がカタラヅカのキンキンキラキラの舞台をうっとりと見つめている。過剰装飾の男役の一挙手一投足を目で追い、あろうことか「ステキ……」とか呟いている。タカラヅカが女性の生理と本能の深層を直撃する強大な力を持っているということをつくづく思い知らされた。

アクション活劇の4分類

冒頭で言ったように、僕にとっての最上の映画エンターテイメントはアクション活劇である。面白い活劇はどれも面白いのだが、面白さとは別の次元として、「グッとくる」というのがある。これもまた娯楽作品の重要な愉しみのひとつである。

数多くのアクション映画を観ているとグッとくる程度にはばらつきがある。グッとくる程度に応じてアクション活劇は四つに分類できるというのが僕の見解である。

1. 単純アクションもの

ドンパチでもチャンバラでも殴り合いでも何でもイイ。例えばブルース・ウィリス主演の『RED』。現実離れした爽快感が身上で、ハラハラドキドキの末にスカッとさせてくれる。これぞ娯楽の王道。ダニー・トレホが珍しく主役を取った『マチェーテ』とか、バカとしか言いようがない話もアクション活劇ならではの楽しさがある。ただし、このタイプはスカッとくるだけで、グッとくることはない。

2. キャラクターもの

アクションだけではなく、特定のキャラクターの魅力で引っ張る。その究極がジェームズ・ボンドの007シリーズだ。キャラクターに感情移入できるので、アクションでスカッとするだけでなく、グッとくる要素が入ってくる。

このところの例でいえば、ジェイソン・ステイサムの一連のアクション活劇がそのタイプだ。初期のステイサムは『ロック、ストック&トゥー・スモーキング・バレルズ』や『スナッチ』といったコミカルな味わいがある上質なクライム・ムービーでイイ味を出していた。

ところが『トランスポーター』シリーズの大ヒットの後は、「クールな仕事人」というキャラクターが固まり、どの主演作品を見ても驚くほど同じ話である。で、どれを観てもきっちり面白い。それだけキャラクターが際立っていて、カッコイイのだ。その頂点として『メカニック』を挙げたい。ステイサム映画を観ると、自分とは似ても似つかないのに「ハゲててよかった……」と思わせるものがある。

3．任侠もの

ステイサム映画の寡黙で不器用なキャラクター設定は、僕の勝手な想像だが、高倉健の任侠映画に影響を受けているのではないか。高倉健。古今東西、カッコイイ男の絶対の理想型だ。

同じアクション活劇でも、任侠ものとなるとグッとくる程度が一段と増大する。アクションの背後に、「義理と人情はかりにかけりゃ……」という「プライスレスなもの」が透けて見えるからだ。登場人物への感情移入もいや増す。プライスレスなもろもろをこれでもかこれでもかと溜め込んだ挙句に炸裂する殴りこみのカタルシス。仁侠映画に固有の極上エンターテイメントである。田原俊彦は「ハッとして！　Ｇｏｏｄ」と言ったが、任侠映画は「グッときて！　Ｇｏｏｄ」なのである。

健さんの『昭和残侠伝　唐獅子牡丹』、鶴田浩二の『博奕打ち　総長賭博』、そして何よりも健さんと純子姐さん（藤純子）そろい踏みの『緋牡丹博徒』、こうした往年の東映任侠ものの傑作を観ていると、「日本人に生まれてよかった！」としみじみと思う。

プライスフルなプライスレス

で、アクション活劇の中でも「グッとくる」が最高度に達するのが第4のタイプ、「実録ヤクザもの」である。仁侠映画の「義理」「仁義」といった様式美のタガをきれいさっぱり取っ払ったところに生まれたのが『仁義なき戦い』を嚆矢とする実録ヤクザ映画だ。

プライスレスなものが折り重なってドンパチとなるところまでは任侠ものと同じなのだが、何のためにプライスレスを抱え込むのかというと、その目的がカネとか出世とか女とか、結局のところ目先の利得でしかない。すなわち、「プライスフルなプライスレス」。この矛盾というかねじれが面白い。

むき出しの人間の欲を実現する手段としての「ヤクザ」なのだが、欲を求めて右往左往しているうちに、大小さまざまの利害に搦め捕られ、ヤクザ社会のプライスレスなあれこれに嵌っていく。プライスとプライスレスが混沌としてきて、自分でも何のために何をやっているのか分からなくなる。このねじれが描く人間の面白さと愚かさと哀しさ、ここに実録ヤクザものの滋味がある。この種の映画が押しなべて群像劇になるのも、そのほうが複雑に利害が錯綜し、「プライスフルなプライスレス」の濃度が上がるからだ。

『仁義なき戦い』でいえば、基本構図を確立した第1作も実に素晴らしいが（とくにキャスティング。菅原文太、松方弘樹ももちろんイイが、あのあざとくこすっからく卑怯で情けない組長役に金子信雄を据えたところでこの映画の大成功は約束されていた）、私見では、文太を脇において北大路欣也が狂犬のような鉄砲玉を演じる第2作『仁義なき戦い 広島代理戦争』が最高傑作だ。

「どこで道間違えたんかのう……」と自問自答しながら、修羅の坂を加速度をつけながら転げ落ちていく。「馬鹿でなれず、利口でなれず、中途半端でなおなれず」。絶対的矛盾がつむぐ破滅の美学。問答無用でグッとくる。娯楽で観ている映画なのに、勝手に自分の人生をそこに投影したりする。

女性の方が男性よりも現実的であるという。これは女性がタカラヅカの絵に描いたような非現実世界を好むということとまったく矛盾しない。実生活で現実的であるからこそ、娯楽においては徹底的に非現実的な夢を見る。娯楽の非現実と日々の生活の現実がきっぱりと切り離されている。

これに対して、男性は実生活でも現実的になりきれない。現実生活の中で、ヘンな夢を見たりする。裏を返せば、娯楽の虚構世界でも現実を引きずってしまう。こうした男の中途半端な性分のスイートスポットを半端なく突きまくりやがるのが実録ヤクザ映画なのである。

Vシネがある！

実録ヤクザ映画の大作がつくられなくなって久しい。寂しい限りだ──。そうお嘆きの貴兄には、Vシネマを勧めたい。「Vシネ」というとバカにする人もいるのだが、ところがどっこい、これがわりとイイ。

それもそのはず、そもそもVシネの正式名称は「東映Vシネマ」、東映の登録商標になっている。東映の仁侠映画から実録路線をリードした当時の社長、岡田茂の精神をいまに引き継ぎ、往年の勢いでやりたいほうだいやっていたのがVシネなのだ。かえって東映濃度は増しているといえなくもない。

Vシネ初心者であれば、まずは清水健太郎主演の作品をお勧めする。どれをとっても間違いない。いよいよ虚実の境目が判然としない。演技のリアリティにおいて他の追随を許さない。清水健太郎こそ正真正銘の「実録俳優」だ。

最近の作品であれば、『制覇』シリーズあたりはいかがだろうか。三船敏郎、丹波哲郎、菅原文太、梅宮辰夫、若山富三郎というオールスター・キャストで作られた往年の東映の大作のリメイクで、この人たちに負けず劣らずの濃い面々が入れ替わり立ち代り出てくる。なによりもパート14まであるのがイイ（来年にはパート15が出るらしい）。いつまでたっても終わらない。ぼんやりと過ごす休日の友としてうってつけである。

本編がなくなってもVシネがある。これで日本も安心だ。

6_8

『白い巨塔』の変化に見る社会の希薄化

複雑にして単純

山崎豊子の傑作長編社会派小説『白い巨塔』。ご存知の方も多いと思うが、「浪速大学」という国立大学の医学部を舞台に、同期生である2人医師、財前五郎と里見脩二という対照的な人物の対立を通して、人と人の世の宿痾と矛盾をこってりと描く重厚なドラマである。

財前は食道噴門癌の若き権威として自他ともに認める浪速大学医学部のエース。卓越した技量と実績に裏打ちされた自信。これ以上ないほど野心家でアクが強い性格。ギンギラギンにさり気ある男である。一方の里見は正反対の人柄。慎重にして理知的な研究一筋の学究肌で、いつも患者を第一に考えて行動する誠実無比の人物として描かれる。

作者の山崎豊子はやたらに冗長で説明的な書き方をする人で、紋切り型のフレーズも多用する。小説家としてはそれほど文章が巧いとは思えない。しかし、話がとにかく面白い。読みだしたら止まらない。一日で一気に読み終えたことを覚えている。

なんでこれほどまでに面白いのか。その理由は登場人物の造形がやたらと単純明快なところにある。財前はひたすら野心家で自信家なワル。里見はひたすら真面目で誠実で謙虚な学究の徒。財前五郎を庇護する義父の又一はひたすら強欲なカネと名誉の亡者。財前の所属する第一外科の主任教授の東はひたすらプライドが高く保守的な形式主義者。医学部長の鵜飼教授はひたすら学内政治にかまける権力主義者。

それぞれに思考と行動の様式が一貫していて、その人の内部での葛藤や陰影というものがきれいさっぱり捨象されている。善人は徹底的に善良で誠実、悪い奴は徹底的に悪い。人物像の設定がいい意味で平板である。だからストーリーの軸となる対立と葛藤がわかりやすすぎるぐらいわかりやすい。よどみなく読み進められる。

この長く複雑な話に複雑な性格の登場人物が次々に出てこられたら、わけがわからなくなる。『白い巨塔』はそこが上手い。プロセスにおいては複雑、構成要素においては単純。優れたエンターテイメント小説のひとつのパターンである。

昭和の濃さ

小説があまりに面白かったので、翌日すぐにビデオを借りに行き（1980年代にはまだDVDはなかった）、映画版の『白い巨塔』を観た。これがまた小説に勝るとも劣らない大傑作。当然のように、1966年のキネマ旬報ベストテンの第1位に選ばれている。社会派で鳴らした山本薩夫監督がその本領を十二分に発揮している。小説にほぼ忠実な筋書きは150分近くの長尺を必要とする。しかし、省略が巧い。場面の切り替わりのテンポがいい。劈頭から話がスピーディーに展開し、まったく飽きるということがない。長編映画の見本のような筋運びだ。

何よりも秀逸なのがキャスティング。私見では、この映画の成功は7割がキャスティングに依存している。ご覧になった方は完全に同意していただけると思うが、田宮二郎の演じる財前五郎、これはもう世紀のハマリ役としかいいようがない。浪速大学という国立大学が実在して、その第一外科に本当に財前五郎というエグい助教授がいて、その人をそのまま撮影したドキュメンタリーなのではないかという気にさせられる。田宮二郎こそ財前五郎。財前五郎こそ田宮二郎。完璧である。

主役の田宮だけではない。鵜飼医学部長役の小沢栄太郎、前医学部長で学究肌の大河内教授役の加藤嘉、財前の情婦の花森ケイ子役の小川真由美、財前又一役の石山健二郎、医師会会長の岩田重吉役の見明凡太郎、そして教授選で東教授と組む（つまり財前一派の敵方に回る）東都大学医学部教授にして日本医学会の大ボス、船尾教授役の滝沢修がそれぞれに濃厚な演技で火花を散らせる。演技の濃度が異常に高い。

一方、里見役の田村高廣はいつものっそりとしていて生気がない。やる気があるのかないのかわからないような演技に終始するが、これもまた里見助教授らしくて悪くない。東教授の娘、東佐枝子役は若き日の藤村志保。まだキャリアが浅かったからか、ほとんどセリフ棒読み状態なのだが、これもかえって堅い大学教授の家の真面目なお嬢さま、という感じがしてイイ。

東野英治郎の東教授は、その外見だけ見ればミスキャストだろう。代々続く医学者の名門一族の当主というよりも、田舎のおじさんにしか見えない（しかも、油断していると今にも印籠を出しそうなので観ていて緊張する）。しかし、そこは持ち前の懐深い演技力で乗り越えている。映画が始まって30分もたつと田舎のおじさんが権威主義的な老教授に見えてくるのはさすがだ。

特筆すべきは石山健二郎と滝沢修の演技だ。昭和日本映画史に残る名演だと思う。「昭和オールタイム日本アカデミー助演賞」というものがあったとしたら、この二人は必ずノミネートしたい。

石山は知る人ぞ知る昭和の怪優。黒澤明監督の『天国と地獄』の部長刑事役が有名だが、僕の大スキな東映仁侠映画にもちょくちょく脇役（たいていは太っ腹の親分や大物の役）で顔を出す。戦前の新国劇出身で、どんな映画に出てもとにかくアクが強い。『白い巨塔』でもそうなのだが、ときどきどこを見ているのかわからないような目線で演技をするクセがある。これがたまらなくイイ。

滝沢は戦前に築地小劇場に参加したのを振り出しに、東京左翼劇場、新協劇団を経て、東京芸術劇場と劇団民藝の立ち上げを主導した筋金入りの演技派である。その重厚でリアルな演技は「新劇の神様」と称された。この人は芝居の基礎となる発声が抜群にイイ。船尾教授役は円熟期を迎えたリアリズム俳優の堂々たる演技で、心底シビれさせるものがある。

娘婿の財前が晴れて教授に選出され、祝賀会で喜びのあまり踊り出し、「女の患者のドブ浚えしてカネ貯めた甲斐がおましたー！」と嘯く石山。終盤の誤診裁判の法廷で威風堂々と自説を開陳し、「財前教授にも責任がある！」と一喝する滝沢。この二つの場面は『白い巨塔』の白眉である。あまりにイイのでＤＶＤで繰り返し観る。何度観ても練りに練られた名演に唸る。

大衆のハートを鷲づかみ

このシリアスな作品がエンターテイメントとして当時の幅広い層の観客に受けたのは、上述した人物造形のシンプルさに加えて、「持てる者対持たざる者」というストレートな対立の図式が大衆の心情に大いに訴えたからだと思う。

財前親子や鵜飼、東、岩田といったワル連中は地位も権力もカネもある。それと対峙する里見や後半の誤診裁判の原告になる佐々木庸平とその妻、支援する弁護士、こうした反財前の側に立ち人々はいずれも清貧で欲がなく、コツコツと真面目に働く善良な市井の人である。

『サンデー毎日』での小説の連載が1963年から65年、映画の公開が66年。「総資本対総労働」の激突となった三池闘争の余韻が世の中に残っている時代である。日本でも「格差社会」が問題になっているが、ジニ係数（所得格差を示すのに使われる代表的な指標で、値が大きいほど格差が大きいことを示す）でみれば1960年代前半の日本は今よりも格差社会だった（ちなみに戦前の日本のジニ係数はさらに大きかった）。持てる者と持たざる者の開き、エラい人とフツーの人の距離はいまよりもずっと大きかった。

権力者や資本家は地位とカネにものを言わせていい思いをしている。高度成長期の歪みの中で、善良な労働者や市井の人々は犠牲となり、ワリを食っている。持てる者の腐敗と欺瞞を糾弾し、持たざる者の誠実と善良に光を当てる人間ドラマは、さぞかし当時の人々の心に刺さったことだろう。実際に『白い巨塔』はその後の東大医学部に端を発する東大紛争にも大きな影響を与えたといわれている。

小説の『白い巨塔』はそもそも財前五郎の誤診裁判の第一審の無罪判決が出るところで完結した。財前が完全勝利を収め、里見は一人さびしく白い巨塔を去る。ところが、このエンディングに対して読者は悲憤慷慨した。「悪辣な財前が勝ち、善良な里見がすべてを失う。こんなことがあっていいのか！　神も仏もないじゃないか……」というわけだ。

こうした声を受けて、山崎豊子は『続・白い巨塔』、すなわち財前が二審で一転して敗訴し、無理がたたって癌に倒れるという続編を書かざるを得なかった。小説作品としては正編でスパッと終わる方がイイに決まっている。山崎にしても続編は本意ではなかった。しかし「作家としての社会的責任を考えれば、小説の成果の危険をおかしてでも書くべきである」として、続編の執筆に踏み切っている。「社会的責任」を作者に感じさせるだけの反響があったということだ。

シリアスな社会派ドラマでなくても、60年代までの日本の娯楽映画には大衆=労働者をターゲットとしていたものが多い。この傾向は（またしても僕の趣味の話で恐縮ですが）東映仁侠映画でいよいよはっきりする。「東映は背広を着てネクタイを締めて出てきただけでもう悪役」というのは、僕の大スキな日本映画評論家、春日太一氏の名言である。「労働者をスカッとさせる」「日常生活の憂さ晴らし」、東映の経営陣はこれを映画製作の基本方針としていた。元も子もない話だが、そこが娯楽映画のマス・マーケットであり、いちばん儲かるからである。

東映と比べると東宝の娯楽映画はずっと都会的で洗練されていたが、それでも「無責任男」の植木等は社長や上司のお偉いさんを徹底的にコケにしていた。60年代の東宝の屋台骨を支えた「若大将」の加山雄三は老舗のすき焼き屋の坊ちゃんにしても、恋人のスミちゃんは職業婦人、ありていに言って労働者である。大会社の社長の息子、青大将の田中邦衛はもちろん間抜けな役どころ。東宝映画だから青大将は「いろいろバカなことをしでかすけれど、最終的には憎めないイイ奴」で済んでいるが、これが東映だったらイの一番に高倉健（もしくは鶴田浩二か藤純子）にぶった切られているはずだ。

狂気の田宮二郎

『白い巨塔』は映画化の後も繰り返しテレビドラマ化されている。なんといっても圧巻は1978年の田宮二郎主演のバージョンである。DVD化されてすぐに大喜びで一気に観た。全31回の連続テレビドラマ。立て続けに観るとさすがに長く、映画のような緊張感はない。しかし、その分小説に忠実な筋運びが映像で楽しめる。

ドラマ版もキャスティングが冴えている。オリジナルキャストの田宮二郎、小沢栄太郎、加藤嘉は言うに及ばず、里見役の山本學、又一役の曾我廼家明蝶らの堂に入った演技は素晴らしい。里見助教授は山本學がベストである。

とりわけ異彩を放つのが、花森ケイ子を演じる太地喜和子だ。映画版の小川真由美も今の水準でいえばとんでもないアクの強さだが、太地はそれこそ全身女優、小川が原爆級とすれば、水爆というかICBM級の威力があった。

映画のときは31歳だった田宮もこのときは43歳。原作の財前の年齢設定は42歳だから、映画以上のはまり役ぶり。終盤の死に向かって転げ落ちていく演技には鬼気迫るものがある。死のシーンに際して、田宮は3日間絶食して癌患者になりきり、財前の遺書も自ら手書きでしたため撮影に臨んだという。で、撮影の翌月に田宮二郎は自殺してしまう。田宮が財前なのか、財前が田宮なのか、映画の中と現実世界が混沌としてきて、いよいよ虚実が分からない。

その後、1990年には村上弘明主演でドラマ化されている。これを覚えている人はそう多くないかもしれないが、2003年の唐沢寿明のバージョンなら記憶に残っているだろう。これは大ヒットしたらしい。らしい、というのは、僕はテレビを観ないので、つい先日まで存在を知らなかったからだ。調べてみると、最終回の視聴率は田宮主演の78年版を凌駕しており、連続ドラマの歴史に名を残す名作ということになっている。

先日ニューヨークに出張に行った際、帰りの飛行機の中で唐沢版の『白い巨塔』の第2部の11回分を一気に観ることができた（財前が教授になるまでの第1部は残念ながらかかっていなかった）。ニューヨーク↓東京は14時間のフライトなので、全部観るのにちょうどよかった。

薄味のリメイク版

話を時代に合わせるためにディテールをいじってはいるものの、ストーリーは基本的に原作小説や映画版と同じである。話は安心の面白さなので最後まで観るには観たが、どうにも納得がいかないのはキャスティングである。とにかく出てくる人のキャラクターと演技があっさりと薄口になっている。

新旧を対比するとこうなる（旧は66年の映画版。右側が旧作のキャスト）。

財前五郎：田宮二郎↓唐沢寿明
里見脩二：田村高廣↓江口洋介
東教授：東野英治郎↓石坂浩二
鵜飼学部長：小沢栄太郎↓伊武雅刀
船尾教授：滝沢修↓中原丈雄
東佐枝子：藤村志保↓矢田亜希子
大河内教授：加藤嘉↓品川徹
財前又一：石山健二郎↓西田敏行
花森ケイ子：小川真由美↓黒木瞳

東教授以下の助演陣をみると、面白いことにほぼ同じ割合で濃度が低減している。上の表の左右の濃度比は、どの登場人物でもだいたい2：1。つまり、東野英治郎の演技濃度は石坂浩二の倍であり、伊武雅刀の演じる鵜飼学部長は小沢栄太郎の半分ぐらいに希釈されている。

この濃度比は、滝沢修と中原丈雄、藤村志保と矢田亜希子、加藤嘉と品川徹、石山健二郎と西田敏行、小川真由美と黒木瞳、それぞれの間でも成り立つことに注目されたい。

黒木瞳の花森ケイコも適役といえば適役なのだが、前任者の小川真由美のインパクト（序盤の「ハー、ゴロスケちゃんやないの―」の台詞回しと表情一発でもう降参）と比べてしまうといかにも食い足りない。

さすがに西田敏行は現代日本の基準では相当に高濃度の演技を披露してくれている。又一がカネを利害関係者に配るところなど独自の工夫が凝らされていて嬉しくなる。が、いかんせん前任は石山健二郎というバケモノ。石山が濃すぎるだけなのだが、旧作と比較するともの足りなさが残る。

例外は主役の二人である。まず財前五郎の希薄化。田宮二郎と比較したときの唐沢寿明の薄さ・軽さは半減では済まない。田宮濃度を10としたらせいぜい1・4ぐらいしかない。旧作であれば、せいぜい財前の部下の佃講師か安西医局長ぐらいしか務まらない濃度である。あっさりすっきりの薄口財前には最後まで入れ込めなかった。

これに輪をかけてよろしくないのは、江口洋介の里見助教授だ。旧作と比べてこの役だけが濃度が上がっているのである。田村の訥々とした重厚さは江口にはない。その意味で江口の方が軽いのだが、濃度の点では明らかに田村の倍は濃くなっている。濃厚ギラギラ豚骨スープのような財前と淡麗辛口の里見のコントラストがストーリーの生命線であるにもかかわらず、財前が濃度を大幅に下げ、逆に里見が濃度を上げる。二重に味が落ちる。もったいないというか、改めて旧作の凄さを再確認した次第である。

平成日本の濃度低減

ただし、である。一歩引いてみれば、旧作への思い入れが異様に強い僕が勝手に物足りながっているだけというのが実際のところだろう。視聴率30％超の大ヒットという結果から判断して、これはこれで2003年の視聴者のニーズを真芯でとらえた優れたキャスティングだったといわざるを得ない。

21世紀日本の基準でいえば、唐沢財前も十分に濃くエグいわけで、西田又一もまた平成の世からすれば石山レベルのとんでもなく濃いおっさんに見えるのだろう。ようするに、映画化当時から40年ほどを経て、日本人のテイストがどんどん薄味になったということである。逆に言えば、それだけミッド昭和は高濃度社会だったということだ。

「新作」といっても今は昔、唐沢版からもう15年近くの時が経過している。今日の日本で最新版の『白い巨塔』をリメイクするとどうなるだろうか。間違いなく、キャストは全員さらに薄くなるだろう。というか、そもそもこのプロットが成り立たないおそれがある。実業界であればいざ知らず、苦学して医者になり、末は教授、さらには学部長、学士院会員に……という世俗的野心むき出しのハングリーな人は今の医学界にはほとんどいないのではないだろうか。やれ国立大学医学部教授の地位だ、教授選だといっても、今の視聴者、とくに若い人々にとっては、そんな大騒ぎをしてまで、なんで地位や権力、立身出世にこだわるのか意味不明かもしれない。

ということで、少なくともマス・マーケットを相手にしたテレビドラマとしては、『白い巨塔』はもう二度と再演されないのではないか——と思っていたら、なんと2019年にもドラマ化されたらしい。岡田准一という知らない人が財前役をやっている。観る気も起きない。唐沢版よりもさらに希薄化が進んでいるだろう。

「偉い人がエライ」のは二流の組織

『白い巨塔』の希薄化はさびしい限りだが、これはあくまでも映画やドラマについての話であって、現実社会についていえば、僕の意見は反対になる。ミッド昭和のように濃い連中ががむしゃらに名誉栄達を求めて跳梁跋扈する世の中はよろしくない。この数十年かけての日本と日本人の濃度低減は歓迎すべき傾向だと思う。

「偉い人がエライ」、これは二流の組織の特徴である。大学病院に限らず、あらゆる組織の一義的な存在理由は顧客（大学病院の場合は患者さん）に対する価値提供にある。偉い人がエライ組織では、この原理原則がしばしば歪められる。組織外部の顧客の利益を度外視して、組織上位者の利害やメンツという内部の論理が優先する。その結果、組織がヘンな方向に暴走する。

極端な例でいえば、帝国陸軍参謀本部がその典型だ。最近の話題で言えば、東芝という会社には大いにそのフシがある。浪速大学医学部もまた、偉い人が必要以上にエライという意味で二流かそれ以下の組織であった。

映画『白い巨塔』を観て大いに驚いたのは、映画の中での当時の大学教授が実にエラかったということだ。周囲の扱いがすごい。例えば、東教授のところに助手の女性が書類を持ってくるシーン。研究室に入ってきてまず一礼、東教授のデスクに書類を終えて一礼、で部屋を出るときにまた一礼。ほんの数十秒の間に助手が教授に3回も深々とおじぎをするのである。神様じゃあるまいし、まるで神社の「二礼二拍手一礼」である。

東教授や鵜飼教授が部下に指示するときの語尾は「〇〇したまえ……」。そのたびに助教授や講師や助手は「かしこまりました」と答える。会話の中で「伝統と名誉ある国立浪速大学の……」というフレーズが枕詞として頻繁に出てくる。

僕も大学教授なのだが、こんなことは今の大学ではあり得ない。僕自身を例に取れば、まずもって、助手が僕の部屋に来るということはない。用事があれば僕のほうから助手の部屋に出向く。用件はだいたいがこちらからの頼みごとなので、まずは助手のデスクの前で直立不動の姿勢をとる。で、「恐れ入りますが、この手紙をお手すきのときに出してくださいますか。いえ、まったく急ぎません。何かのついでで結構ですので、よろしくお願いいたします」「わかりました」「お忙しいところ、恐れ入ります……」という会話になる。

いきなり「この手紙を出してきたまえ」などと言ったら、助手は「……は?」となるだろう。僕の職場も国立大学なのだが「伝統と名誉ある国立一橋大学の……」というフレーズはついぞ聞いたことがない(今度試しに教授会で使ってみようかな)。

僕の所属は経営大学院なので、医学部や大学病院とは組織の成り立ちが大きく異なる。そもそも教授—助教授(准教授)—講師—助手というヒエラルキーがない(もちろん付属病院もない)。部外者の僕には医学部の現状はよく分からないが、『白い巨塔』を地でいく医学部などもはや絶無だろう。

もとをただせば東が悪い

原作や映画の財前は悪人として描かれているが、僕に言わせればこの人は明らかに被害者である。もとをただせば、東教授がいちばん悪い。

財前は圧倒的な才能と技量の持ち主である。その余人をもって代えがたい診断のセンスと手術の腕は、対立することになった里見や大河内教授も含めて、全員が認めるところだった。もともと財前と里見は大学時代からの同期生で、その関係は良好だった。性格や力量の方向性がまるで違うだけに、お互いがお互いを認め、頼りにするような間柄だったのである。教授選や誤診裁判が起きなければ、敵対することはなかったはずだ。

東が自分のプライドやその裏返しとしての財前への嫉妬、引退後の影響力の確保、はたまた未婚の娘の婿探しなどといった個人的で矮小な利害にとらわれず、能力第一で財前助教授をさっさと後任教授にしておけばそもそもこんな大騒ぎにはならなかった。それどころか、臨床医としては東よりも明らかに優秀な財前は「伝統と名誉ある国立浪速大学医学部の第一外科」の看板教授として、思う存分腕を振い、ますます後続の医師や患者に頼りにされ、世の中に貢献できたのである。

後半の主題となる誤診問題についていえば、確かに財前には責任がある。一審の証言台に立った東都大学の船尾教授が「財前教授にも医師としての重大な手落ちと責任がある！」と喝破したように、財前の行動は不誠実としか言いようがない。

しかし、財前はそれまでにも食道癌の専門家としてこの種の手術を何十何百と成功させてきた実績がある。告訴されたのはそのうちのたったひとつ。しかも、財前が独善的で自信過剰だったということがあるにせよ、やるべき検査をやらなかった最大の理由は、教授選での東派との抗争で多忙を極め、そっちのことでアタマが一杯だったことにある。順当に教授になっていれば、財前は(それまでそうだったように)万全の診断と手術と治療をしたのではないか。東の罪は大きい。

ビバ! 希薄化

話を現実に戻す。親が年老いて病院とかかわる機会がめっきりと増えてきたこのごろである。病院の医師や看護師に何かとお世話になるのだが、彼らと接していると、日本の医療の現場が実に真面目で誠実な人々によって支えられていることに感動する。組織としての効率や生産性にはさまざまな問題があろうが、僕のこれまでの経験からして、医療のフロントラインに立つ人の質に限っていえば、日本は文句なしのナンバーワンだと思う。東や鵜飼、財前のような昭和濃度のエライ人はほとんど見かけない。大変に忙しくてしんどい仕事だと思うが、きっちりと一人ひとりの患者に手数を惜しまず、真摯に対応してくれる人が実に多い。全員が里見先生に見えてくる。組織内部のギトギト成分がなくなり、その分エネルギーを本来の顧客に向けるようになっているのではないか。これは現代日本のよい意味での成熟の表れだと思う。

医療だけではない。飲食店や小売店や宿泊施設の「おもてなし」に光が当たるが、介護や警察や宅配などのよりシリアスな対人サービスに従事する人の真面目と誠実は他国に比べてさらに抜きん出ていると思う。これはいくら金を積んでもすぐには手に入らない日本の強固なインフラであり、絶対の美点である。

日本の成熟と希薄化をともに喜びたい。

初出一覧

1号室・ビジネス書解説

- 人間の本性をとらえた骨太の書　アダム・グラント『GIVE & TAKE　「与える人」こそ成功する時代』解説、三笠書房、２０１４年
- Give & Given――アダム・グラント『GIVE & TAKE』監訳者インタビュー　「〝未来を変える〟プロジェクト」２０１６年11月1日
- 「当たり前」にして「オリジナル」　アダム・グラント『ORIGINALS　誰もが「人と違うこと」ができる時代』解説、三笠書房、２０１６年
- カルチャーについてのカウンターカルチャーの書　ダニエル・コイル『The Culture Code　最強のチームをつくる方法』解説、かんき出版、２０１８年
- 「現場たたき上げ」の方法論　カーティス・R・カールソン、ウィリアム・W・ウィルモット『イノベーション　5つの原則』監訳者まえがき、ダイヤモンド社、２０１２年
- 普遍にして不変の問いに正面から答える　モートン・ハンセン『GREAT @ WORK 効率を超える力』解説、三笠書房、２０１８年
- シリコンバレー版『ゴッドファーザー』、愛憎と相克の物語――マイケル・S・マローン『インテル　世界で最も重要な会社の産業史』「東洋経済オンライン」２０１５年9月10日
- 読書という奇跡　「文春オンライン」２０１８年2月6日

2号室・さらにビジネス書解説

- 倜儻不羈の経営　ジェームズ・ワット『ビジネス・フォー・パンクス』解説、日経ＢＰ、２０１６年
- リアリティに満ちた論理の書　マイク・マッツェオ、ポール・オイヤー、スコット・シェーファー『道端の経営学』解説、ヴィレッジブックス、２０１５年
- 非アメリカ的起業家の閉鎖的な経営に学ぶ　ヴォルフガング・ヒュアヴェーガー『レッドブルはなぜ世界で52億本も売れるのか』解説、日経ＢＰ、２０１３年
- 「リアルタイム」の裏を読む　デイヴィッド・ミーアマン・スコット『リアルタイム・マーケティング』解説、日経ＢＰ、２０１２年
- 「奇矯な人々」を見つめる　メリッサ・A・シリング『世界を動かすイノベーターの条件』解説、日経ＢＰ、

２０１８年
- 「特殊読書」の愉悦　「文春オンライン」２０１８年２月20日

３号室・さまざまな書籍解説

- 女の肖像　塩野七生『男の肖像』解説、文春文庫、２０１７年
- 「バカなる」の学恩　吉原英樹『「バカな」と「なるほど」』解説、ＰＨＰ研究所、２０１４年
- 戦略は「順列」にあり　原田泳幸『日経ビジネス経営教室　成功を決める「順序」の経営』解説、日経ＢＰ、２０１３年
- 「三角形の経営者」の悲哀　城山三郎『緊急重役会』解説、文春文庫、２０１８年
- 思考の手本　井上達彦『模倣の経営学』解説、日経ビジネス人文庫、２０１５年
- 棺桶に入れてほしい本　「文春オンライン」２０１８年３月６日

４号室・さまざまな書評

- 「桁外れのつまらなさ」の凄み——石原邦夫「私の履歴書」「プレジデント・オンライン」２０１９年１月25日
- 空想と理想と理念——松下幸之助『道をひらく』「ＰＨＰオンライン衆知」２０１４年７月17日
- チャンピオン対チャレンジャー、競争戦略の醍醐味——ジーナ・キーティング『ＮＥＴＦＬＩＸ コンテンツ帝国の野望』「週刊エコノミスト」２０１９年７月23日号
- ＲＯＥ経営の本丸に切り込む——「山を動かす」研究会編『ＲＯＥ最貧国日本を変える』「週刊エコノミスト」２０１５年５月19日号
- シリコンバレー発、原点行き——リード・ホフマン他『ALLIANCE』「週刊エコノミスト」２０１５年11月10日号
- 対比説明の妙を味わう——野口真人『あれかこれか：「本当の値打ち」を見抜くファイナンス理論入門』「週刊エコノミスト」２０１６年８月30日号
- 日常生活の中にある「ファイナンス」——野口真人『お金はサルを進化させたか：良き人生のための日常経済学』「週刊エコノミスト」２０１５年３月10日号
- 「稼ぐ手口」の変遷を追いかける——三谷宏治『ビジネスモデル全史』「週刊エコノミスト」２０１４年12月16日号

- 上品な会社の闊達な経営——フェルディナント・ヤマグチ『仕事がうまくいく7つの鉄則：マツダのクルマはなぜ売れる？』「週刊エコノミスト」2016年6月7日号
- アナロジーの有用性——井上達彦『ブラックスワンの経営学』「週刊エコノミスト」2014年9月16日号
- 「型稽古」の書——今枝昌宏『ビジネスモデルの教科書』「週刊エコノミスト」2014年6月24日号
- 「会社」が死んでも「事業」は生きる——冨山和彦『選択と捨象』「週刊エコノミスト」2015年8月18日号
- 淡麗辛口の仕事論——山田清機『東京湾岸畸人伝』「週刊エコノミスト」2016年3月15日号
- 「能力構築」による競争優位の神髄を説く——藤本隆宏『現場主義の競争戦略』「週刊エコノミスト」2014年3月18日号
- 不動点としての論理——鈴木敏文『売る力：心をつかむ仕事術』「週刊エコノミスト」2013年12月24日号
- 近代日本の「創造的対応」の奇跡的軌跡——米倉誠一郎『イノベーターたちの日本史』「週刊エコノミスト」2017年8月22日号
- 「日本発の最強商品」の誕生と進化——中部博『スーパーカブは、なぜ売れる』「週刊エコノミスト」2019年5月7日号
- 「エネルギー保存の法則」の悲劇——児玉博『テヘランからきた男』「週刊エコノミスト」2018年2月27日号
- 「社格」を創った「ヤマト魂」——日経ビジネス編『ヤマト正伝 小倉昌男が遺したもの』「週刊エコノミスト」2017年11月31日号
- 「非日常」より「異日常」——藻谷浩介・山田桂一郎『観光立国の正体』「週刊エコノミスト」2017年2月14日号
- タイトルに嘘はない——今枝昌宏『実務で使える戦略の教科書』「週刊エコノミスト」2018年11月13日号
- 小林一三評伝の決定版——鹿島茂『日本が生んだ偉大なる経営イノベーター 小林一三』「週刊エコノミスト」2019年2月5日号
- 考える経営者——著者との対談 鹿島茂『日本が生んだ偉大なる経営イノベーター 小林一三』「中央公論」2019年1月号
- 「大局観」を論理で読み解く——沼上幹『小倉昌男』「週刊エコノミスト」2018年5月29日号
- この世はすべて右肩上がり——ヨハン・ノルベリ『進歩 人類の未来が明るい10の理由』「週刊エコノミスト」2018年9月4日号

- 日本最良のクオリティ企業——中川政七『日本の工芸を元気にする!』「週刊エコノミスト」２０１７年５月９日号
- 動因に突き動かされた起業物語——フィル・ナイト『SHOE DOG』「週刊現代」２０１７年12月２日号
- 経営芸術家たちの肖像——永野健二『経営者』「週刊現代」２０１８年７月７日号
- 江副一号・二号の断絶と連続——馬場マコト・土屋洋『江副浩正』「週刊現代」２０１８年３月24日号
- 川の流れに身を任せ——出口治明『50歳からの出直し大作戦』「週刊新潮」２０１６年11月10日号
- 三者三様の妙——宇野維正『１９９８年の宇多田ヒカル』「週刊新潮」２０１６年３月３日号
- 「定番」とは何か——水野学・中川淳・鈴木啓太・米津雄介『デザインの誤解』「週刊新潮」２０１６年３月31日号
- 浅薄な秀才——春原剛『ヒラリー・クリントン——その政策・信条・人脈』「週刊新潮」２０１６年10月13日号
- 漱石の明晰——夏目漱石（小森陽一編）『夏目漱石、現代を語る』「週刊新潮」２０１６年６月９日号
- 「隠れた制度」のダイナミクス——伊藤之雄『元老』「週刊新潮」２０１６年８月４日号
- 「言葉」の天才——佐藤秀明（編）『三島由紀夫の言葉　人間の性』「週刊新潮」２０１６年２月４日号
- 「スタイル」こそプロの条件——春日太一『市川崑と『犬神家の一族』』「週刊新潮」２０１５年12月22日号
- 「目先の商売」に走る銀行への警鐘——山崎元『信じていいのか銀行員』「週刊新潮」２０１６年４月28日号
- 炸裂する教養——半藤一利・出口治明『世界史としての日本史』「週刊新潮」２０１６年９月15日号
- アウトサイダーならではの組織論——佐藤優『組織の掟』「週刊新潮」２０１６年７月７日号
- 逆説的に知る民主主義の強靭さ——佐伯啓思『反・民主主義論』「週刊新潮」２０１６年12月８日号
- 感性の職人と情熱の経営者、「師弟の絆」の物語——稲泉連『豊田章男が愛したテストドライバー』「週刊文春」２０１６年５月19日号号
- 身も蓋もない骨太の論理——広木隆『ストラテジストにさよならを：21世紀の株式投資論』「週刊ダイヤモンド」２０１２年４月７日号
- イノベーション研究のイノベーション——小川進『ユーザーイノベーション』「週刊東洋経済」２０１３年11月９日号
- 本質は細部に宿る　「文春オンライン」２０１８年３月20日

5号室・もっとさまざまな書評

●経営センスを磨くための6冊　「週刊エコノミスト」2013年12月23日号

●読みながら読む　「日本経済新聞」2013年7月24日

●半歩遅れの読書術　「日本経済新聞」2019年5月4日、11日、18日、25日

●図鑑の記憶　「三省堂 WORD-WISE WEB」2015年2月6日

●私の好きな中公新書3冊「Web中公新書」2016年10月24日

●概念の実用性――田中信彦『スッキリ中国論　スジの日本、量の中国』「日経ビジネス」2019年1月7日号

●近現代史の重量級チャンピオンと向き合う――イアン・カーショー『ヒトラー』(上・下)(白水社)「日経ビジネス」2017年12月25日・2018年1月1日合併号

●局所的天才の栄光と全身天才の悲劇――フィリップ・ノーマン『ポール・マッカートニー　ザ・ライフ』「日経ビジネス」2017年10月16日号

●逆境においてその人が明らかになる――高森勇旗『俺たちの「戦力外通告」』「日経ビジネス」2018年3月5日号

●「心の柱」を読み取る――細川晋輔『人生に信念はいらない　考える禅入門』「日経ビジネス」2018年10月22日号

●これで日本も安心だ――前田裕二『人生の勝算』「日経ビジネス」2018年5月7日号

●世紀の愚行を直視する――吉田裕『日本軍兵士』「日経ビジネス」2018年8月6日・13日合併号

●禍福はあざなえる縄のごとし――スタファン・ブルーン、モッセ・ヴァレーン『ノキア』「日本経済新聞」2001年11月11日

●「ビジョナリーカンパニー」の起源を解明する――ジェームズ・コリンズ『ビジョナリーカンパニー②飛躍の法則』「日本経済新聞」2002年1月27日

●鬼に金棒、最高の経営の教科書――三枝匡『ザ・会社改造』「週刊エコノミスト」2016年11月15日号

●美しく疾走する「自滅行き暴走特急」――石井妙子『おそめ』「週刊ダイヤモンド」2016年2月13日号

●人間洞察大魔王――サマセット・モーム『サミング・アップ』「週刊ダイヤモンド」2015年7月18日号

●絶対名著の慧眼――エドマンド・バーク『フランス革命についての省察』「週刊ダイヤモンド」2015年4

月4日号

●「大将」かく語りき――ハロルド・ジェニーン『プロフェッショナルマネジャー』「週刊ダイヤモンド」２０１７年7月22日号

●金融資本主義の本性――マイケル・ルイス『ライヤーズ・ポーカー』「週刊ダイヤモンド」２０１６年5月28日号

●「プロジェクトセックス」――西本頑司『栄光なき挑戦者たち』「週刊ダイヤモンド」２０１６年9月17日号

●イノベーターにして経営者――ジェームズ・ブラウン、ブルース・タッカー『俺がJBだ！　ジェームズ・ブラウン自叙伝』「週刊ダイヤモンド」２０１６年4月2日号

●日本の精神文化の原点――『古事記』（中村啓信訳注）「週刊ダイヤモンド」２０１７年4月6日号

●因習の合理性――柳田国男『婚姻の話』「週刊ダイヤモンド」２０１７年11月4日号

●空前絶後の構想力――石原莞爾『最終戦争論』「週刊ダイヤモンド」２０１５年12月19日号

●切れば血が出る指導者論――リチャード・ニクソン『指導者とは』「週刊ダイヤモンド」２０１６年7月16日号

●これぞ「文芸」！――磯崎憲一郎『赤の他人の瓜二つ』「週刊ダイヤモンド」２０１５年10月31日号

●至芸を堪能――小林秀雄『直観を磨くもの』「週刊ダイヤモンド」２０１５年2月14日号

●日本人の適応力――内田百閒『東京焼盡』「週刊ダイヤモンド」２０１４年11月1日号

●辟易の果てに浮かび上がる人間の本質――小谷野敦『童貞放浪記』「週刊ダイヤモンド」２０１４年12月20日号

●プロの貌――悠玄亭玉介『幇間の遺言』「週刊ダイヤモンド」２０１６年12月17日号

●グローバルな文脈で日本の古代を考える――渡邉義浩『魏志倭人伝の謎を解く　三国志から見る邪馬台国』「週刊ダイヤモンド」２０１７年9月16日号

●絶対悪と絶対善――門田隆将『なぜ君は絶望と闘えたのか　本村洋の３３００日』「週刊ダイヤモンド」２０１８年9月8日号

●「スタイル」とは何か――タキ『ハイ・ライフ』「週刊ダイヤモンド」２０１８年10月27日号

●バブル経済の鏡――津本陽『下天は夢か』「週刊ダイヤモンド」２０１８年7月21日号

●全日本人必読の名著――保阪正康『東條英機と天皇の時代』「週刊ダイヤモンド」２０１８年12月15日号

●幕末が生んだ真の経営者――原口虎雄『幕末の薩摩』「週刊ダイヤモンド」２０１８年6月2日号

●損得抜きの存在としての「友達」――高橋睦郎『友達の作り方』「週刊ダイヤモンド」2018年4月7日号

●経営は「綜合」――ピーター・センゲ『学習する組織』推薦文、英治出版、2011年

●「好きなようにする」は、タフで厳しい――『好きなようにしてください』著者インタビュー「DIAMONDハーバード・ビジネス・レビュー」2016年2月18日

●何を聞いても柳井正の答えがブレない理由――柳井正『経営者になるためのノート』「プレジデント・オンライン」2016年2月29日

●自著を語る――『経営センスの論理』「ZAITEN」2013年7月号

●「弱い人間」ほど「強いAI」を欲しがる――著者との対談　松田雄馬『人工知能はなぜ椅子に座れないのか』「波」(新潮社)2019年3月号

●代表的日本人の言葉――「だまって俺について来い!」植木等「週刊文春」2011年10月27日号

●「好き嫌い」の人、本田宗一郎――「文藝春秋を彩った95人」「文藝春秋」2018年1月号

●雲を見る「文藝春秋」2013年10月号

●日記を読む、文脈を知る「文春オンライン」2018年3月6日

6号室・読書以外の「室内生活」

●オールマイティ・ウェア「文春オンライン」2017年2月28日

●それだけ定食「文春オンライン」2017年6月6日

●水冷生活「文春オンライン」2017年8月1日

●夏休みの宿題で人生が決まる?　楠木建の場合「文春オンライン」2017年8月12日

●不自由の恩恵「週刊新潮」2013年11月23日、30日号

●「それだけ映画」3選「文春オンライン」2017年5月2日

●男のヤクザ映画、女のタカラヅカ「文春オンライン」2017年12月19日

●『白い巨塔』の変化に見る社会の希薄化「文春オンライン」2017年8月29日

本書は、２０１９年10月に晶文社より刊行された同名書を
日経ビジネス人文庫化したものです。

日経ビジネス人文庫

室内生活 スローで過剰な読書論

2023年2月1日 第1刷発行

著者
楠木 建
くすのき・けん

発行者
國分正哉

発行
株式会社日経BP
日本経済新聞出版

発売
株式会社日経BPマーケティング
〒105-8308 東京都港区虎ノ門4-3-12

ブックデザイン
文平銀座(寄藤文平)

本文DTP
マーリンクレイン

印刷・製本
中央精版印刷

Printed in Japan ISBN978-4-296-11699-7